日本を壊す

国土強靭化

上岡直見

緑風出版

はじめに

自民党は「国土強靱化」を推進している。東日本大震災などを踏まえ、災害に強い国土づくりをめざし、公共事業を大きく増加し、またそれによる需要創出でデフレ脱却の効果も合わせて期待されるという。この方針に基づき自民党は、二〇一二年六月の野党時期に「国土強靭化基本法案」を第一八〇回通常国会に提出したが、当時の国会情勢から廃案となった。続いて政権に復帰した二〇一三年五月には名称・内容を「防災・減災に資する国土強靭化基本法案(注1)(以下「基本法案」と略称)」に改め、二〇一三年五月に第一八三回通常国会に提出した。同法案の第一条によれば、事前防災、減災、迅速な復旧復興、国際競争力の向上等に資する国土の全域にわたる強靭な国づくりを推進し、もって公共の福祉の確保、国民生活の向上、国民経済の健全な発展に資することをその目的としている。当初は公共事業の規模として「一〇年間で二〇兆円」との目標が掲げられていた。しかし自民党が二〇一二年一二月に政権に復帰すると、さすがに財源の裏づけのない数字がそのまま継承されることはなく、法案の記述も防災・減災に限定された。しかし一方で、二〇一二年度補正予算や二〇一三年度当初予算では公共事業が大きく増額されている。

国民の生命・財産を守るには「プリペア・フォー・ザ・ワースト」という基本思想がある。すなわち最悪事態を想定して対策を検討するという意味である。国土強靭化の論者は大規模な地震・津波が切迫していることを強調している。中央防災会議は二〇一二年八月に東日本大震災の教訓を取り入れて被害想定の見直しを行なうとともに、減災対策の効果も試算し、たとえば南海トラフ地震では建物の耐震化推進により想定死者が八五％減らせると報告している。(注2) 続いて同会議は二〇一三年八月に、南海トラフ地震における経済的被害の想定として被害総額二二〇兆三〇〇〇億円との試算を発表し、また前述の耐震化推進などにより被害総額を半減できると試算している。(注3)

これに対して国土強靭化の資料でも抽象的には防災・減災を掲げているものの、具体的にどこにどれだけ事業を実施すれば、どれだけ被害の軽減効果があるのかという方針もみられない。実際に二〇一二年度補正予算や二〇一三年度当初予算の「箇所付け」(注4) をみるとまさに「バラマキ」であり、防災・減災に寄与する項目は埋没している。いかに公共投資を増やすにしても、これでは限られた資源が分散され、真に優先すべき事業まで共倒れになりかねない。「国土強靱化」は一見崇高な目的を掲げているように見えながら、なぜそのようになってしまうのだろうか。「国土強靭化総合調査会第一次提言」(注5) には次の文言がみられる（ゴチック体の部分は原文どおり）。

十二、国土強敵化を実現するため、自然科学、社会科学、人文科学、文化、芸術、教育などの分野を含むすべての分野の専門家を総結集して国土強靭化国民会議を設置する。
十三、国土強靭化計画を全国、ブロック、都道府県、市町村で策定する。
十四、国土強靭化への政治的、経済的、社会的、思想的な障害は除去する。最大の障害は無責任で幼児的な考えであり、「コンクリートから人へ」の政治スローガンに代表される反社会資本整備の思想である。

勇ましい言葉が並んでいるが、多くの人は「国家総動員法（一九三八年制定）」を連想するのではないか。それが国民に何をもたらしたかは説明するまでもないであろう。国土「強靭化」ではなく国土「焼尽化」である。表現の類似性もさることながら「国家が需要を提供する」「何が必要（有意義）かは国家が決める」という中央集権的な発想がその特徴である。需要が国民のニーズから出てきたものではないだけに文化や思想の統制に依存せざるをえなくなり、国民に対して疑心暗鬼で臨む姿勢に陥っている。またこの点は、基本的人権を制限し、国が国民の価値観を規定して強制するように憲法を変えようとしている自民党の方針とも同期したものである。

財政出動による公共投資を提唱する論者は、TPP（環太平洋パートナーシップ協定）に代表されるような米国主導の経済システムに強く反対している。(注6) 単にTPPのうち特定項目を例外扱いする程度の話ではなく国家戦略にかかわる問題と位置づけている。ところが「強靭化」を代表政策としている自民党政権は同時にTPP参加を表明し、特定項目に関しても米国に妥協的な姿勢を示している。これについて強靭化論者はどのように説明するのであろうか。結局のところ「強靭化」といっても整合性のない寄せ集めであり、それ自体が「バラマキ」の一部分との批判を免れない。

一方で国土強靭化の資料には「今日の困難な現状を踏まえ、国家一〇〇〇年の礎を築く国土建設を推し進めるためには、経済成長や財政規律を至上命題とする科学技術や物質文明に偏した世界観を改め、水の流れ、風の流れ、地の動きなど自然全体の変化やリスクを知ることがより大切である」(注7)「私はやっぱり日本で一番美しいのは水田であって、だからあの辺(註・信州)で棚田とかああいうのを見せてもらって、やっぱりこれは日本の原点だという気がしたんです」(注8)のように、成長主義とは方向性の異なるエコロジー思想を奨励するかのような記述もみられる。

さらには、公共投資とは正反対の経済政策を推進していた竹中平蔵氏(産業競争力会議メンバー・元経済財政担当大臣その他閣僚を歴任)さえ強靭化論の議論に登場し「(固定資本形成の対GDP比率は)今の水準でみる限りは、国際的に極端に低いとはいえない。しかし、決して高くはないと言っていいと思います。要するに、一九九〇年代を通して非常に高くなった公共投資の比率の修正はほぼ終わったと。これからどうしていくのかという新しい固定資本形成に関するビジョンが必要な時期になっている」(注9)と述べている。

たしかに一九七〇年代の高度成長期には、自由経済と計画経済の都合のよい部分を組み合わせたような「バラマキ」が機能した(公害や自然破壊などの負の側面を無視すれば)面がある。しかし当時と状況が大きく異なるのは、財政赤字が続き累積債務が膨張を続けている背景である。また人口減少も避けられない。国土強靭化の論者はこの条件においても、かつての希望にあふれた経済成長を再現できると考えているのだろうか。

こうした批判を予期してか「国土強靭化」の資料では、「国土強靭化といいながら旧来型の公共事業にただ戻りたいだけかという誤解に対しては以下の基本的考えをもって回答とさせて頂きます」(注10)と改めて説明している。それは財政出動による国土強靭化とデフレ対策の連動である。デフレ対策については金融対策とともに、国土強靭化を代表施策とする公共事業によるデフレギャップの調整が唯一の道であるとしている(注11)。これに対応する基本的な政策メニューが次のように示されている(注12)。

国土強靭化に関する基本的施策（原文）

1　東日本大震災からの復旧・復興の推進
災害廃棄物処理の全国的推進、復興まちづくりの推進、除染作業の推進

2　防災、減災国土づくり
避難及び支援体制の強化、避難訓練の強化、避難路、支援路の強化、緊急援助物資と供給

ネットワークの強化等

3　強靭な国土構造の実現

被害の最小化を図るための施策ならびに災害発生後の復旧事業を円滑化するための施策を推進する。事前の対策、予防的事業の推進もあわせて図る。具体的には以下のような施策を推進する。

①国土の均衡ある発展という政策目標の復活、道州制の導入
②第二首都の検討、奠《てん》都(注13)の検討
③首都圏ライフラインの確保
④大都市圏における国家機能バックアップ体制整備
⑤防災、減災のための都市基盤整備、木造密集市街地整備
⑥橋梁、上下水道等インフラの老朽化対策
⑦小中学校の耐震化及び避難防災施設としての本格的な小中学校施設整備
⑧サプライチェーンの二重化、三重化、経済の〝余裕〟の配置
⑨人口減少時代に対応した中山間地帯の集落再整備

4　強くしなやかな経済のための国土づくり・都市間連携の強化

①最も発生確率の高い東海地震等有事における東西交流路の確保（中央リニア新幹線早期開通、第二東名の早期開通）
②高規格幹線道路一四〇〇〇㎞のうちのミッシングリンクの早期解消（促進のための立法も重要）
③地方交流圏における新幹線の延伸

5　「有事」に備えた「エネルギー・システム」の構築
①自然エネルギー促進（地熱、太陽光、小水力）
②原発耐震強化、原発周辺の堤防強化等
③海洋資源開発促進（メタンハイドレート、海洋開発事業団の設立）

6　日本全体の「経済力」維持・拡大の推進
①環日本海経済圏の構築と太平洋—日本海軸の構築
②投資立国に資するためアジア等の海外での社会基盤への戦略的投資
③国際競争力強化に向けた社会基盤の整備、海外からの投資を誘発するインフラ整備

7　地域共同体の維持・活性化

町内会に統治機構としての権限の付与、防災隣組の体制整備。

8　外交、防衛分野における対策（国境警備、離島対策の強化）

9　情報通信基盤システムの二重化、三重化

10　その他

①企業・社会基盤の「BCP[注14]（事業継続計画）」策定の促進

②リスク・コミュニケーションの推進

③有事の際の「救援・復旧対策」の推進

④移転促進のための税制優遇

⑤防災教育

⑥防災対策に当たっての民間と官との協力体制の整備

しかしこれらが真に「国土強靭化」に寄与するのか疑問である。第一に、しばしば公共事業が「バラマキ」と批判されるのは、公共事業全般を否定しているのではなく、計画や評価、優先度の不透明性の点である。本書で紹介するが、ある研究者が全国の都道府県道を対象に、道路投資

額がどのような要因で配分されているのかを統計的に整理したところ、地理的要因（面積、気象など）とは相関関係が見出せない一方で、国庫補助金と自民党得票率の要因が大半を占めていたという。復興・防災・減災に寄与する可能性のある事業であれば実施するに越したことはないが、「念のため」「あるに越したことはない」式の発想でハード面のインフラ整備を乱立させることは全体の効果を薄め、あるいは時期を失する結果を招く。

第二は、財源をどうするかの問題である。復興や防災・減災は優先度の高い政策であるとしても、その間に社会保障など他の政策を止めるわけにはゆかない。合計で二〇〇兆円とされる財源を追加的に作り出すには、増税か公債すなわち借金によるしかない。公債を無秩序に発行すれば経済的な混乱を招き、法案の趣旨である「公共の福祉の確保、国民生活の向上、国民経済の健全な発展」に重大な支障を及ぼす。かりに一〇年間で二〇〇兆円としてもその先はどうするのか。

財政出動は一時的には名目的な経済成長をもたらすとしても、その効果が持続するのかは見通しがない。逆に制御不能な貨幣・国債の信用毀損、インフレなど経済・金融の混乱をもたらし国民生活に重大な損害を及ぼす危険性がある。混乱は起きないとの主張はいずれも論理性がなく、「実際に起きるまでは起きていない」という循環論法に過ぎない。財政出動論者の主張は、原発のリスクが指摘されながら都合のよい楽観論（いわゆる「安全神話」）で対応を先送りして福島の惨事を招いた過程に酷似している。すなわち金融リスクには原発事故と類似した下記の特徴がある。

1　一見まだ大丈夫と思っても偶発的な引き金によって潜在リスクが一挙に表面化する。
2　いったん暴走したら人為的手段では止められない。
3　実際に暴走が起きた前例があるのに、希望的観測だけで「安全神話」を主張する。
4　借金（原発では廃棄物）の処理の見通しがなく溜めているだけ。
5　実際に起きると誰も責任を取らず被害に対する補償手段がない。
6　社会的・経済的な弱者が最も先に犠牲になる。

このような問題意識から、本書では「国土強靭化」論が掲げる二つの柱、すなわち「国土強靭化」そのものについて第Ⅰ部で、「デフレ脱却」について第Ⅱ部で各々考えてみたい。

まず第Ⅰ部の「強靭化」について、第1章では、これまでの日本の国土政策の振り返りから、エネルギー問題も交えて、本当に必要な国土政策とは何かを考える。第2章では、巨大地震が切迫しているという前提ならば、特に「避難」の観点から何が起きるか、どうすべきかを現実に即して考える。東日本大震災では東北の小都市や農村部でさえも、自動車による避難で渋滞が発生し逃げ遅れる事態が発生した。また大都市では歩行者渋滞さえ起こりうる。こうした観点から人々の生命を保護するにはどうするかを考える。第3章では原発こそ最も脆弱なエネルギー源であり、原発に依存しないエネルギー体系こそが真の「国土強靭化」であって経済的にも最も合理的な選択であることを示す。

次に第Ⅱ部の「デフレ脱却」について、第４章では公共投資による成長戦略が国民に利益をもたらすかどうか、まずマクロ経済の考え方や「ＧＤＰ」の中身についての確認から始め、各種の経済指標のこれまでの経緯などを解説し、経済政策の持続性を考える。第５章では、すでに原発に依存して成立してきた地域の経済構造の分析から始まり、原発に依存しない地域のあり方を探る。すべての財貨について自給率の向上や環境投資が地域経済の活性化につながる。マクロ経済に依存した地域では結局のところ公共工事、補助金に依存した地域経営に陥るため、地域主権・エネルギー的に自立した地域づくりの重要性を指摘する。

なお執筆にあたり多くの資料・情報を参考にさせていただいたが、経済情勢、エネルギー情勢は日々変化が生じている。本書の内容は執筆時点の情報に基づくものであり、単行本では刊行後の訂正は困難であることをご了解いただきたい。なお文献の引用にあたり、縦書きと横書きの事情から算用数字を漢数字に置きかえた部分がある。またウェブサイトの引用についても執筆時点の内容であり、提供者によって内容が変更・削除されることがあるのでご了解いただきたい。閲覧した時点でのＨＴＭＬデータは保存してある。

注

1　衆議院ホームページ「防災・減災等に資する国土強靱化基本法案」

http://www.shugiin.go.jp/itdb_gian.nsf/html/gian/honbun/houan/g18301018.htm

2　中央防災会議「南海トラフ巨大地震の被害想定について（第一次報告）」。http://www.bousai.go.jp/nankaitrough_info.html

3　中央防災会議「南海トラフ巨大地震の被害想定について（第二次報告）」。http://www.bousai.go.jp/jishin/chubou/taisaku_nankaitrough/index.html

4　「箇所付け」とは、公共事業の予算や補助金について、個別の事業別に、どこに・どれだけ予算が割り当てられたかを公表する数字であり、主に国土交通省や農林水産省の事業について行われる。実際にはその割り当ては「陳情」などによって影響されると考えられている。国土交通省「事業実施箇所（補正予算）」。http://www.mlit.go.jp/page/kanbo05_hy_000361.html

5　自由民主党国土強靭化総合調査会編『国土強靭化　日本を強くしなやかに』相模書房、二〇一二年四月、六頁。

6　藤井聡『列島強靭化論　日本復活5カ年計画』文春新書八〇九、二〇一一年、一六五頁、藤井聡『維新・改革の正体　日本をダメにした真犯人を捜せ』産経新聞出版、二〇一二年、二一頁～（第一章）、中野剛志『TPP亡国論』集英社、二〇一一年、中野剛志・三橋貴明『売国奴に告ぐ！いま日本に迫る危機の正体』徳間書店、二〇一二年など。

7　自由民主党国土強靭化総合調査会編『国土強靭化　日本を強くしなやかに』相模書房、二〇一二年四月、五九三頁（「日本国土史観試論」）。

8　前田雅英「日本の治安と国土強靭化」、自由民主党国土強靭化総合調査会編『国土強靭化　日本を強くしなやかに　その2』相模書房、二〇一二年一〇月、六五二頁。

9　竹中平蔵「固定資本形成と日本経済」、自由民主党国土強靭化総合調査会編『国土強靭化　日本を強くしなやかに　その2』相模書房、二〇一二年一〇月、六〇三頁。

10　自由民主党国土強靭化総合調査会編『国土強靭化　日本を強くしなやかに』相模書房、二〇一二年四月、六一三頁。

11　『国土強靭化　日本を強くしなやかに』六一四頁。

12　『国土強靭化　日本を強くしなやかに』六一六頁。なお同様の政策リストが六一〇頁にもあるが前者を引用した。

13　都（天皇の在所や政治中枢）を新たに定めることが奠都《てんと》、移転することが遷都《せんと》とされている。ただし旧都の機能が部分的に残存することもあるので必ずしも厳密に区別されない。

14　ＢＣＰとはいくつかの表現があるが、経済産業省の「事業継続計画策定ガイドライン」によれば「事故や災害などが発生した際に「いかに事業を継続させるか」もしくは「いかに事業を目標として設定した時間内に再開させるか」について様々な観点から対策を講じること」とされる。

目次

日本を壊す国土強靭化

第Ⅰ部　「国土強靭化」とは何か

第1章　強靭化の考え方

陳腐な「強靭化」

日本の高度成長期は一九八〇年代後半に終わり、バブル崩壊を経て長期不況やデフレの低成長期が続いている。加えて二〇一一年三月には東日本大震災に遭遇するとともに、近い将来に予想される地震・津波による大規模災害の可能性が指摘されている。このような背景から「基本法案」は「事前防災、減災、迅速な復旧復興、国際競争力の向上等に資する国土の全域にわたる強靭な国づくり」を目的として、災害に強く成長が期待できる国家ビジョンとして提唱されている。

強靭化の議論では「多極分散型の国土の形成」「地域間の交流及び連携」「国土の均衡ある発展」といったキーワードが列挙されており（前出の基本施策の第3・第4項など）、具体的な施策として高速道路や中央リニア新幹線の建設促進などが提示されている。これらは一九六〇年代以降の五次にわたる「全国総合開発計画（全総）」において幾度も掲げられてきた内容と大差がない。過去の経緯を振り返ってみれば、強靭化の議論で掲げられている高速道路や新幹線の整備が、むしろ首都圏や各地域ブロック内の大都市圏への行政・経済の過度の集中を助長してきた事実があり、陳腐化した政策の規模を増大させて繰り返すことにより強靭な国土の形成に寄与する可能性は乏しいといえよう。

国土強靭化を推進する藤井聡内閣官房参与は週刊誌で「首都直下型地震は八年以内に一〇〇％起きる(注1)」と述べ、また富士山の大規模噴火の可能性も高いとしている(注2)。ところが政府は安倍首相が前面に立って東京オリンピック招致を推進している。もし真剣に地震や噴火を前提としているならオリンピック招致など考えられず、防災・減災対策に全力を傾注すべきである。すなわち災害対策を喫緊の課題として強靭化を掲げていながら、政府自身は震災や噴火を現実視せず、バラマキの口実に利用しているにすぎない実態が露呈している。

二〇一二年度補正予算に関する国土交通省の「箇所付け」をみるとまさに「バラマキ」であり、防災・減災に寄与する項目に重点的に配分されているとはいえない。たとえば東海地震で大きな被害が予想される静岡・愛知・三重各県について道路関連で「地震対策」に分類されている項目を集計すると、予算額にして四％に過ぎない。これでは限られた資源が分散され、真に優先すべき事業まで共倒れになりかねない。

また経済の発展と国民生活の安定には、技術面・経済面のエネルギー安定供給が不可欠である。強靭化の議論では、有事に備えたエネルギーシステムの構築として、自然エネルギーの促進や原発の地震・津波対策等が記載されている（基本施策の第５項など）が、その前提は災害など非常時の対応に限定されている。しかしエネルギー問題とは非常時の対応だけではなく日常の安定供給や経済性を同時に検討しなければならない。それにはエネルギー自給率なども考慮した持続的なエネルギービジョンの立案が求められる。これは政府の担当部局のみに委ねるのではなく国民的な議論が必要である。本章ではこのような「強靭化」そのものの考え方の問題点について検討する。

「全総」との比較

これまで「全国総合開発計画（全総）」がよく似た内容で五次にわたって策定されている。全総とは、国土の利用・開発・保全に関して、おおむね一〇年単位の計画期間において、住宅、都市、道路、鉄道など社会資本の整備のあり方の基本方針を示す計画である。これまで「全国総合開発計画（通称は一全総）」「新全国総合開発計画（新全総）」「第三次全国総合開発計画（三全総）」「第四次全国総合開発計画（四全総）」、および「二一世紀の国土のグランドデザイン（通称・五全総）」が策定されている。ただし時代背景の変化により計画期間満了を待たず次の全総に移行しているケースもある。中でも五全総は、バブル崩壊を背景に公共事業の量的拡大は見込めない状況から、「全総」の名称を用いず「グランドデザイン」と称しているが、通称で五全総と呼ばれている。各々の概要を国土交通省資料[注3]および田畑琢己氏の検討[注4]などをもとに次の表1―1にまとめる。

表1―1　過去の「全総」の概要

計画	策定・計画期間・政権	時代背景	主な施策・投資額見積	特徴・関連した制度
【一全総】 全国総合開発計画	一九六二年策定（第二次池田内閣） 目標年次一九七〇年	一　高度成長経済への移行 二　過大都市問題、所得格差の拡大 三　所得倍増計画（太平洋ベルト地帯構想）	〈拠点開発構想〉 目標達成のため工業の分散を図ることが必要であり、東京等の既成大集積と関連させつつ開発拠点を配置し、交通通信施設によりこれを有機的に連絡させ相互に影響させると同時に、周辺地域の特性を生かしながら連鎖反応的に開発をすすめ、地域間の均衡ある発展を実現する。	経済成長を目的とし、重化学工業の拠点（コンビナート等）を整備。「工業整備特別地域整備促進法」 関連する道路・鉄道・港湾等交通インフラの整備 財政・地方債について特例措置。
【二全総】 新全国総合開発計画	一九六九年策定（第二次佐藤内閣） 目標年次一九八五年	一　高度成長経済 二　人口、産業の大都市集中 三　情報化、国際化、技術革新の進展	〈大規模プロジェクト構想〉 新幹線、高速道路等のネットワークを整備し、大規模プロジェクトを推進することにより、国土利用の偏在を是正し、過密過疎、地域格差を解消する。 〈投資額見積〉 一九六六年から一九八五年累積政府固定資本形成として約一三〇～一七〇兆円（一九六五年価格）	この時点で早くも過密・過疎が問題化。 建築基準法・都市計画法・都市再開発法などを改正。 新幹線・高速道路・空港・港湾のインフラに重点。 田中角栄『日本列島改造論』（注5）

【三全総】第三次全国総合開発計画	一九七七年策定（福田内閣） 目標年次策定後おおむね一〇年	一　安定成長経済 二　人口、産業の地方分散の兆し 三　国土資源、エネルギー等の有限性の顕在化	〈定住構想〉 大都市への人口と産業の集中を抑制する一方、地方を振興し、過密過疎問題に対処しながら、全国土の利用の均衡を図りつつ人間居住の総合的環境の形成を図る。 〈投資額見積〉 一九七六年から一九九〇年 累積政府固定資本形成として約三七〇兆円（一九七五年価格）	石油危機を経験し「開発」一辺倒の姿勢から転換。「定住圏」構想が登場。 この時期に原発関連の訴訟が多発。
【四全総】第四次全国総合開発計画	一九八七年策定（第三次中曽根内閣） 目標年次二〇〇〇年	一　人口、諸機能の東京一極集中 二　産業構造の急速な変化等により、地方圏での雇用問題の深刻化 三　本格的国際化の進展	〈参加と連携〉 ―多様な主体の参加と地域連携による国土づくり― [四つの戦略] ①多自然居住地域（小都市、農山漁村、中山間地域等）の創造 ②大都市のリノベーション（大都市空間の修復、更新、有効活用） ③地域連携軸（軸状に連なる地域連携のまとまり）の展開 ④広域国際交流圏（世界的な交流機能を有する圏域）の形成 〈投資額見積〉 一九八六年度から二〇〇〇年度 一〇〇〇兆円程度 公、民による累積国土基盤投資（一九八〇年価格）	「規制緩和」政策を受けて地域主導による地域開発を促進し、地域間を交通インフラ等によって結び交流ネットワークの形成をめざす。多極分散型国土。

【通称・五全総】二一世紀の国土のグランドデザイン	一九九八年策定（第二次橋本内閣）目標年次二〇一〇から二〇一五年	一　地球時代（地球環境問題、大競争、アジア諸国との交流） 二　人口減少・高齢化時代 三　高度情報化時代	〈参加と連携〉 ―多様な主体の参加と地域連携による国土づくり― [四つの戦略] ①多自然居住地域（小都市、農山漁村、中山間地域等）の創造 ②大都市のリノベーション（大都市空間の修復、更新、有効活用） ③地域連携軸（軸状に連なる地域連携のまとまり）の展開 ④広域国際交流圏（世界的な交流機能を有する圏域）の形成 〈投資額見積〉 投資総額を示さず、投資の重点化、効率化の方向を示す。	バブル崩壊。「最後の全総」との位置づけ。計画の公式名称も「全総」を用いず「グランドデザイン」となる。地球時代・人口減少と高齢化・高度情報化社会の背景から、「一極一軸から多極多軸型国土」への転換。

このうち防災に関する内容を検討すると、一全総では地震・津波に関する記述はない。防災に関する記述としては主に水害・高潮が対象であり伊勢湾台風（一九五九年）の経験からと考えられる。他には住宅密集地における住宅の不燃化対策が挙げられている。日本では近代以前から失火・地震・戦災による大火の歴史があり住宅の不燃化は継続的な政治課題であったはずだが、強力に推進されたとはいえない。次に二全総では「災害に対する国土の保全」という発想がみられるが、自然災害だけでなく過剰な開発による弊害が取り上げられている。地震に関連しては、特

定地区における木造建築の禁止、避難場所などの整備、地下埋設物の耐震耐火性の確保等を総合的に推進するとあり、地震の観測・予知体制の強化が挙げられている。津波は言及がない。

三全総では、人口・資産・交通通信・中枢管理機能が集中する大都市における災害が重大な問題を生ずるとの指摘と、これらの大都市への過度の集中という問題意識から、「首都機能の移転」の項目が登場する。避難場所などの整備、住宅の不燃化対策についてはひき続き取り上げられており、より積極的に「耐震」の考え方も加わる。津波の文言が初めて登場するが、積極的な取扱いではなく高潮や水辺浸食の防止等と同列の扱いである。

四全総では、大規模地震等広域的な災害、火山災害、高度情報化に伴う安全対策などが取り上げられる。三全総に続き「分散型の国土構造を目指す」との記述がみられる。ライフライン、災害弱者など、最近の防災対策で常用される用語が登場する。大規模災害に備えた複数ルート、複数機関による多重系交通網が記述されている。また津波に関して初めて「三陸、東海、南海道等において既往最大規模の津波を想定した防護を進める」との具体的な方向性が示された。

五全総では、防災に関してはおおむね四全総を踏襲した内容となっている。ただしこの間、阪神・淡路大震災（一九九五年）を経ており、防災生活圏の形成、防災教育、広域防災拠点など多面的な対策に記述が拡大している。「首都機能移転については、積極的な対応を図ることが必要」として引き続き重要性を指摘している。一方で阪神・淡路大震災では津波被害がなかったためか、津波に関しては四全総と同程度の記述にとどまっている。

結局のところ、三全総（一九七七年）の「国土の均衡ある発展（あるいは利用）」以降は、一貫して首都機能の分散と高速交通体系の整備を提唱しているが、結果はさらなる一極集中と資源の偏在を招いた。この問題に対する検討なしに、また同じことを「国土強靭化」と言い換えて実施しても、同じ結果をもたらすに違いない。現在の「国土強靭化」の基本的施策をみると「日本列島改造論」の再掲でしかない。「日本列島改造論」でも、工業の再配置と新幹線・高速道路による高速交通体系で防災面の問題を解決するとしていたが、阪神淡路大震災・東日本大震災をはじめいくつかの震災に対して、これらが特に機能したとは思われない。

首都圏直下型地震、南海トラフ地震など、大規模震災が切迫している前提ならば、ハード的な防災設備の建設を急ぐ必要はある。しかしそれにも財源は無限ではなく、津波の想定が公表されたからといって日本全体を高さ三〇ｍの防潮堤で囲む(注6)わけにはゆかないし、科学的な地震予知が未だ気象予報なみの精度が得られない以上は、警戒態勢を毎日維持して暮らすわけにもゆかない。最も急がれることは、どこにどのようにハード施策を講じれば、国民の生命・財産を守るのに最も効果的なのか、ソフト施策と合わせて検討することである。

将来の人口・年齢・国土利用については多くの論者によりシミュレーションが報告されているが、国土政策・交通政策と関連づけたものとして、東日本大震災直前の二〇一一年二月に、国土審議会政策部会長期展望委員会が「国土の長期展望中間とりまとめ」を報告している。(注7)同報告書では、①長期展望の前提となる大きな潮流、②地域別にみた人口減少及び少子高齢化、③人口、

図１―１　国内の地域別の人口推移予測

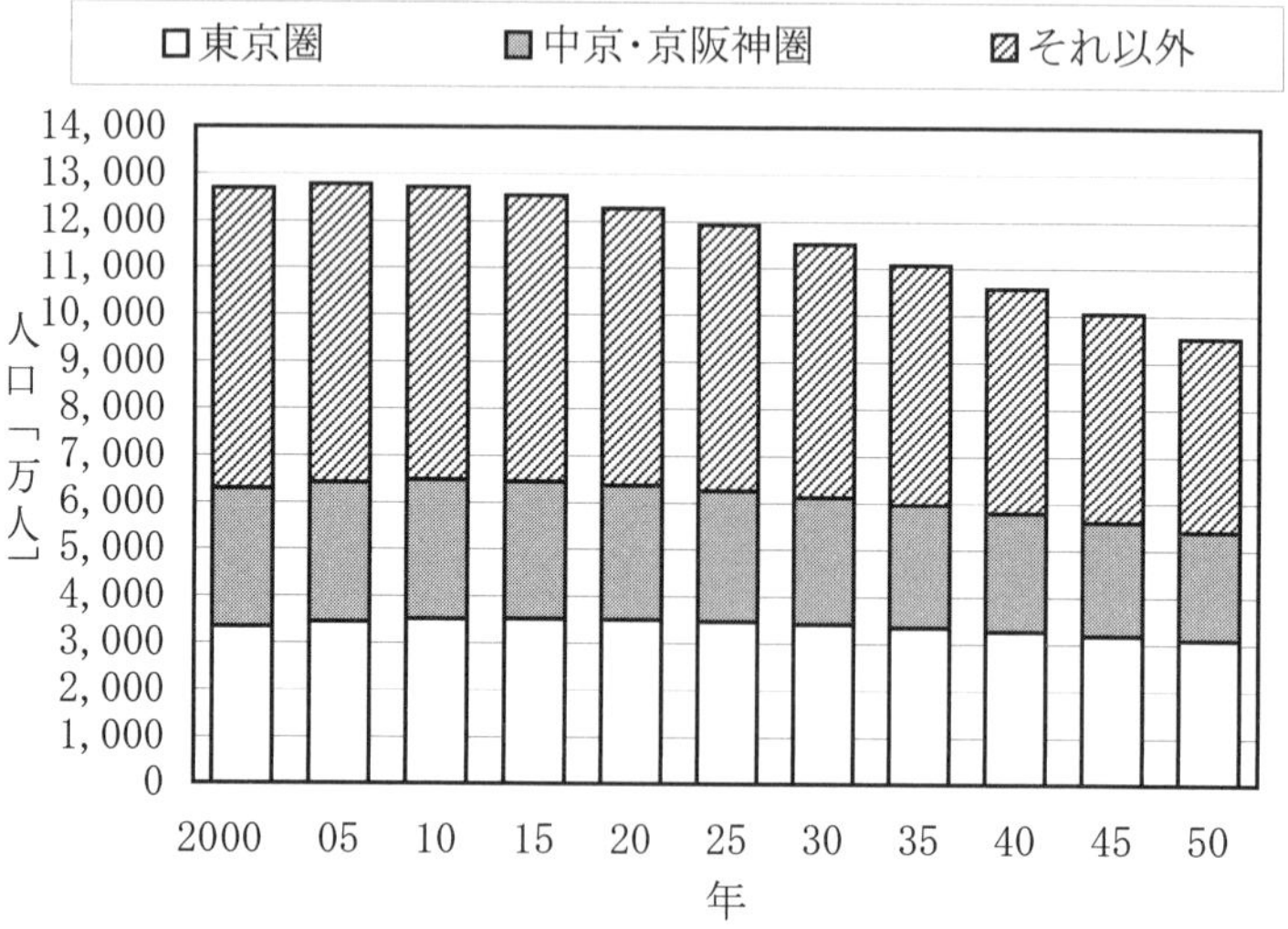

気候等の変化がもたらす人と国土の関係への影響、④今後実施すべき複数シナリオによる検討の例という分野別に検討が行なわれている。もし社会的諸要因が現状のまま推移した場合、二〇五〇年頃には総人口が一億人を下回り、高齢化率は約四〇％になると見込まれ、約四〇年後の「人と国土」の関係性が現在とは大きく異なると推定している。

図１―１は、東京圏、中京・京阪神圏、それ以外の地域別に人口予測を示す。全体として人口減少の中でも都市集中が続くと推定されており、一方で三大都市圏以外の人口減少は加速する。これまでの都市間の高速交通体系においては、たしかに都市間における所要時間短縮効果は実現できたも

のの、いわゆる「ストロー効果」として、日本全体としては東京一極集中、あるいは北海道内での札幌集中、九州内での福岡集中をもたらしたのであって、都市間の高速交通体系が経済的・社会的機能の分散に寄与したとはいえない。

一方で「Ｊターン」「Ｉターン」等の社会的な動きは低成長時代になって起こったものであり、高速交通体系の効果ではない。強靭化論では、立法措置を講じてでも高規格幹線道路計画の一万四〇〇〇㎞のうちの未完成部分の建設を促進するとしているが、高齢化がますます進展する中で自動車による都市間の所要時間を短縮したところで、一極集中の是正が実現するとはとうてい考えられない。防災機能に関する検討は第２章で記述する。

平成の「建主改従」

大正時代の鉄道整備に関して「建主改従」という議論が記録されている。日本では一八七二年の新橋駅～横浜駅間の鉄道開業以来、明治期までに全国に約八〇〇〇㎞の鉄道路線が整備され、ローカル線を除けば現在に匹敵する幹線鉄道網が形成されていた。しかし大正年間になると、さらに新しい鉄道網を拡張すべきか、既存の路線を強化改良すべきかについて対立が発生した。既存の路線の強化改良よりも新線の建設を優先すべきであるという主張が「建主改従」であり、逆に新線の建設よりも既存の路線の強化改良を優先すべきであるという主張が「改主建従」である。

当時の鉄道院（国有鉄道）側はどちらかというと「改主建従」を指向していたことが記録されているが、一方で政治的理由から新規路線網の建設を求める政治勢力もあり、「建主」と「改主」の双方に政党と軍部も絡んで政治的論争が続いたが、一九一八年の原敬内閣で基本的に「建主改従」が政治決着された。その得失については現在もさまざまな評価がある。

現代に至っても同じ議論が続いている。財源に制約がなければ新設も改良も平行して実施するに越したことはないが実際は制約がある。図1―2は『平成二三年度国土交通白書』より、国土交通省所管の八分野（道路、港湾、空港、公共賃貸住宅、下水道、都市公園、治水、海岸）の直轄事業・補助事業・地方単独事業（地方自治体が独自に実施する事業）を対象に、新設費・災害復旧費・更新費・維持管理費の投資額について示したものである。（注8）なお中央自動車道の笹子トンネル事故（注9）によって既存高速道路の維持管理の問題が社会的に注目されたが、この図では民営化された高速道路会社（独立行政法人）に関する費用は算入されていない。

直轄事業とは、国が決定して実施する事業のことであるが、費用面では必ずしも全額を国の予算で負担せず、事業の内容に応じて地方公共団体の分担金の比率が決められている場合もある。たとえば道路の場合、主要都市間の幹線機能を主とする幹線国道であっても、一部は地域内交通にも利用されるから地方公共団体も一定の負担をすべきと解釈されている。また補助事業とは、地方自治体が実施する事業であるが国の予算から補助金が交付される。地方単独事業は見か

図1―2　国土交通省所管の投資額経緯

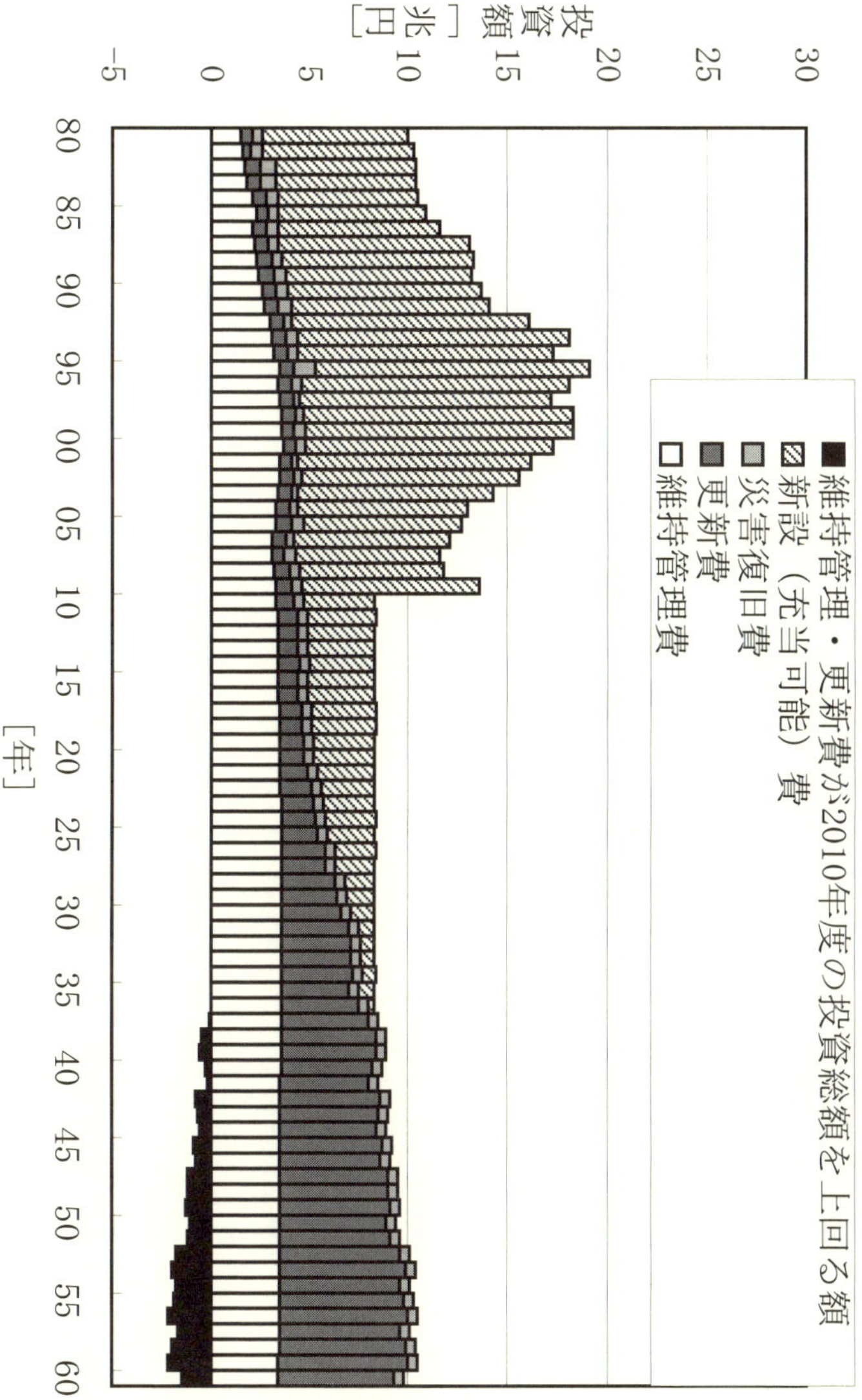

けは地方自治体が独自に実施する事業であるが、財源として地方債の起債を認めた上でその償還に地方交付税が充当されるので間接的に補助金と考えられる。

ここで、今後の投資総額の伸びが二〇一〇年度以降はゼロと仮定する一方、維持管理・更新は従来どおり必要と仮定すると、新設に充当できる額が急速に減少し、二〇三〇年代後半にはゼロとなるとともに、維持・管理費が不足をきたすという試算がこの図である。ただし、試算には以下のような前提が設けられていると解説されている。

○耐用年数は、税法上の耐用年数を示す財務省令を基に、それぞれの施設の更新の実態を踏まえて設定した。
○維持管理費は、社会資本のストック額との相関に基づき推計した。
○災害復旧費は、過去の年平均値を設定した。
○事業に基づく用地費・補償費は参入されていない（維持・管理でもある程度の用地確保・補償が必要な場合もある）

災害復旧費については過去の年平均値とされているが、地震・津波はもとより、気候変動（地球温暖化）に起因する台風や集中豪雨などの被害増大は常態化する可能性が高く、その対策費も巨大なものとなるであろう。また笹子トンネル事故にみられるように、自然劣化の分だけでも維持管理・更新は従来の延長にとどまらず加速が必要と考えられる。東日本大震災に関連しては、被災地の復旧・復興や全国的な防災・減災のための公共事業関係予算として、二〇一一年度一次補正予算で一兆二〇〇〇億円、三次補正予算で一兆三〇〇〇億円、および二〇一二年度の当初予算七〇〇〇億円が計上されたが、今後とも使途の精査が必要である。また公共事業費が量的に充分でないために補修費が不足し、インフラの劣化が放置されたとする見方は正しくない。劣化の大きな要因は、新設事業には財源が付きやすく、組織面・人員面でも新設事業を実施しやすい体制になっているのに対して、補修には財源が不足し、組織面・人員面でも冷遇されていたためである。すなわち制度や組織の面こそがもともと劣化していたのであって、公共事業費の全体量の不足が補修費の不足を招いたのではない。

歴代内閣と公共投資

この試算における「投資総額の伸びをゼロ」という設定は、現実に財源の制約（後述）もあるが、二〇〇九年九月から二〇一二年一二月までの民主党政権が、当初「コンクリートから人へ」という政策理念を示したことに対して、批判的な意味を込めて設けられているようにも思われる。しかし前述の八分野の公共事業について、図1―3のように一九八〇年から現在までの部分を抜き出し、歴代内閣との時期的な対応を検討してみると、公共事業の減少は何ら民主党（政権交替時）

に特徴的な政策ではなく自民党時代から始まっていることがわかる。

日本社会党委員長を首班とする村山内閣でも投資額は増加しており、減少は第一次橋本内閣（一九九六年一月）からである。総額で減少が大きい時期は森内閣から小泉内閣の時期である。

また棒グラフの一番下の維持管理費でも、森内閣から減少が始まり、安倍（第1次）内閣の時期に最低に達している。これは小泉内閣以降の基本的な姿勢である改革路線との関連であり、それは小泉元首相のキャッチコピーである「自民党をぶっ壊す」にも象徴されている。このように、一見同じ保守勢力に分類されてはいるが、既得権勢力と改革勢力の間での対立が存在し、九〇年代後半からは改革勢力が優勢を占めた経緯が推察される。

民主党の「コンクリートから人へ」というキャッチコピーが公共事業を悪者扱いしているとして反感を示す言説(注10)がみられたが、そのような批判は時期的に全く事実と整合しておらず的はずれである。公共投資の減少は自民党時代に始まっているのであり、民主党政権の独自政策ではなく、むしろ自民党の路線を継承したものである。もし投資額の大小と事故を結びつけて議論するのであれば、投資総額とともに維持管理費も減っている小泉内閣の責任を問うべきであろう。

二〇一二年の衆議院議員総選挙に際して、安倍（現）首相は「日本を、取り戻す」のキャッチコピーのもと公共投資を増大させて日本経済の復活をはかると主張していたが、安倍（第一次）内閣では小泉元首相の「自民党をぶっ壊す」の路線を継承して公共投資抑制の方針をとっていた。

図１—３ 歴代内閣と投資額の推移

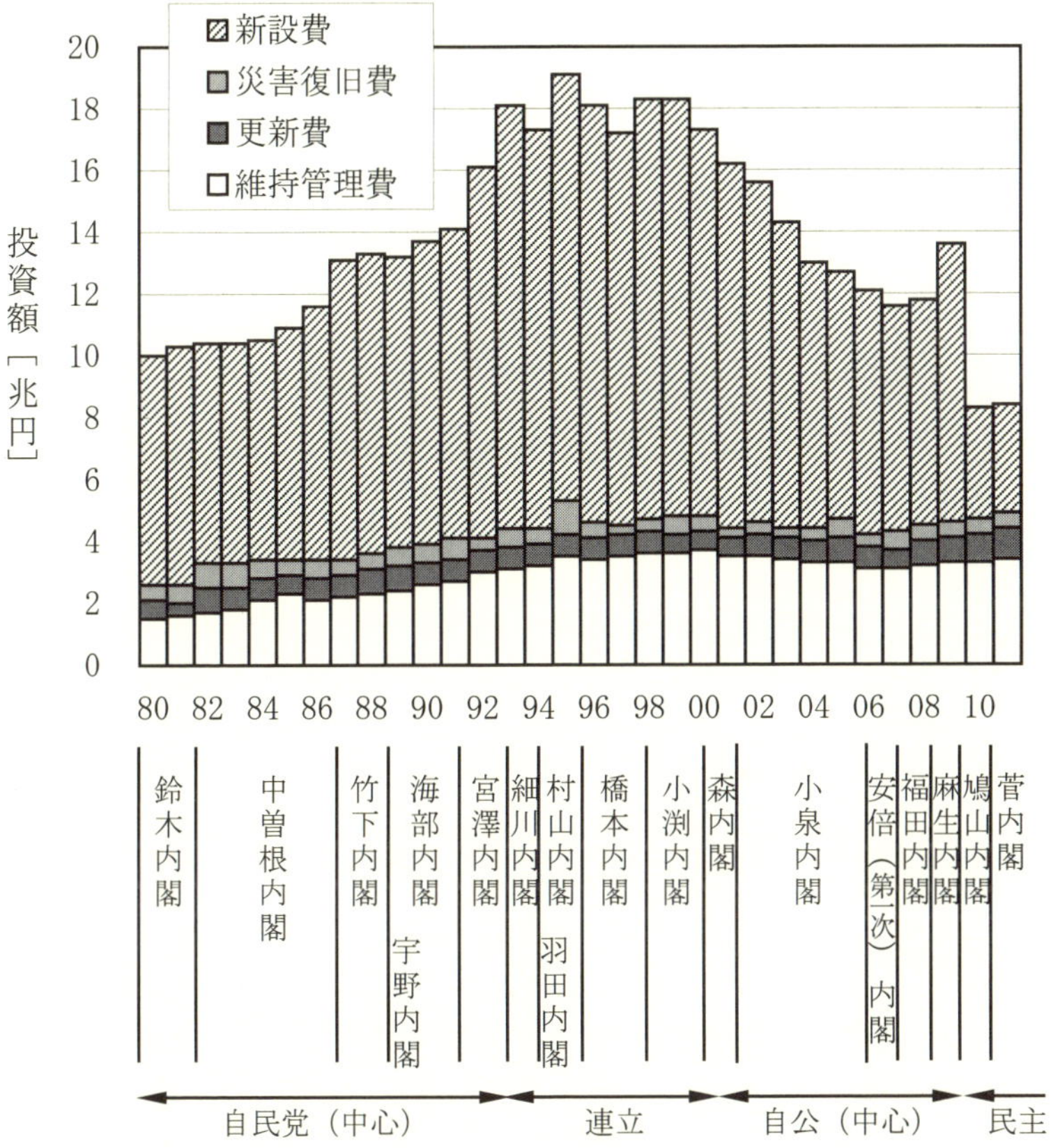
新設費
災害復旧費
更新費
維持管理費
投資額［兆円］
0
2
4
6
8
10
12
14
16
18
20
80
82
84
86
88
90
92
94
96
98
00
02
04
06
08
10
鈴木内閣
中曽根内閣
竹下内閣
宇野内閣
海部内閣
宮澤内閣
細川内閣
羽田内閣
村山内閣
橋本内閣
小渕内閣
森内閣
小泉内閣
安倍（第一次）内閣
福田内閣
麻生内閣
鳩山内閣
菅内閣
自民党（中心）
連立
自公（中心）
民主

二〇一三年からの安倍新政権では公共投資の増大を提唱して「先祖帰り」と揶揄されているが、それ以前の自民党の「改革」路線を軌道修正するために、既得権保守派が民主党の失策を利用したという背景が推定される。

道路投資の不透明性

終戦後間もない一九五六年に、米国から「ワトキンス調査団」が来日し、次の言葉を残した。「日本の道路は信じがたい程に悪い。工業国にして、これ程完全にその道路網を無視してきた国は、日本の他にない。日本の一級国道―この国の最も重要な道路―の七七％は舗装されていない。この道路網の半分以上は、かつて何らの改良も加えられた事がない。道路網の主要部を形成する、二級国道及び都道府県道は九〇ないし九六％が未舗装である。これらの道路の七五ないし八〇％が全く未改良である。しかし、道路網の状態はこれらの統計が意味するものよりももっと悪い。なぜならば、改良済道路ですらも工事がまずく、維持が不十分であり、悪天候の条件の下では事実上進行不能の場合が多いからである」(注1)という報告書の記述である。これ以後、日本の道路関係者は「日本は道路が足りない」という強迫観念の虜となり、わが国の地理的・社会的状況に合わない米国型の自動車交通体系を持ち込むことに熱中するようになった。

たしかに一九五〇～一九七〇年代までは、経済の復興に合わせて道路を整備する必要があったが、現在はそうした理由は失われている。本来の交通計画上の必要性とかけ離れた道路建設が、政治面・経済面での既得権の維持のために続けられ、合理的・効率的な道路計画（たとえば、多くの代替案を検討して費用対効果の高い区間を優先するなど）を立案することについて、だれが責任を有しているのか明確なルールもないままに、慣習的な手続きの繰り返しとして道路整備が行なわれているにすぎない。

多くの道路利用者が「いつも道路を掘り返しているわりに、渋滞が解消されない」という実感を抱き、「道路の整備が遅れている」と感じているのではないだろうか。ここで、なぜ遅れていると「感じられる」のかを検討する必要がある。道路計画の専門家でなくても、道路の整備は「交通状況を科学的・実態的に分析して、必要な区間で実施する」「費用対効果を分析して、効果の高い区間から優先的に実施する」という基準によるべきであると常識的に考えるであろう。しかし現実の道路整備は、巨額の財源を投入しながら、そのような合理的基準に従って行なわれてはいない。なぜこのようなことが起きるのだろうか。

結論からいうと、納税者に明快に説明できるような客観的基準がない、また専門家でもわかっていないというのが現実の答である。田邉勝巳氏（運輸政策研究機構）らは「道路特定財源がどの地域にどの程度支出されているか、そして何を基準にして配分されているのか、その因果関係はよく分かっていない。これは、受益と負担の関係が不透明であるだけでなく、道路整備の評価について外部から判断することが困難であることを意味する」（注12）と指摘している。田邉氏の報告時点で国内の道路全体に一四兆八二二二億円のお金が道路に使われているが「どこに・どれだけ・誰が・どうやって」という根拠が専門家でさえわからないとは驚くべきことである。

田邉氏らは、因果関係を論理的に分析するかわりに、道路整備の決定要因として考えられるいろいろな要素を仮定して、都道府県道の整備を事例に統計的な分析を試みている。全国で巨額のお金が、国から自治体まで、各レベルで予算・決算の手続きを経て使われている事実に対して、統計的に分析せざるをえないという実態そのものが奇妙な話であるのだが、この分析からは示唆に富む結果が得られている。

全体として、まず地理的要因（面積、気象など）は、道路投資額を決定する要因として相関関係が希薄であった。これに対して、政治的要因の指標として「自民党得票率」との相関をみたところ、有意な相関関係がみられた。また都道府県が管理する道路建設事業のうち、国の補助率が高い事業が多いことは、政治的要因がより多くの補助事業を都道府県にもたらすと分析している。結局、道路投資を決定する要因の強さとして、国庫支出金が六六%、自民党得票率が一六%となり、全要因の八割以上を占めていることがわかった。要するに「どこに・どれだけ」「誰が・どうやって」について、明確な基準があるわけではなく、全く別の要素で決定されている。道路を利用する多くの人々が「ここはいつも渋滞しているから拡幅してほしい」「事故がよく起きるから改良してほしい」と要望したとしても、それを客観的・総合的に評価して優先度を決めるような明確な仕組みは存在せず、いかに国庫補助金を「引っ張ってくる」か、逆に「補助金のついた所

広島県の高速道路

から実施する」といった要因を主として、事業が実施されているのである。もし「国土強靭化」においてもこのような方法が改められないならば、いかに公共投資を拡大しようとも限られた資源は分散され、国土強靭化は実現しない。

バラマキ事業の例～三kmに一一〇億円

上記写真は、広島県庄原市の郊外にある国道一八三号線バイパスの「高《たか》道路」である。高速道路のように見えるが一般国道であり自動車専用道でもない。しかし歩行者・自転車は交通規制上で通行禁止となっている。一方、この地域においてこのような高規格道路を必要とするほど交通量が多いのかというと、「道路交通センサス（二〇一〇年度）」のデータ[注13]をみるとピーク時でも乗用車・貨物車合わせて一分間に数台の自動車が通る程度の交通量しかなく、昼間にはほとんど自動車の姿が見えない時間帯もある。このバイパスに接続する前後の道路にはもともと渋滞もないし、走行速度はピーク時でも五〇～六〇km／時であり、法定速度上限に近く混雑の制約なしに走行できているので現実に時間短縮効果は少ない。「高道路」は地域高規格道路・江府三次《こうふみよし》道路の一環として位置づけられているものの、高規格道路はコマ切れに開通しているだけで全面供用はいつになるかわからない。この「高道路」の長さは約三kmにすぎないが総事業費は約一一〇億円である。(注14) しかも同センサスによると、二〇一〇年度の交通量は約六三〇〇台／日であるのに対して、費用便益計算を行なう際の計画交通量を八八〇〇台／日として試算されている点も疑問である。広島県山間部に位置する庄原市の周辺地域で、将来の交通量が現状の一・四倍に伸びるとする前提は合理的だろうか。まさに「バラマキ」公共事業の典型であるとともに、このような道路を作れば作るほど後年のメンテナンス費用が必要となり、第1章に示すように、やがては必要な設備も作れなくなるほど余計な負担を招くことになる。

建設分野内での不均等性

図1―4は建設業の資本金規模別に、就業者数と付加価値額の分布を示したものである。(注15) 内円は就業者数、外円は付加価値額である。なお付加価値とは、労務費・人件費・租税公課・営業損

図1―4 資本階層別の事業者数・完成工事高・付加価値額

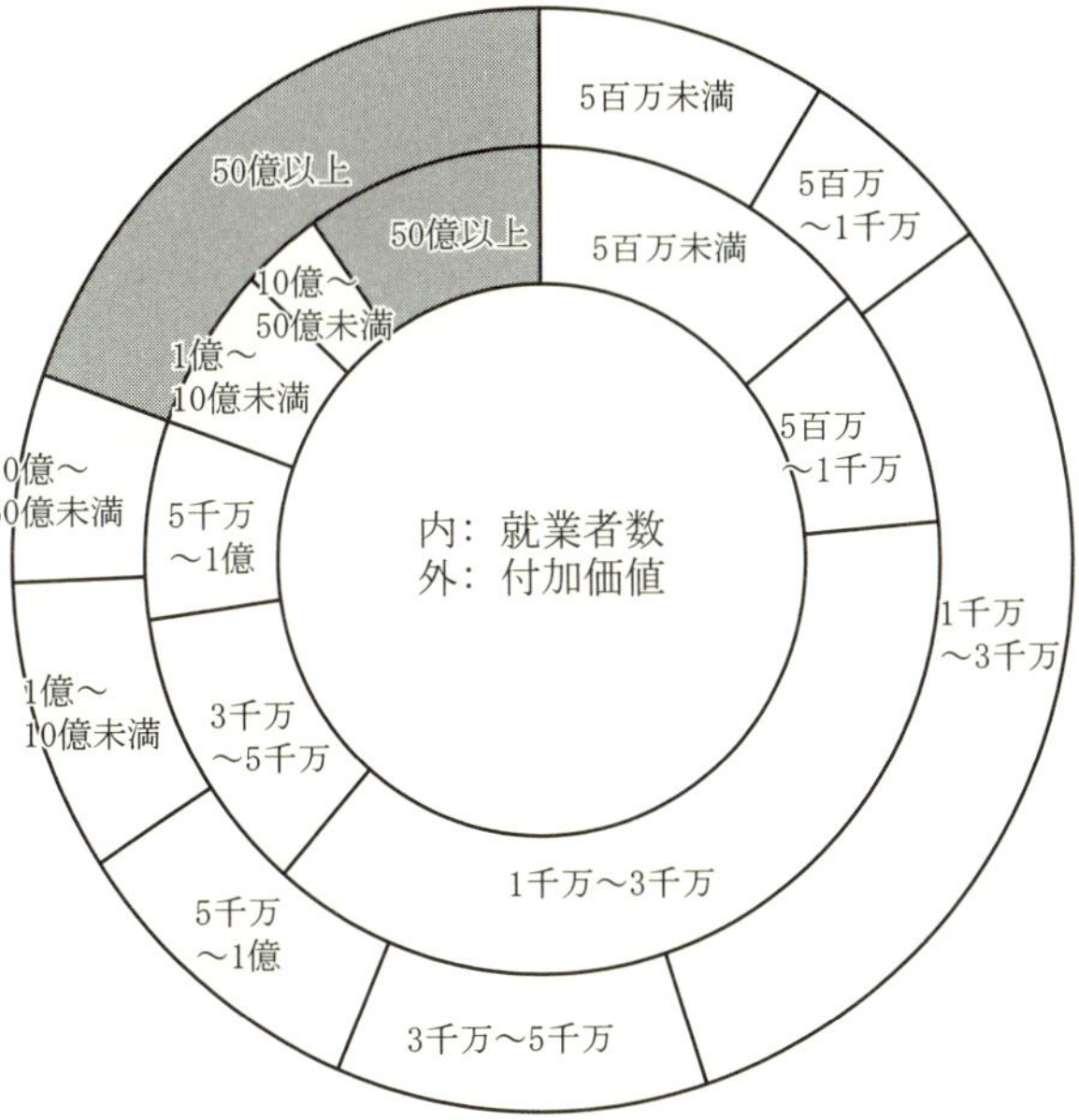

益の合計であり、工事金額から資材費・消耗品費等を除いて事業者に帰属する利益の分である。資本金五〇億円以上の法人は、就業者数で全体の一〇％であるのに対して付加価値額で一九％を占める。以下同様に、資本金階層別にみると外円が「左回り」にずれている、すなわち規模の小さい企業ほど就業者あたりの付加価値が低くなる実態が示されている。このように建設業の分野内だけをとっても、公共事業はごく一部の当事者に利益をもたらす一方で、雇用者一般には恩恵が薄いという

実態から、公共事業全般が批判される要因ともなっている。もしこうした構造をそのままに、さらに地域の中小事業者にも恩恵をもたらそうとすれば、結局は総額を際限なく膨張させて「バラマキ」を実施せざるをえないことになる。

防災の妨げになる「リニア新幹線」

強靭化では「中央リニア新幹線の早期開通」が挙げられている。JR東海による自主事業とされているが、駅部分などは公費負担がある。現在の中央リニア計画では名古屋開業が二〇二七年、大阪開業が二〇四五年とされている。(注16) 基本的施策では「東海地震等有事における東西交流路の確保」とあるが、中央リニア新幹線が具体的に役に立つのだろうか。中央リニア新幹線は旅客専用であり、物資の輸送は人間が携行する程度のことしかできない。大規模災害時には、緊急要務以外の人々はできるだけ動かず、物流を優先すべきである。

リニア新幹線の安全対策についてJR東海の「中央新幹線計画に関する説明会資料について(注17)」の「地震、火災等の異常時への対応」によると、安全対策として①堅固なU字型ガイドウェイの中で磁気反発力により保持されており脱線しない構造である、②土木構造物は耐震基準に準拠しており、また地下部では地震動が緩和される、③早期地震警報システムを導入する、④停電などの異常時においても安全に停車できる等が挙げられ、安全性に問題はないと説明されている。

現在の新幹線と在来線ではこれまでに地震被害の経験がある。部分的な破損があっても、応急的な復旧措置を講じて段階的に徐行運転などにより列車の運行を再開することが可能である。しかし中央リニア新幹線については、外部から強い振動を受けた時に、軌道や車両にどのような状況が発生するか全く未知である。ＪＲ東海の説明は「少なくとも脱線しない」という程度であるが、それだけでは災害時に輸送機関として機能するかどうかとは関係がない。東京外かく環状道路の今後の新設部分ができれば交通施設としては最初の事例になる予定であるが、現在のところ交通施設（鉄道・道路）では地表から四〇ｍ以深に建設された実例はない。

中央リニア新幹線の計画ではルートのほとんどが大深度部[注18]と山岳部の長大トンネルである。具体的なルートと駅の位置はまだ確定していないが、大深度部では換気や避難のため五〜一〇㎞おきに避難路を兼ねた通気筒が設けられる。前述の資料のように、耐震設計によりトンネルの全面的な圧壊などは可能性が少ないと考えられるが、ある程度の軌道の変位は避けられない。電力の供給が長時間停止する等の事態も予想される。

脱線しないまでも大深度の長大トンネル内で列車が停止し、短時間で運転が再開できない場合、乗客をどのように地上へ誘導するのだろうか。前述の資料の「説明会における主なご質問」の資料によると、トンネル内で列車が停止した場合の避難について、大深度区間では五〜一〇㎞おきの通気筒中にエレベータ等の昇降装置を設け、また山岳トンネル区間では保守用通路及び斜路を避難通路として利用するとしている。しかし昇降装置は停電時にも動作するのだろうか。また山岳トンネル区間では外へ出ても無人の山中であり緊急自動車のアクセスも容易ではない。

すなわち現在の事故対策は、平常時にリニア新幹線において単独のトラブルが発生することしか考慮していない。いかに防災対策を講じていても大規模災害時には警察・消防・自衛隊など救援体制の負荷が過大になる。通常の鉄道に比べて救援に桁ちがいの手間がかかるリニア新幹線などを作れば、ますます救援体制に負担をかけ、広範な救援活動の妨げになる。国土強靭化論者は地震の切迫を指摘しているのであるから、救援体制に余計な負荷をかける事業を増やすことは全く説明がつかない。いかに弁明しようとも国土強靭化論は「バラマキ」であるという事実がここでも露呈しているのではないか。

なお平常時のサービスレベルについても疑問が多い。リニア新幹線自体に乗車している時間（「ラインホール」という）は現行新幹線に比べて短縮されるが、利用者は駅間を移動するだけでは目的を達せず、真の出発地から到着地まで、駅まで・駅からのアプローチ時間を加えた総所要時間で評価する必要がある。たとえば神奈川県内からの利用の例として、神奈川県庁から大阪府庁まで用務で移動すると想定する。その他県内の企業相互の移動などを想定しても同様である。

想定されるリニア神奈川県駅（現在のＪＲ相模原線の相模原駅付近）からリニア大阪府駅（現在のＪＲ東海新大阪駅）での駅間の所要時間は一〇三分と想定されている(注19)ものの、前後の在来線や地下鉄によるアプローチ時間を加えると、総所要時間は現新幹線利用で一九八分、リニア新幹線利用で一九六分（リニア各駅に停車する列車パターンで、待ち合わせ・余裕時間を前後一〇分と想定）でほとんど差がない。在来線や地下鉄の所要時間は現在と比べて大きく短縮される可能性はないので、総所要時間はほとんど短縮効果がない。これは一九六四年に東海道在来線に対して新幹線が開業した際の劇的な短縮効果とは全く異なる。リニア新幹線が開業した場合、既存の東海道新幹線の運転本数が大幅に削減されるであろうから、利用者がやむを得ずリニア新幹線にシフトするという意味での利用効果に過ぎないと予想される。

日本全体のエネルギー需給

強靭化論では、有事に備えたエネルギーシステムの構築が挙げられている。しかし問題は非常時だけではなく、日本全体の経済・社会活動を支えるエネルギー需給全体である。経済とエネルギーの関連を議論するには、日本のエネルギー需給全体の姿を把握する必要がある。図1—5は、日本全体に導入（国産・輸入）される一次エネルギー（電気やガスなど、実際に利用される供給形態に変換される前のエネルギー）が、どのように変換され、どの分野に供給され、最終的にどのように利用・廃棄されているかを、福島事故以前で最新の二〇〇九年のデータ（注20）で示したものである。

日本全体では二万一五一五PJ（ペタジュール）の一次エネルギーが供給されている。そのうち原子力・水力（既存の大規模水力）と、大部分の再生可能エネルギー（太陽光・小水力・風力・地熱）

は直接電気に、あるいは発電設備を通じて電気に変換される。電力に変換された分は、家庭・業務・運輸・産業（主に製造業）の社会のあらゆる部門に供給される。また石炭・石油・天然ガスは、発電所に供給される「発電用」と、それ以外の「非発電用」（燃料として自動車や家庭・業務での熱利用、製鉄用、プラスチックなど製造物用）に分かれる。

発電設備には一次エネルギー全体の約四四％が導入されるが、そのうち正味で電気に変換される分は約四〇％にすぎず、残りの六〇％は熱損失として大気や海洋に捨てられる。たとえば発電所の「温排水」がそれにあたる。その量は、原子力による一次エネルギー供給量の倍以上に達する。

一次エネルギーを電気に変換する際には、理論的に一〇〇％の効率は不可能であり何らかの損失が生じることは避けられないが、損失は発電システムの構成や性能向上によって改善することができる。この損失部分の効率改善による省エネの余地は大きい。

また、非発電用の五六％の一次エネルギーは、都市ガス・重油・軽油・ガソリンなど最終利用者が利用可能なエネルギー形態や、その他には製鉄用コークス、プラスチック原料としてのナフサなどの形態で各分野に供給される。

一方、最終エネルギー消費を分野ごとにみると、たとえば家庭部門には、電気として一〇九四PJ、その他燃料（都市ガスや灯油）として一一八五PJ、合計二二七九PJのエネルギーが供給される。このうち有効に利用されるのは全体の六〇％であり、その他の約四〇％は損失として捨てられる。

図1—5 日本全体のエネルギー需給

総供給 21,515 PJ(ペタジュール) 端数、統計誤差の関係で合計は一致しない部分あり。

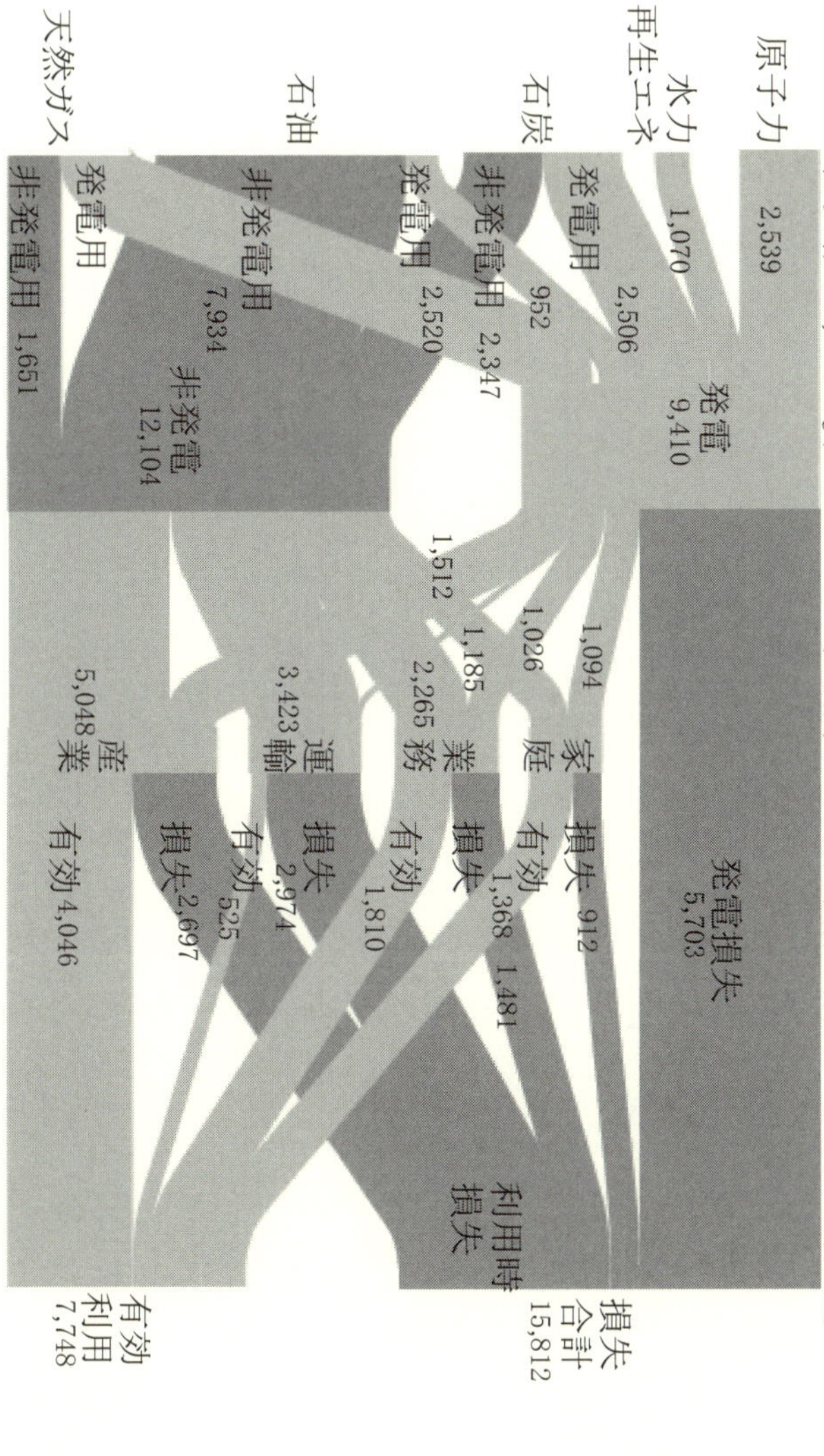

同様に業務部門では約四五％、運輸部門では約八五％、産業部門では約四〇％が損失として捨てられている。これらの損失と、前述の発電による損失を合計すると、供給された一次エネルギーのうち結局のところ七三％が利用されずに捨てられている。各分野におけるエネルギーの利用効率を多少改善するだけでも、原子力により供給されている一次エネルギーに相当するほどのエネルギーを産み出すことができる。再生可能エネルギーが普及したとしても、その供給には何らかの環境への負荷が伴うのであるから、それをできるだけ効率的に利用することが普及の前提である。

エネルギー自給率向上も「強靭化」

日本では一次エネルギーの大部分を輸入に依存しているため、一次エネルギーを輸入することは、日本の所得が海外に流出していることを意味する。二〇〇八年には原油価格が高騰していたこともあり、日本全体で二五兆円も海外に払っている。額の大きさだけでなく、このように価格が極端に変動するのでは企業の経営面からみても常に重大なリスクを抱えることになる。エネルギー自給は企業の観点からみても重要である。

原子力を推進する理由として、燃料となるウランの価格が安いこと、したがって電力価格が安いことを理由を挙げる論者がある。しかしそれも根拠は乏しい。図1―6は原油・天然ガス・ウ

図1—6 輸入エネルギー価格

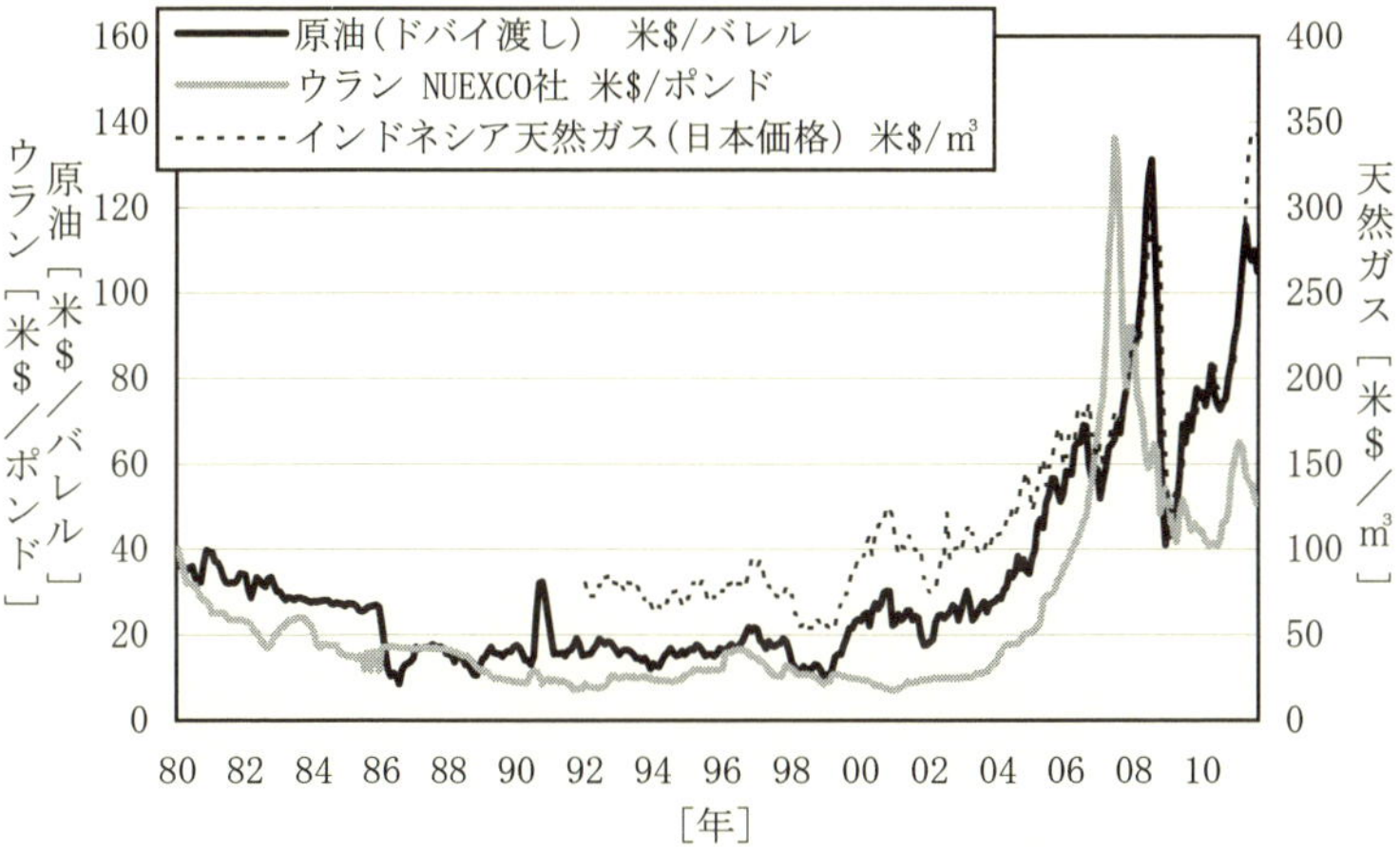

ラン（正確には酸化ウランとして取引される）の長期価格動向を示すものである。[注21] 結局のところ、これらの価格は連動して同じような動きをしており、相対的には同じことである。実際には長期契約など価格の変動を緩和するような実務的手段がとられているが、いずれにしても海外に一次エネルギーを依存することのリスクは変わらない。

東京電力のホームページ[注22]でも、ウランも「他の資源と同様に有限であり（可採年数：約八五年）、このまま使い続けると供給が不安定になる可能性」を指摘している。このため使用済み核燃料の再処理による利用が計画され、国内で発電用原子炉からの使用済み核燃料を核燃サイクル（第3章参照）により処理して再度核燃料に転換する計画が開始された。しかし度重なるトラブルで稼動せず、このまま見通しが立たなければ使用済み燃料の行き場がなく、原発は停止せざるをえない。

いかに道路や橋を作っても、食糧とエネルギーがなければ人間は生活できない。前述のように強靭化の議論では、有事に備えたエネルギーシステムの構築として、自然エネルギーの促進や原発の地震・津波対策等が記載されている。原発では大規模災害といっても台風・集中豪雨はほとんど影響はなく、地震・津波が対象であろう。海洋を隔てた遠隔地で発生した津波で国内に被害を生じたケース（チリ地震津波・一九六〇年）はあるが例外的であり、主には日本近海で発生した地震に起因する津波である。その場合には、「地震等に対する安全性の確保その他の必要な施策」があったにしても、強い振動のために被害の有無によらず原発は停止せざるをえない。福島事故のような公衆被害なしに冷温停止に到達できたとしても、迅速な運転再開は火力よりはるかに難しい。

「自然エネルギー利用」にも理解しにくい面がある。まず大規模災害の発生時におけるエネルギーの供給確保としては、電源の問題だけでなく送変電設備の堅固性強化や、場所によっては津波対策も必要である。また「大規模災害が発生した場合の安定的なエネルギー供給」が、救援・捜索・医療・避難等の拠点において、当面の業務や用途に必要な最低限のエネルギー、すなわち既存の送配電網や燃料の供給に依存しない独立のエネルギー供給源の整備を指すのであれば、土木事業とは関連が乏しい。

一方、エネルギー源の長期の途絶にも対応できるような、ある程度の大容量の「自然エネルギー」、すなわち原子力や火力のバックアップとしての電源を指すのであれば、ふだんからそれを常用すればよいのであって、原子力や火力の必要性は低下する。また安全面を考えても、一定以上の地震動を検知すれば原子炉はただちに停止しなければならず、停止後の点検・再起動には時間がかかる。火力は「暴走」や公衆災害の可能性は少ないが、発電機やそれを駆動するタービンは精密なバランスを必要としており、やはり地震動を検知すれば停止せざるをえない。自然エネルギーではそうした制約は緩和される。

いずれにしても「エネルギー安全保障」、すなわちエネルギー自給率の向上が重要である。二〇一二年五月に「エネルギーシナリオ市民評価パネル」は原発に依存しないエネルギー体系の提案「Ⅲ．エネルギー・環境のシナリオの論点〜持続可能なエネルギー社会の実現のために〜」を公表した(注23)。またこれらを書籍化した『原発も温暖化もない未来を創る』を刊行している(注24)。「エネルギーシナリオ市民評価パネル」は、エネルギー・環境関連の一〇団体(注25)・一四人の有志により構成された検討会である。二〇一一年三月の福島原発事故以後、各団体はそれぞれ提言・報告を公表している。これらを総合すると、再生可能エネルギーの導入や省エネの促進などの対策を講じることにより、二〇三〇年までに原発依存度をおおむねゼロにし、反対に、電力における再生可能エネルギーの比率を約五〇〜六〇%、また一次エネルギー供給における同比率を約三五〜五〇%に引き上げるなどの共通点がみられる。

市民エネ調の試算

二〇〇四年に環境団体の有志による「市民エネルギー調査会(注26)（以下「市民エネ調」）」の活動が行なわれ報告書が公表されている(注27)。この活動は、政府の長期エネルギー需給見通し（当時）に対して、市民から「持続可能なエネルギーシナリオの代替案」を提示して議論を喚起し、エネルギー政策を持続可能な方向に変えて行くことを目指したものである。具体的には、経済産業省資源エネルギー庁の総合資源エネルギー調査会が策定するエネルギー需給展望（長期エネルギー需給見通し）を対象として検討した。

市民エネ調のシミュレーションではマクロ計量モデル（第4章参照）を使用し、単にエネルギー需給だけでなく、多くの社会経済活動を同時にシミュレーションしている。この面では、市民エネ調と政府エネ調は、具体的に使用したコンピュータプログラムは異なるものの、全体の構造としてはおおむね同じ手法を使用している。言いかたを変えれば、エネルギー需給などの物理的現象は、社会経済活動の一側面としてあらわれてくるのであるから、むしろ社会経済システムの動向をシミュレーションすることが本来の目的ともいえる。

この「市民エネ調」では古い原子炉から順次廃炉（フェードアウト）して二〇三〇年には完全脱原発に到達する前提を設けている。すでに福島事故が起きてしまった現時点では無益な議論かもしれないが、もし「市民エネ調」のシナリオに従っていれば古い福島第一原発の一～四号炉はすでに東日本大震災前に廃炉されており現在の惨禍は起こらなかった。結局、脱原発シナリオがもともと合理性があったことを示しているのではないだろうか。

この報告書では第一のステップとして、現状（当時）に対して特段の政策変更を行なわない場合の、二〇一〇年と二〇三〇年の予測についてシミュレーションを行ない、政府（当時）の総合資源エネルギー調査会のエネルギー需給展望（以下「政府エネ調」）と、「市民エネ調」のエネルギー需給やCO_2排出量についてほとんど差がないことを確認し、まず共通の前提を確認した。現時点で評価すれば、二〇一〇年はすでに到来してしまったこと、政府エネ調では必ずしもシミュレーションの前提が明示されていないことなどのいくつかの問題がある。

しかしいずれにしても、現状（当時）の延長では、社会経済指標としても、失業率・経常収支・単年度財政収支・政府累積債務の対GDP比率など、あらゆる面で経済そのものが破綻に向かうことがシミュレーションの結果から警告されている。基本的にその原因は、一九九〇年代以前の日本経済の好調期に採用されていた諸政策が、環境の変化に伴った方向転換がなされずに漫然と続けられたことにある。これらは、当時は計算に考慮されていなかったリーマンショック、東日本大震災、円高の影響、欧州債務危機を別としても、おおむね現実を再現している。

「市民エネ調」の枠組みは、①京都議定書の約束を守る、すなわちエネルギー起源のCO_2排出量を一九九〇年の水準に抑える、②雇用を守る（少なくとも、政府案にもとづく現状の延長上で予想される失業率よりも改善すること）、③国際競争力を高め、企業にとっても業績回復につながる、④ＣＤＭ（注28）（クリーン開発メカニズム）など京都議定書の「抜け穴」を利用しない、⑤長期的に原子力発電を停止することの五点である。なお⑤については、すでに建設・運転中の原子力発電設備を短期的に停止することは現実的ではないが、二〇三〇年を目途に、原子力発電ゼロをめざすと想定していたが、福島事故が現実に起きたことにより、本書執筆時点では関西電力の大飯三・四号機を除いて事実上の原発全停止の状態になっている。

シナリオの核となる施策は、補助金による初期需要（産業を立ち上げ、量産効果による自立的普及に乗せる）を創出することにより、国際的に環境負荷の低減に貢献できるリーディング産業を育成することである。その財源として、道路整備特別会計、空港整備特別会計などの、石油起源の諸税およそ四兆九〇〇〇億円（二〇〇二年度予算ベース）のうち一兆六〇〇〇億円を、二〇一〇年までの間、環境対策に貢献しうる産業の育成に回すものとする。この財源を用いて、たとえば高効率冷蔵庫の普及に対して一台あたり二万円（二〇一〇年において補助金総額八〇〇億円）、ハイブリッド乗用車の普及に対して一台あたり一三〇万円を超える額の八割（同じく二〇一〇年において補助金総額一六〇〇億円）などの補助を実施する。

なお貨物輸送の検討においては、産業構造が変化するにつれて、産業分野別の物の動きが変化する関係も組み込んでいる。また第3章にも示したように、消費者からみると同じ商品を購入しているように思えても、その輸送距離が増加しつつあるといった現実を反映したモデルとなっている。このため、貨物の流動量（トン・kmでみた活動指標）は二〇二〇年まで増加を続ける。また旅客輸送量も増加を続けると予測される。

その一方で、増加する交通量を吸収すべき道路の整備は、いかに財源を投入したとしても、交通量の増加に追いつかない。すなわち、交通手段の分担の変更、すなわち環境的・空間的な効率の高い公共交通へのシフトが不可欠であることを示唆している。

以上の前提にもとづいて、二〇一〇年までのシミュレーションを実施した結果、エネルギー起源のCO_2排出量が一九九〇年の水準に抑えられるとともに、マクロ経済指標は現状の延長よりも好転する。内訳をみると、石油起源の特別会計を減少させた分だけ道路投資が減少するが、その反面で環境産業の設備投資の増加、輸出の増加によって、ＧＤＰの額にして現状の延長よりも五兆九〇〇〇億円の増加となり、就業人数は二万五〇〇〇人増加する。環境を重視するからといって産業活動を抑制するのではなく、環境面で国際的に貢献できる産業を育成することがポイントとなっている。

注

1　「内閣官房参与　藤井聡京大教授が断言「首都直下型地震」は八年以内に一〇〇％起きる！」『週刊文春』二〇一三年二月七日号、一四八頁。
2　藤井聡『列島強靭化論　日本復活５カ年計画』文春新書八〇九、二〇一一年、四二頁。
3　国土交通省ウェブサイト「「全国総合開発計画」の比較」より。http://www.mlit.go.jp/kokudokeikaku/zs5/

hikaku.html

4　田畑琢己「公共事業裁判の研究（一）（行政事件編）」『法學志林』一〇九巻三号、二〇一二年、一七七頁。

5　田中角栄『日本列島改造論』日刊工業新聞社、一九七二年。

6　ただし津波の最大波高そのものを阻止できなくても、高さがあれば内陸部への浸水を短時間は遅らせることができるので、それに価値があると評価することは可能であろう。

7　国土審議会政策部会長期展望委員会「国土の長期展望　中間とりまとめ」。http://www.mlit.go.jp/policy/shingikai/kokudo03_sg_000030.html

8　国土交通省『平成二三年度国土交通白書』http://www.mlit.go.jp/hakusyo/mlit/h23/index.html　ＰＤＦ版 http://www.mlit.go.jp/hakusyo/mlit/h23/hakusho/h24/pdfindex.html

9　二〇一二年一二月二日に、中央自動車道の笹子トンネルの天井板が落下し、走行中の車両が下敷きとなり圧壊して車両火災も発生し、九名死亡・二名負傷の被害を生じた。

10　田中皓介・神田佑亮・藤井聡「公共政策に関する大手新聞社報道についての時系列分析」『第四六回土木計画学研究発表会・講演集』（ＣＤ—ＲＯＭ）、二〇一二年一一月。

11　いくつか訳例があるが、日本交通政策研究会「道路整備の経済分析」日交研シリーズＡ—三八〇、二〇〇五年三月、一二頁（第二章 中里透担当）より引用した。

12　田邉勝巳・後藤孝夫「一般道路整備における財源の地域間配分の構造とその要因分析—都道府県管理の一般道路整備を中心に」『高速道路と自動車』四八巻、一二号、二〇〇五年、二五頁。

13　平成二二年度全国道路・街路交通情勢調査（道路交通センサス）。http://www.mlit.go.jp/road/census/h22-1/index.html

14　国土交通省道路曲・平成一八年度再評価（平成一九年度予算）結果箇所一覧表。http://www.mlit.go.jp/road/ir/ir-hyouka/18sai.html

15　国土交通省「建設工事施工統計調査報告（平成二二年度実績より）」。http://www.mlit.go.jp/report/press/joho04_hh_000284.html

16　東海旅客鉄道株式会社「超電導リニアによる中央新幹線の実現について」二〇一〇年五月一〇日。

17　東海旅客鉄道株式会社「中央新幹線計画に関する説明会資料について」。

http://company.jr-central.co.jp/company/others/assessment/library.html

18　大深度地下の利用は、通常利用されない深度の地下空間を有効利用するために制定された「大深度地下の公共的使用に関する特別措置法（二〇〇一年四月施行）」に基づいて公共事業に利用できるようにしたもの。同法「施行令」により地表から四〇ｍまたは高層ビル基礎杭の下一〇ｍとされる。

19　三菱総合研究所「リニア中央新幹線検討調査業務委託報告書」二〇一二年三月。

20　日本エネルギー経済研究所『エネルギー・経済統計要覧』二〇一一年版より上岡作図。

21　IMF Primary Commodity Prices
http://www.imf.org/external/np/res/commod/index.aspx

22　東京電力ホームページ「原子燃料サイクル」。
http://www.tepco.co.jp/nu/knowledge/cycle/index-j.html

23　「Ⅲ．エネルギー・環境のシナリオの論点～持続可能なエネルギー社会の実現のために～」二〇一二年五月。https://kikonetwork.sakura.ne.jp/enepane/report20120530.pdf
なおⅠは「Ⅰ．発電の費用に関する評価報告書（及び補論）」二〇一一年一〇月。
https://kikonetwork.sakura.ne.jp/enepane/report20111021F2.pdf
Ⅱは「Ⅱ．ＩＥＡ事務局長の日本の原発シナリオの問題点」二〇一一年一一月。
https://kikonetwork.sakura.ne.jp/enepane/report20111128F.pdf

24　平田仁子編著『原発も温暖化もない未来を創る』コモンズ、二〇一二年。

25　地球環境と大気汚染を考える全国市民会議（ＣＡＳＡ）・原水爆禁止日本国民会議・環境経済研究所・ＷＷＦジャパン・グリーンピースジャパン・環境エネルギー政策研究所（ＩＳＥＰ）・原子力資料情報室・気候ネットワーク・市民エネルギー研究所・ＦｏＥ　Ｊａｐａｎ。

26　環境エネルギー政策研究所ホームページ内「市民エネルギー調査会」。
http://www.isep.or.jp/shimin-enecho/index.html

27　「持続可能なエネルギー社会を目指して―エネルギー・環境・経済問題への未来シナリオ―」。
http://www.isep.or.jp/shimin-enecho/presen_pdf/0801_report050422.pdf

28　ＣＤＭは、温室効果ガスの削減において、先進国と途上国が共同で温室効果ガス削減事業を途上国内で実施した削減分を、先進国が自国の削減量として充当できる仕組み。先進国の「抜け穴」として利用される可能性があると指摘されている。詳細は気候ネットワーク編『よくわかる地球温暖化問題（改訂版）』中央法規出版、二〇〇三年等を参照されたい。

第2章　人々の命を守るために

「強靭化」で国民の生命が守れるか

東日本大震災の復興もいまだ停滞している中で、近い将来にも大規模な地震・津波が予想されている。また気象災害の頻度と規模の増加も予想されている。これら大規模な自然災害に対しては、いかなる対策を講じても物理的なダメージを完全に防止することは難しく、また財源や時間の制約のため実施できる対策は有限である。このためかつて「防災」と呼ばれていた対策に対して、想定される被害に対していかにそれを縮小しうるかという「減災」の考え方が重視されるようになった。そこで政策上の課題としては、可能な限り科学的・合理的に被害を想定した上で、第一にいかに有効な避難・救援を実施するか、第二には生じた被害に対して、いかに迅速な復旧・復興を実現するかが課題となる。これらの点について強靭化の議論では、物理面の対策として強靭な社会基盤の整備（基本施策の第2・第3・第4・第9項など）について、また避難や危機管理などソフト面の対策として（基本施策の第7・第10項など）について記述している。

　また国土強靭化に関連して「ナショナル・レジリエンス（防災・減災）懇談会」[注1]が設置されて各分野の有識者で検討を行ない、その提言を受け、あるいは並行して実際の政策に展開するため、各府省庁の局長クラスから成る「国土強靭化の推進に関する関係府省庁連絡会議[注2]」が設置されている。これらの活動から本書執筆時点では「国土強靭化（ナショナル・レジリエンス（防災・減災））推進に向けた考え方」「『自然災害等に対する脆弱性評価』を実施するための指針」などの資料が公表されている。この「指針」については「基本法案」にも取り入れられている。

　後者の「指針」によると、対応が必要となる施策・事業については、重点化や優先順位付けを行なったうえで、二〇一四年度予算などを通じて具体化することとし、既存の社会資本の有効活用や効率的な維持管理等によるトータルコストの縮減、民間資金の積極的な活用にも留意することとしている。これらを総括すると、第1章で指摘したようにすでに検討ずみの内容が多くを占める。ことに阪神・淡路大震災（一九九五年）の経験を経て整備されてきた「災害対策基本法」「建築基準法」その他の防災関連法、あるいは「中央防災会議」その他の政府機関により行なわれてきた検討で内容的には包括されている。むしろ政策的な課題としては、いかにそれらの検討結果を活用し、対策の実施率を高めるかが重点と考えられる。

　重点化や優先順位付けの議論が緒についたばかりの一方で、基本施策では高規格幹線道一万四〇〇〇kmのうちのミッシングリンク（全体計画の中の未開通部分）や中央リニア新幹線の建設促進などの便乗項目が多数記載されている。これらはむしろ災害時の弱点を増加させ、救援・復旧の負担を過大にする。東日本大震災の経験でも、実際に被災地に緊急物資を送達するには、高速道路よりも一般道路の通行確保と、その先の整理・分配がポイントとなった。橋梁の落下防止対策（後述）などは高速道路の新設などに比べて桁ちがいに少ない費用で実施できるにもかかわらず、実施率はまだ一〇〇％ではない。また笹子トンネル事故（二〇一二年一二月）にみられるように、既存のインフラの経年劣化も深刻な問題である。

さらなる問題は、防災・減災の真の前提条件である情報公開や住民参加の発想がみられず、一方的に中央集権体制を強めることによって「強靭化」を目指そうとしている点である。東日本大震災に際して、自衛隊・警察・消防などの活動は当時可能なかぎり実施されており、制度面からの制約の議論はみられない。その一方で被災地住民に対する現場の救援活動については、中央政府による救援は即効的には機能せず、それよりも自治体相互の個別連携が効果を発揮したケースも少なくない。(注3)「強靭化」の議論ではこうした側面の検討が全く脱落している。有識者等から意見は聞くものの、何をどれだけ実施するかは依然として旧来の不透明なシステムのまま「バラマキ」に終わり「真に必要な場所へ必要な対策を」という理念は実現しないのではないか。

住民ニーズに合わない事業

ＮＨＫの調査(注4)によると、宮城県内で計画されている河川堤防（津波の遡上を防止する堤防）や水門の予定地で、再建したばかりの住宅や事業所が立ち退きを求められているケースが多数あることが分かった。今になってこのような事態が発生した理由として、県の担当部局では「震災発生から一年は堤防の応急復旧事業や国に事業を認めてもらうための審査に追われ、その後は高い堤防を整備できるかの技術的な検討に時間を費やしてきた。このため今になって具体的な用地確保の段階に至った」と説明している。

立退き（移転）に際しては土地・建物に対する補償金が交付されるものの、高台の移転地はすでに他の移転者や企業によって取得が進んでおり、今から適切な移転地が見つかるのか、地価が高騰しているなどの問題があり、補償金で移転費用が賄えないとの不安も指摘されている。当事者にとっては二年後になってまた振り出しからやり直しでは経済的・精神的に過重な負担となる。このような事態が被災地の各地で多発するようでは、「国土強靭化」といっても国民にとって何の利益があるのか疑わしい。

かりに「住民の反対」などがなかったにしても、正味の工事期間だけで何年もかかる大規模な土木事業よりは、すぐに実施できるソフト施策を優先（ソフト施策もたちまち一〜二年は費やしてしまう）するほうが減災に効果がある。強靭化論者は、大規模な震災が切迫している前提を強調しているが、東北でも復興を口実に地域の住民の合意も得られないまま「堤防工事」のみが暴走している事例がみられる。『東京新聞』は「復興事業、生活止める　漁師の声　聞いてくれれば……」として、宮城県石巻市・牡鹿半島の鮎川浜漁港を事例に、復興事業が地元のニーズに合致してい

ないとして次のように伝えている。（注5）

「震災直後の方が、まだ船を動かせたっちゃ」。漁師の成田浩幸さん（四五）は苦笑した。秋以降、漁港のほぼ全区画で本格的な復旧工事が始まった。震災後に急造した、魚を漁船から降ろす仮設水揚げ岸壁は、間もなく壊される。工事発注元の県担当者は「復旧工事をいち早く進めるために、水揚げ作業の場所は別の岸壁に」と提案した。

成田さんらは「机で考えた図面だけ見せて『今はこっち、次はあっち』と言われる。でも、船は車みたいにすぐ移動できない」と言う。季節によって港の風向きが変わり、係留できる場所は図面の通りにはいかない。

岸壁の完成予定は、最短の区画でも来年（註・二〇一三年）三月末。十二月は正月用のタコやナマコの最盛期。二〜三月は漁港の一角でワカメなどの養殖の種付けもしたいが、それまでは工事の影響で漁はほとんどできない。「漁師の声をひと声聞いて、工期をずらせなかったのか」

現場のニーズとの食い違いは、予算を年度単位で計上することが一因。入札を経て業者を選び工期は毎年三月末で区切る。旧態依然の工事の進め方が復興でも踏襲されている。

同様の例では、宮城県気仙沼市において、避難道路の拡幅や、津波対策の盛土かさ上げ・防潮堤建設が計画されている。しかし現地の住民との充分な協議もなく住民からは歓迎されていない。

住宅や事業所の移転を求められる人は自己負担が必要となるため多重ローンの懸念がある。一方でそれらの対策で防護されるべき地域には住民が戻っていない。(注6)事業を実施するにしても、人手や資材不足のために予定どおり進捗するのか疑問である。もし「強靭化」により全国的に公共事業が拡大すれば、人手や資材の不足は深刻となり復興事業を妨げる。多くの国民が共感を抱いている復興事業でさえこの状況であるから、抽象的な「防災・減災」を名目とした「強靭化」では、より広範囲のバラマキの温床となることは疑いがない。

有効な対策への手がかり

宮城県石巻市を事例にして、どのような手段を講じれば犠牲者数を減らせるかという検討例(注7)がある。震災時の実態調査によると、避難手段の分布は徒歩三六%、自転車五%、自動車五七%であり、徒歩の未就学児・一般人・高齢者・自転車・自動車の手段別に避難速度を計測した。地震発生から避難開始までの時間は平均一七・〇分であった。これより①津波発生が昼か夜か、②避難するかしないか、③避難開始時刻を早める条件、④現状に加えて高台避難所を増設する条件、⑤計画的な人口配置（まちづくり）によって浸水地域の人口を減少させる条件の五ケースについて、犠牲者数のシミュレーションを実施した。その結果、下記の表2―1の結果が得られた。

表2―1　対策ケースと犠牲者数の減少

検討ケース	比較条件	犠牲者数（人）	犠牲者数の減少
①津波発生時刻の違い	夜	四六〇一	四八三
	昼	四一一八	
②避難の有無（時間帯は昼と想定。以下③～⑤について同じ）	なし	三万一七二九	二万七六一一
	あり	四一一八	
③避難開始時期の違い	実例どおり	四一一八	九七二
	早める	三一四六	
④高台避難所の整備	なし	四一一八	三三三
	あり	三七八五	
⑤前記に加えて計画的な人口配置（浸水地域の人口減少）	なし	二〇一三	六八七
	あり	一三二六	

これらの条件のうち、地震の発生は実際には昼（一四時四六分）であり、地震発生から平均一七・〇分で既設の避難所に向かって避難を開始している。その場合の犠牲者数の推定値は四一一八人であり、実際の犠牲者数とおおむね合っている。これをもとに各ケースを検討すると、もし他の条件を同じとして津波が夜であったとすると、①の比較のように犠牲者が四八三人増加していたと推定される。また避難がなかったとすると、当然であるが②の比較のように犠牲者が二万七六一一増加していたと推定される。

地震発生から避難開始まで実績では一七・〇分であったが、避難訓練の効果によりこれを八・八分に短縮できたとすると、③のように犠牲者数を現状より九七二人減少させる可能性がある。高台避難所を整備すると、同様に④のように犠牲者数を三三三人減少させる可能性がある。また計画的な人口配置を実施すると、⑤のようにそれをしない場合に比べて犠牲者数を三三三人減少させる可能性がある。この結果⑤までの対策を実施すると、現状の条件で犠牲者数が四一一八人であるのに対して、これを一三二六人まで減少させる可能性がある。このように防災（減災）は多面的であって、まちづくりや市民の合意を経ずにハード設備のみを先行しても、効果的な対策はできないであろう。

大規模地震発生の直後から、長くても一時間以内という短時間で到来する津波に対して、避難時期を早めることが人命被害を少なくするために重要である。この問題意識から、実際の被災地域において、避難遅れがどのような要因で発生しやすいのかを検討した報告[注8]がある。岩手県山田町は全体に甚大な被害を受けているが、町を五つの地区に分けて調査したところ、特定の一つの地区において死亡率が他の地区より際立って高いことがわかった。

各々の地域では地区・住宅配置・人口密度などが異なるため、避難の時期だけがその要因であるとは断定できないが、この報告では避難行動についていくつかの項目を調査している。その結果、死亡率が高かった地区では、①地域防災訓練への参加率が低い、②家庭内での緊急時避難・連絡方法を決めていなかった率が高い、③二〇一〇年のチリ地震津波（実際には被害がなかった）で避難しなかった比率が高い、④避難を開始した時期が、すでに危険な状態が出現してからであった比率が高い、⑤最初に避難した場所で安全と思った（予め場所を決めていなかった）比率が高い等の結果が得られた。もとよりこれらの項目は相互に関連がある。また副次的な要因として、二〇一〇年のチリ地震津波では津波の高さが三ｍの予報に対して実際は一・五ｍの到達で問題ない結果であった経験があり、東日本大震災では、防災無線による通報が当初は三ｍであったことから重大視しなかったとの証言もある。過去に何回も津波被害の経験のある岩手県海沿いの地域でもこのような状況がみられる。今後、地震・津波が予想される関東・東海・近畿等では、市街地における津波の経験がないため、どのように情報伝達すべきかは議論が必要であろう。

また中央防災会議は二〇一二年八月に、想定される南海トラフ地震を対象に、東日本大震災の教訓を取り入れて被害想定の見直しを行なうとともに減災対策の効果を試算している。(注9) 報告によると、地震動に対しては建物の耐震化率向上と家具等の転倒・落下防止対策、津波に対しては避難の迅速化、津波避難ビルが機能した場合、堤防・水門の耐震性について提言している。その結果、たとえば耐震化率向上については、現状（耐震化率七九％）での想定死者数が八万二〇〇〇人に対して耐震化率を一〇〇％に向上させた場合には一万五〇〇〇人に低減できると試算している。また津波については、早期避難率が低い場合（冬の深夜ケース）では想定死者数が二三万人に対して、全員が発災後すぐに避難を開始した場合には四万六〇〇〇人に低減できると試算している。なおこの試算では堤防・水門が正常に機能すると仮定した場合の想定被害であるが、もし震度六弱以上の地震で堤防・水門が損傷して機能しなかった場合には、前述の数値は増加するとしている。

さらに同会議は二〇一三年八月に、南海トラフ地震における経済的被害の想定として被害総額二二〇兆三〇〇〇億円との試算を発表し、また前述の耐震化推進などにより被害総額を半減できると試算している。(注10)これらのほとんどは、ハード面については既存の設備に対する耐震化などにかかわる事項であり、また人々の行動などソフト面にかかわる事項も多い。もし、真に緊急性を要する事業と「バラマキ」が混在すれば、いかに防災対策といえども財源と資源の制約がある以上は「国土強靭化」と称して共倒れになる可能性が高い。

津波避難と自動車

東日本大震災では、津波警報が発出されたことを受けて自動車で避難しようとした東北地方の海沿いの人々が渋滞に巻き込まれ、車列ごと津波で流された事例が報告されている。報道(注11)によると、仙台市若林区の目撃者の談として、当人は避難場所の小学校へ徒歩で向かう途中に県道交差点で車が立ち往生しているのを目撃し、警察官が車をたたいて避難を呼びかけたが応じる人はなかった。小学校に到達すると同時に津波が到来し、校舎の三階まで達する溢水で車列がそのまま流されたという。その他各地で同様の目撃が多数寄せられている。一般的に水深五〇㎝でも自動車は走行不能になる可能性が高いという。(注12)

東日本大震災は全国隅々まで自動車が普及した「クルマ社会」になってから初めて国民が遭遇した大津波である。このため経験による判断ができず多くの人が危険側の行動を選択してしまった経緯が推定される。ところが二〇一二年一二月七日に三陸沖でM七・三の地震が発生し、一年八カ月ぶりに津波警報が発出されたが、このとき二〇一一年三月の先例があるのに、また同じように避難渋滞が発生したとの報告(注13)がある。結果としてこの地震による津波は軽微で被害は生じなかったものの、それは結果論に過ぎず、状況によっては再び車列ごと流される事態が発生した可能性もある。また津波避難はこれまで検討されていなかったわけではない。この資料の中で、東日本大震災よりも前の二〇〇五年六月に内閣府政策統括官による「津波避難ビル等に係るガイドラインが発表されており、この中でも「避難方法は原則として徒歩によるものとする」と指摘されている。その理由は次のように指摘されている。

①家屋の倒壊、落下物等により円滑な避難ができない恐れが高いこと
②多くの避難者が自動車等を利用した場合、渋滞や交通事故等の恐れがあること
③自動車の利用が徒歩による避難者の円滑な避難を妨げる恐れがあること
④自動車は浮力があり、津波に流されやすい危険性があること

二〇〇五年の時点では、仙台市若林区のような市街地における津波災害(注14)を実際に経験していな

い段階での検討であったが、自動車による避難の問題点はすでに予想されており「原則として徒歩」としていた。しかし前述のように東日本大震災での津波避難における「避難渋滞」では懸念が現実化してしまった。さらにそれより前、二〇〇二年には総務省消防庁より「津波対策推進マニュアル検討報告書」が公表されており、歩行速度と避難時間（逆にみれば避難可能距離）の関係を次のように見込むことが示されている。

避難可能距離＝（歩行速度）×（津波到達予想時間―二分）

ここで歩行速度は、一・〇m／秒（高齢者、群衆、地理不案内者など）を目安とし、また歩行困難者、身体障がい者、乳幼児、重病人等については、さらに歩行速度が低下するとしてその半分（〇・五m／秒）としている。津波到達予想時間は、津波シミュレーション結果等に基づき、津波の到達予想時間を設定する。また「二分」というのは地震発生後二分後に避難開始するとの想定である。

ただし東日本大震災における宮城県石巻市での調査（注15）によると地震発生から避難開始までは平均一七・〇分であり、津波到達時間の予測計算から住民への伝達・周知にも一定の時間がかかることを考慮すると、二分の想定はかなり厳しい。この意味では、海沿いで強い地震を感じたら「津波てんでんこ（注16）」の原則に従ってただちに高台へ退避する行動を期待せざるをえないと思われる。

また実際、東日本大震災ではそれを実行して助かった人々も少なくない。国交省の調査（前述）によると、概況として次のような状況がみられた。

①避難距離は、徒歩は平均四三八ｍであり、車は平均二四三一ｍであった。
②避難距離は平野部の方がリアス部より長い。
③避難距離分布は、徒歩による避難者の七二％が五〇〇ｍ以内の移動であり、車による避難者の約一八％が五〇〇ｍ以内の移動、約三九％が一km以内の移動であった。
④避難所要時間は、徒歩は平均一一・二分であり、車は平均一六・二分であった。
⑤避難速度に関して、徒歩は平均二・三km／時であり、車は平均九・〇km／時であった。

避難路の問題点として「信号が点灯していなかった」、「渋滞して車が動けない状態だった」との回答が多かったとしている。また別の検討によると、門野樹氏らは東日本大震災時の茨城県大洗町を事例として津波避難の検討を行なっている。(注17) 大洗町では、一四時四六分の地震発生の後、一五時一四分（二八分後）に町内全域に避難指示が発出された。直後の一五時一五分に津波第一波が到達したが防波堤を超えなかった。その後第五波まで到達したが、最大は一六時五二分の第三波であった。

何回目の波が最大になるかシミュレーションによる予測は可能であるにしても、実際の津波に際して避難の基準とするほどの信頼性はなく、いずれにしても第一波到達前の避難開始が原則であろう。大洗町の調査では回答者の五五%が自動車避難の弊害（渋滞、事故など）を認識していなかったとしており、渋滞に巻き込まれ予想より時間がかかったとの回答が多かった。この結果、一部の避難所では徒歩よりも時間がかかったケースがある。

予言されていた「車列被災」

実はこの問題は、今から半世紀近く前に予言されていたことなのである。湯川利和氏（都市計画）は一九六八年の著書『マイカー亡国論』で次のように指摘している。（注18）

かくて、田園としては狭すぎ、都市としては広すぎるメガロポリスの誕生である。

そのとき、現在の東京警視庁が都民に、「震災にそなえて」発しているのと同じような警告が、メガロポリス住民に発せられることになろう。

「たとえ関東地震なみ震度〇・八《ママ》の激震が起こっても、くるまで逃げようとしてはいけない。道路の容量は十分ではない。わずかのくるまででも逃げようとすれば、いたるところの交叉で、そして路上のいたるところで、衝突事故が大量発生するだろう。そこから発した火は、後続する車へと燃え移り、陸続している珠数つなぎの燃料タンクへ次つぎと……そして燃えぐさのようなメガロポリスの住居群にもたちまち……そして……」

しかし、人びとは、パニック感に襲われれば、江戸は八百八町の火事のときから、太平洋戦争末期のじゅうたん爆撃のときにも、手もとにあるくるまのついたもので逃げようとしてきた。また、そうして逃げるのが、燃えぐさの町に住んでいる人間たちの、自然で正常な反応であろう。たとえその選択が、パニック感をほんとうのパニックにしてしまうにしてもである。かくて、この輝けるマイカー時代の、このメガロポリスを殺すのはわけのないことになろう。

もし、どこかの風邪気味のアナウンサーが「ただいま！　関東地方では……」と少々ウワズッタ声でしゃべるだけでも……かくて愛すべきわが日本は、延々二、五〇〇キロを走る仕掛花火なる史上最大のショーを演じながら大往生をとげるだろう。（傍点は原文どおり）

引用部の冒頭の「かくて」とは、マイカーを前提として無秩序に拡散した住宅や生産施設が太平洋沿いに連なる都市群が形成された状態を指している。一九六八年にはまだそれは形成途上であり、湯川氏は警鐘を鳴らしているのであるが、現在はその状態に到達してしまった。

大都市ではどうなるか

大都市の地震災害では、発災直後の緊急活動、初期の物資輸送や救援、中期的な復興など、地震対策のかなりの部分は「都市における自動車（とりわけマイカー）をどう扱うか」に集約される。この問題は筆者自身も以前から懸念していたものの、一九九五年一月の阪神大震災が起きるまで現実のイメージはなかった。以後、いろいろな検討が行なわれているが、まだ明確な方向性は見られない。これまで震災（クルマ社会になって以後の）も机上の仮定にすぎなかったが、そこでは考慮されていなかった現象がいくつも観察された。さらに東日本大震災において、首都圏では大規模な建造物倒壊や火災は発生しなかったものの、各所で深刻な渋滞が発生した。

災害時におけるクルマの使用について、建前として自動車による移動は自粛されるべきであったが、少しでも自動車が走れる可能性があるかぎり、自動車が一斉に道路に繰り出した。阪神大震災では発災が未明のため、自動車による交通阻害が少なかったのがまだしも幸いであった。災害時の自動車の移動について、個々に「不要不急」という評価はできないものの、自動車が渋滞を助長し、緊急自動車、給水車、緊急物資の運搬車の運転を妨げたことは事実であろう。ボランティアで給水車に乗った人の体験談では、東西方向の道路が極度に渋滞し、信号の変わり目でも交差点に切れ目なく車列がつながった。神戸地区の地形の関係から、水源地と市街地の間を南北方向に走る必要のあった給水車の通行が極度に制約されたという。

住宅地の幅五m程度以下の多くの道路では、沿道の家屋や電柱の倒壊でクルマの走行そのものがかなりの期間は不可能となった。自転車まで含めて「車輪」により走行する乗り物は、瓦礫が散乱しているときわめて機能が低下、あるいは走行不能となる。物資、ことに水や食糧は、いくら備蓄や地域外からの援助があっても、それを必要とする末端の現地に現物が届かないと無意味である。一方で意外な現象として、初期の緊急事態がおおむね収束して鉄道やバスの運行が復活するにつれ、知人を訪ねる市民などによる公共交通と徒歩による「リュック部隊」が物資の輸送にかなり威力を発揮したことが注目される。

これらの事情から考えると、発災後は緊急自動車や救援物資の輸送を最優先とすることはもちろんだが、その次には、特に都市部では徒歩ベースでの人の移動を優先することが、物資の輸送その他の救援、あるいは逆に被災者の脱出にも有効ではないかと考えられる。段差や瓦礫の散乱があっても移動できる徒歩交通は、街路の啓開が進展するまでは物流でも自動車を上回るだろう。またボランティアの多くは残存した公共交通を利用して参加し、鉄道の復旧につれてその活動の範囲と能率が急速に向上した。したがって、発災後には公共交通の復旧と通行を優先し、負傷者の救護や障害者の避難などを除いて、個人のクルマによる移動を厳禁すべきであろう。

東日本大震災では、首都圏の鉄道において深刻な物理的破壊はなかったものの、点検のため運行が長時間停止したことから、帰宅者の送迎のため自動車が環状七号線以内など都心部に流入し混乱を助長した。この経験から警視庁は大震災発生時の交通規制の方法を訂正し「大震災（震度六弱以上）発生時」(注19)と「震度五強発生時」(注20)の二区分での規制方法を発表している。「大震災発生時」では、第一次交通規制（発生直後）・第二次交通規制（被害状況を確認した後）の二段階の規制を設け、各々「緊急自動車専用路」と「緊急交通路」を指定し、通行できるルートと車両が指定されている。「緊急自動車専用路」では、警察・消防・自衛隊等の緊急自動車と道路点検車のみが通行できる。「緊急交通路」では、前記に加えて災害応急対策に従事する車両（緊急自動車のほか、災害対策基本法に基づく標章を掲示している車両）が通行できる。また警視庁では一般車両に対して次のように呼びかけている。(注21)

車を運転する方へのお願い

大震災発生後は、新たに自動車を乗り出さないでください。

大震災発生時、運転中の方は次のように行動してください。

○高速道路、環状七号線内側の道路及び緊急交通路等から移動してください。

○高速道路を通行中の自動車は、交通情報板や警察官等の誘導に従って、付近の出口から降りてください。

○環状七号線内側の道路を通行中の自動車（高速道路を降りた自動車も含みます）は、速やかに道路外の場所に移動するか、環状七号線の外側に移動してください。

○緊急交通路等を通行中の自動車は、速やかに道路外の場所に移動するか、その他の道路に移動してください。特に、高速道路を含む七路線（高速道路、国道四号、国道一七号、国道二〇号、国道二四六号、目白通り、外堀通り）は、地震発生直後から優先的に消防、警察、自衛隊等の緊急自動車専用の路線とされますので、速やかに移動してください。

○目的地に到着した後は、自動車を使用しないでください。

「新たに乗り出さないでください」との表現になっているが、すでに規制エリア内に存在する自動車についてはコントロールしようがない。「大震災（震度六弱以上）発生時」と「震度五強発生時」では、一般車の環状七号線以内への流入は規制されるが、エリア内での通行は規制されない。エリア内での通行が規制されるのは、都内に極めて甚大な被害が生じ、広域にわたり、道路の損壊等により交通に著しい支障がある場合(注22)としているが、具体的な状況は事前に案内されていない。

清田裕太郎氏らは、都内を走行する多数のタクシーのプローブデータ（GPSによる位置情報や走行速度などの電子的記録）や道路状況などの基礎データを利用して、二〇一一年三月一一日のグリッドロック現象を分析している。(注23)「グリッドロック」とは一般にいう渋滞のことであるが、特に網目状に都市街路が存在する各交差点での渋滞現象を指すことが多い。グリッドロックは震災時に限らず常に発生しているのであるが、地震直後から都内一様にグリッドロックが発生したわけではなく、同報告ではそれが時間的・地理的にどのように拡大してゆくかをシミュレーションにより検討している。特に三月一一日にどこでグリッドロックが発生したか、またその中でも特にボトルネックになっている部分の抽出を試みている。特に、首都高の出口ランプ付近は通常から渋滞ポイントになりやすいが、震災時の首都高からの一般車強制排除がむしろグリッドロックを助長する可能性があると指摘している。

阪神大震災では、物理的にクルマが走れなくなった場所を除けば、ただちにガソリンスタンドにマイカーの列ができた。ふだん運転しない者までも自動車で道路に繰り出し、ほんとうに物理的に動けなくなるまで道路にクルマがあふれた。マイカーを持っている者は、可能なかぎりそれを運転しようと試みるであろう。しかしながら重大災害の時、どの自動車が「不要不急」かを客観的に判定して個別に規制することは不可能に近い。

したがって、災害時の緊急交通ルートの確保を真剣に考えるなら、ある一定の地域に存在する自動車がいっせいに道路に繰り出しても、緊急車両の通行や徒歩による人の移動を大きく妨げない程度まで、自動車の存在量を平常時から規制しておく必要がある。こうした問題を整理せずに「避難道路」等を整備あるいは設定しても、かえってそこに自動車が集中して避難渋滞を生起し、結局は誰も動けなくなる事態を招く可能性がある。結局のところ、成長主義に基づく道路建設促進と、それに起因する自動車交通の増加が、国民の生命に対するリスクを増大させてきたのである。

歩行者にも起きる「渋滞」

一方、東日本大震災では六割の生存者が現実に自動車で避難していたとの実態から、自動車を利用した避難モデルも検討されている。(注24) 大都市では人の集中それ自体が大きな問題となる。東京

図2—1 23区内での人の滞留状況

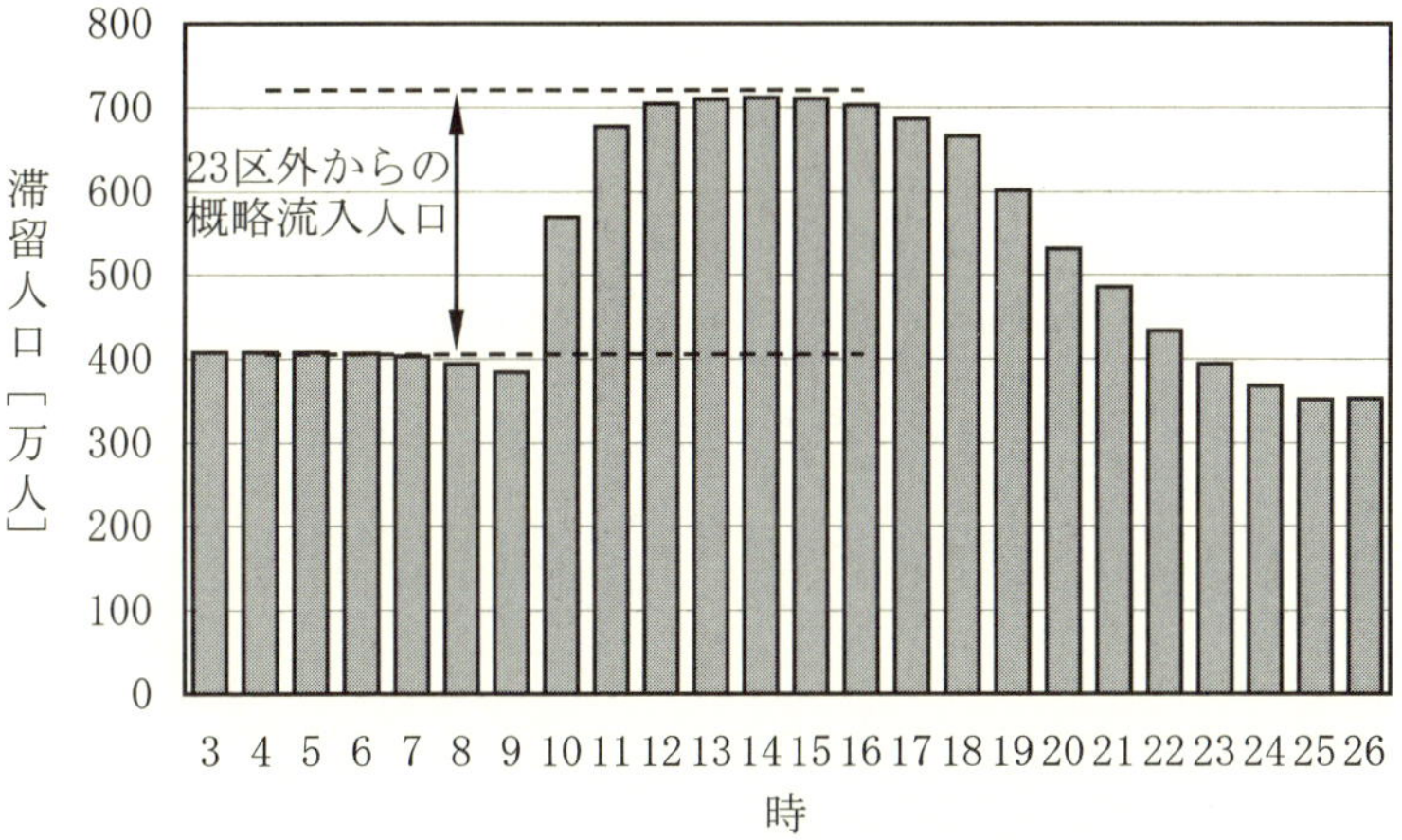

では環状七号線内側の千代田・中央・港・目黒・品川・豊島・文京・新宿・渋谷・荒川・台東・墨田・江東・中野・葛飾・江戸川の各区を対象とした場合、平日の時間帯別の滞留人口は図2—1のようになる。環状七号を跨いで帰宅すべき人数は約三〇〇万人にのぼる。[注25]首都圏では平日に二三区外から二三区内へ流入・流出する人の約八五％は鉄道を利用している。鉄道が長時間停止する場合（少なくとも地震発生当日は容易に復旧できないと推定されるとき）には、徒歩帰宅を試みる人が多数発生する。こうした経験から東京都では「東京都帰宅困難者対策条例」を制定し、[注26]一斉帰宅に起因するリスクを避けるために「むやみに移動を開始しない」「家族との連絡手段を複数確保するなどの事前準備」（都民の取り組み）、「従業員の一斉帰宅の抑制」「水や食料などの

備蓄」「従業員との連絡手段の確保など事前準備」「駅などにおける利用者の保護」「生徒・児童等の安全確保」（事業者等の取り組み）を規定して、二〇一三年四月から施行する。

東日本大震災直後における首都圏の状況では、鉄道が長時間停止したため徒歩で帰宅を試みる人々による歩行者渋滞が発生した。国土技術政策総合研究所では、歩行者の交通量と速度の関係について実測値から図2―2のような関係を推定している。（図27）

歩道が完全に空いているとき（図の左上）、歩行者は他者の干渉を受けず自由に歩ける。この歩行速度は約一・四m／秒すなわち約五・〇km／時である。そこから人が増えてくると次第に歩行速度は低下し、歩行者の通行量が一三五人／分・mに達すると図のようにU字曲線の折り返し点に達する。ここからは自動車でいう「渋滞」と同じく、人が歩道に密集して流れが遅くなる。ついには図の左下のように完全に詰まって停止してしまう。

津波避難の場合、今回の東日本大震災において津波被害が甚大であった東北・北関東の太平洋沿いでは首都圏ほど人口密度が高くないため、「歩行者渋滞」を原因とする避難の遅れは報告されていない。しかし首都圏の海沿いでは、地震と津波の状況よっては多数の人が建物・街路・地下街・標高の低い駅あるいは地下駅から徒歩で避難せざるをえない状況も発生する。横浜市営地下鉄では、二〇一二年二月・八月に地震で地下部分に停止した列車からの避難訓練を試みている（注28）

図２―２ 歩行速度と歩行者交通量

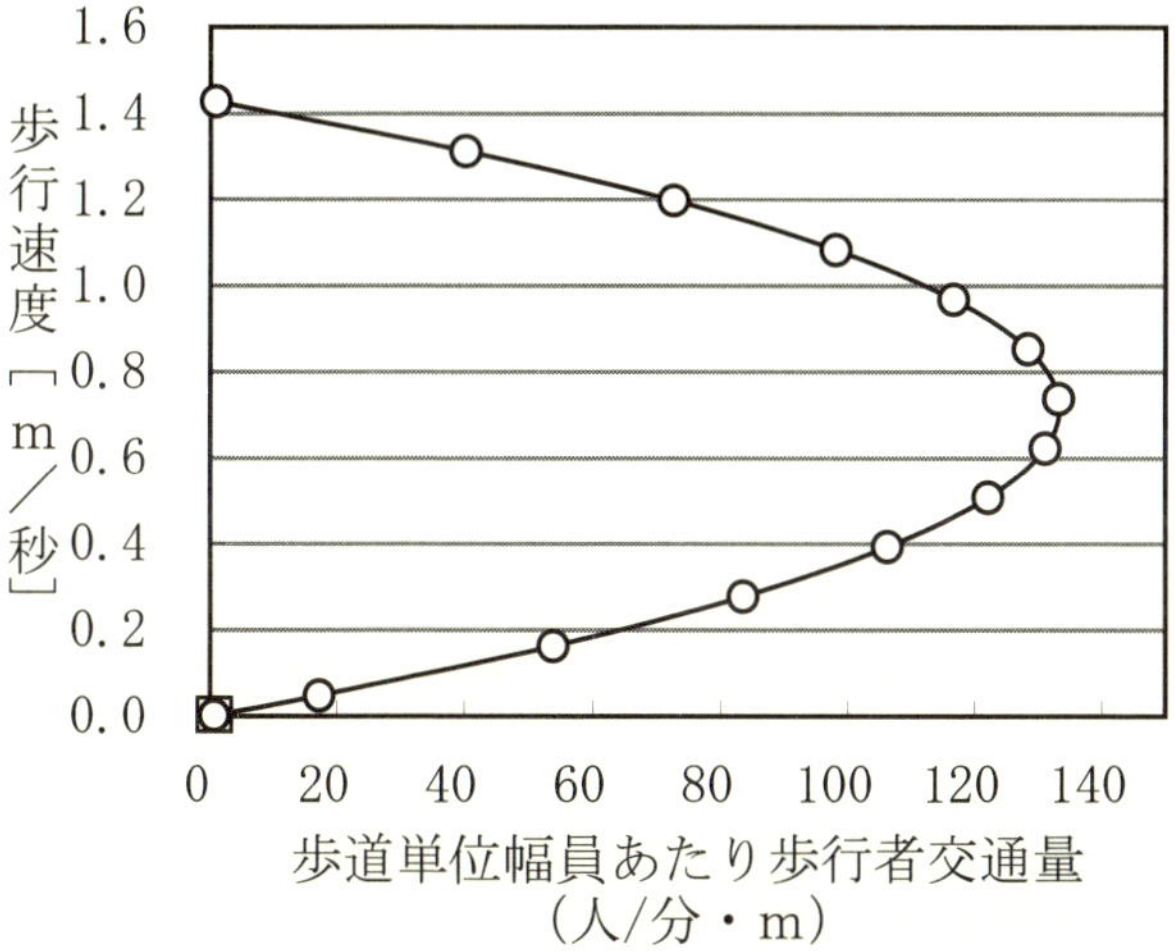

が、こうした事態に対して歩行者をいかに迅速に流すかは重要な課題である。量的な問題だけではなく、個々の避難者の行動や避難所（特定の避難所に避難者が集中するなど）に関する検討も重要な課題である。湯川誠太郎氏らによる全ての避難対象者が同時に広域避難行動をとった場合の交通状況を検討した報告[注29]、東寛二氏らによる河川溢水が発生した際の住民の避難行動を推定した避難場所の提案[注30]などがみられる。

代替交通の確保

室井寿明氏は「首都直下地震時における都市鉄道代行バスの効果的な運行に関する研究」[注31]を報告している。大都市の震災時には一定期間の鉄道運行の途絶は避けられない。バスは道路さえ啓開されれば低速であっても比較的柔軟に走行できる。鉄道は構造物だけでなく信号保安システムなどが整備されなければ運行が再開できないが、道路は仮復旧程度でバスの運行は可能である。しかし大都市では、単に鉄道の輸送量をバスで代行しようとしてもバスと鉄道の輸送能力には大きな差があり容易に代行できない。それでも、阪神大震災では代行バスにより鉄道輸送量の三分の一程度は輸送できたとされている。

室井氏の報告はそれらを検討しているが、他にも重要な指摘がある。バスを運行するには車両が必要であり、また鉄道と異なりバスは一車両に最低一人の乗務員が必要である。手配の一つは被災していない近隣の自社営業所や他社からの応援である。阪神大震災では被災地域が比較的限定されていたため、近隣からの応援を要請することがある程度可能であった。東日本大震災でもかなりの程度はこの方法で対応している。

もう一つは貸切バス車両の利用である。通常、被災していない地域での事業者は、通常の路線バスの運行はできるだけ維持するように努めると思われるので、路線バスの予備車両の捻出だけでは不足する。このため貸切バス車両と乗務員の活用が注目される。阪神大震災はたまたま観光のオフシーズンであったため貸切バス車両と乗務員の応援は比較的容易であった。ただし震災はいつ起きるかわからない。

阪神大震災では、被災地域の鉄道路線のほとんどは東西方向に敷設されており、代行バスも基

図2―3　首都圏バス所要燃料（1日あたり）

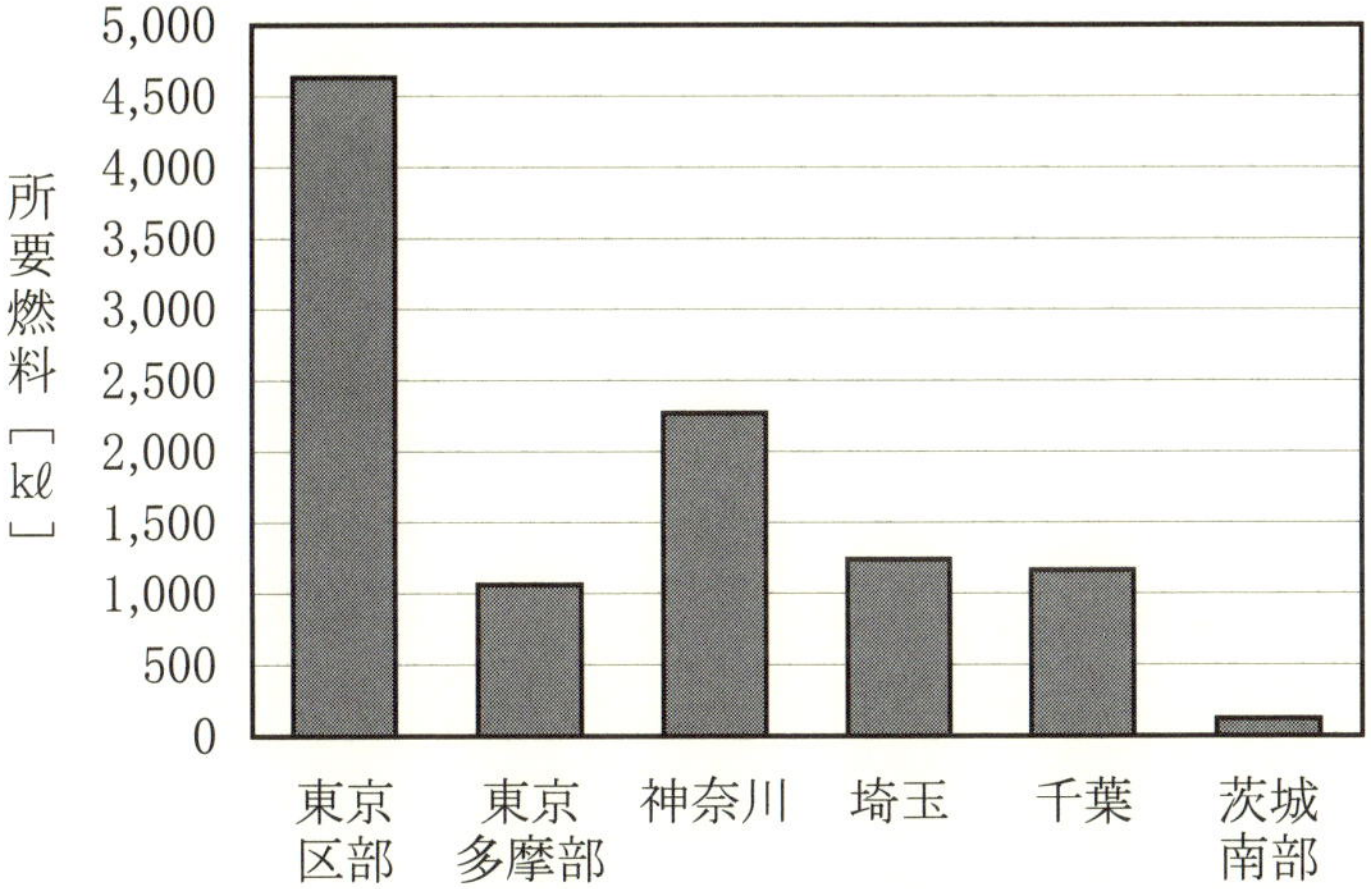

本的にそれに沿ったルートで運行された。被害の少なかった内陸部の鉄道迂回ルートの利用も検討されたが、これらは非電化・単線等の制約からあまり機能しなかった。一方、首都圏・大阪圏を想定すると、鉄道路線のほとんどは放射状に敷設されており、さらに山手線内では地下鉄が網目状になっている。この状況に対してどのように代行バスを運行するかは検討を要する。また室井氏は、規制緩和の影響などがあって大手事業者といえども貸切バスの保有車両台数が減少していることなどを問題点として挙げている。

また室井氏が触れていない点であるが燃料の確保が問題となるであろう。東日本大震災に際しても、首都圏では海沿い等を除いて破壊的な被害は生じていないにもかかわらず、軽油の供給不足により路線バスの運行が制約される事態が発生した。このため、首都圏震災時に代行バス用の軽油を確保・備蓄する対策が必要であろう。そこで東京都市圏パーソントリップ調査(注32)と自動車輸送統計年報(注33)から、首都圏震災時の軽油の確保量を概略試算すると、図2―3のように一日あたり約一万キロリットルと推定される。

上記よりかりに三〇日分が必要とすると、約三〇万キロリットルの備蓄が必要となる。石油備蓄基地で使用されているタンク（直径約八〇m×高さ二四m）の約三基分である。一見、膨大な数量であるが、国内には数百万キロリットル級の国家石油備蓄基地が一〇箇所以上あることから、数量的には必ずしも非現実的な備蓄量ではない。問題は大都市災害時に最低限の人々のモビリティを確保するためにこの量を確保できるかどうかであろう。

所要走行距離はあくまで必要数であって、車両と乗務員がどれだけ確保できるかは別問題である。関東運輸局管内で一一人乗り以上のバス車両は、自家用六九〇二台、営業用二万六八四六台の保有台数がある。営業用の中で路線・観光の区別はされていないが、災害時には観光用車両も地域交通として動員可能と考えられる。さらに国内の他地域からある程度予備車両の動員を考えると、適切な計画によれば、鉄道の復旧までバス輸送により一定程度の住民の移動を確保可能であると考えられる。

なお災害時の住民の移動について、東日本大震災における各地での経験と今後に向けた資料・提言集が国土交通省より提供されている(注34)。

東日本大震災からの教訓

国土強靭化に関して、最も具体的かつ豊富な教訓は、言うまでもなく東日本大震災における各分野の対応である。東日本大震災では、多くの建造物や住宅に対して地震動よりも津波被害のほうが大きかった。東北の海沿いの地域は広範囲に被災し、救援・復旧が課題となった。救援・復旧には、発災直後から長期的な復興に至るまで、さまざまな局面の課題があるが、ここで注目されるのが国土交通省東北地方整備局（以下「東北地整」）を中心として実施された「くしの歯作戦」である。国土交通省の資料(注35)と当事者の報告(注36)からその内容を検討してみたい。

「くしの歯作戦」の名称は、公式の計画として当初から名づけられたものではなく、発災後一〜二日間の東北地整の活動の中で自然発生的に定着したようである。「くしの歯」とは、東北地方を南北に貫通する東北自動車道・国道四号線を「くしの柄」と見立て、これから東西方向に向かう各道路を「くしの歯」としたものである。第一段階として、東北自動車道については本震および余震により、自動車が通行不能な亀裂・路面陥没・橋梁支持構造物の損傷がいくつか発生したが、阪神大震災でみられたような大規模な落橋や高架部の倒壊などはなく、三月一二日早朝までには緊急車両の通行が可能な程度までの仮復旧ができた。(注37)

これを軸として、第二段階は東西方向への道路交通を確保する試みが行なわれたが、第二段階は三月一二日までに東西方向の一六ルートのうち一一ルート、三月一五日までには一五ルートが啓開された。「復旧」と言わず「啓開」としているのは、原状に戻す意味での「復旧」に要する時間と労力を費やすことを避け、ともかく車両が通過できるだけの最低一車線を確保する作業を優先したことを指している。ただし福島県の一部ルート（国道一一四号、同二八八号、同四五九号）は、せっかく啓開したのに原発事故のため使えなくなった。このことからも原発こそ「国土強靭化」を妨げる要因であることが理解できる。

第三段階として三月一八日までには国道四五号線（仙台市を起点とし、宮城県・岩手県の太平洋沿いを北上し青森県に至るルート）と六号線（東京都を起点とし茨城県・福島県・宮城県の常磐地域太平洋沿いを北上する地域）の九七％が啓開（ただし国道六号線は原発事故のため分断）され、少なくとも緊急車両の通行が可能となって「くしの葉作戦」としては終了した。なお四五号線の一部では大規模な落橋・法面崩壊があり、短期間での復旧はできなかったため迂回ルートが使用されている。図2―4は国土交通省ホームページより三月一八日一七時での状況である。

東日本大震災の被害の甚大さからしてすべてに万全の対応は不可能であり、個別には不満な点も指摘されるであろうが、国土交通省は、交通路の確保だけでなく米国における連邦緊急事態管理庁（FEMA・Federal Emergency Management Agency of the United States）に似た機能を発揮した。福島原発事故に関する経済産業省の醜態に比べると、国土交通省の活動は被災地から評価さ

図２―４「くしの歯作戦」の経路図（３月18日17時）

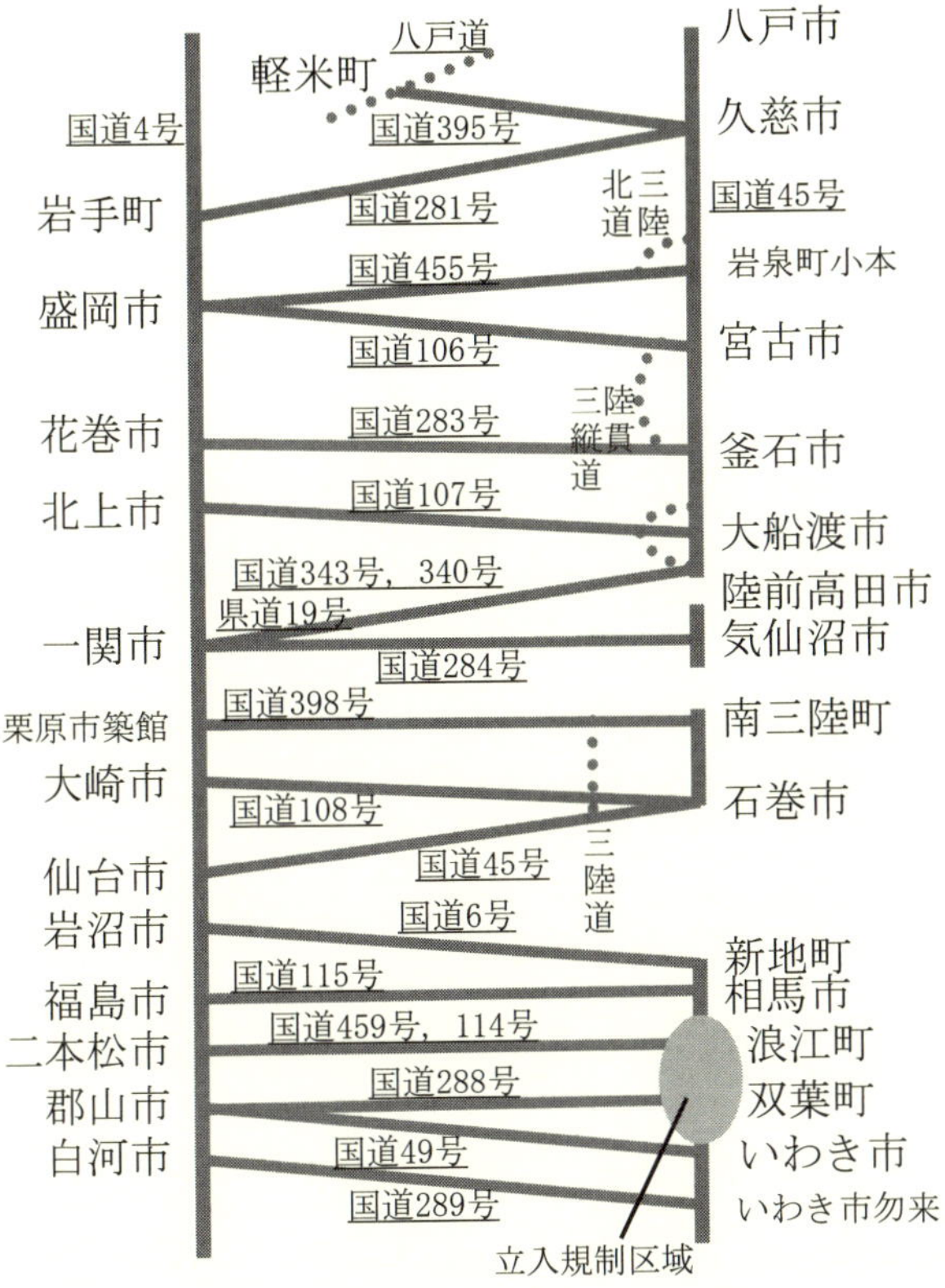

れている。ただし初動は良かったものの、後の復興の段階に至ると必ずしも評価できない面も散見され、今後の検討課題である。

「くしの歯作戦」成功の要因

なお「くしの歯」は陸路の啓開であるが、空港・港湾の啓開も数百年に一度という過酷な状況に照らして評価すれば、きわめて迅速に実施されたと評価できる。太平洋側の港湾は三月二三日までに一〇港で緊急物資の受入れが可能な程度まで啓開された。発災から数日は津波警報が断続的に発出されて海での活動ができなかったことを考えると、実質一〇日以下で港湾の啓開が実施されたことになる。また仙台空港は四月一三日までに啓開が可能となった。仙台空港では浸水の排除がネックとなったが、排水ポンプを仙台空港啓開に集中させたことが有効であったとしている。これらの状況を総括し、成功の要因を前述の資料では次のように総括している。

1．組織の意思統一
情報共有とフラットな指揮命令系統
大臣（当時は民主党政権、大畠章宏氏）からの明確な指示

2．抗堪性《こうたん》（建物の健全性と機能の確保）と通信の確保
設備・庁舎運用が防災拠点としての抗堪性を確保
国交省保有の通信設備が威力を発揮
3　全国組織
全国各地の地方整備局からTEC―FORCE、リエゾン（後述）、災害対策車を派遣
災害の経験を有する等の能力を備えた、まとまった数の職員
4　業界との連動
「くしの歯作戦」実施にあたり、一夜で五二チームを編成
全国からの物資調達に尽力

1　組織の意思統一では、発災直後に大畠大臣から東北地方整備局長に対して「省庁の枠、予算の枠は気にせず、必要なことは何でもやってよい。大臣にも次官にも相談の必要はない」との方針が伝達されたことは評価できる。またこれをテレビ会議で実施したことにより担当者がそれを同時に視聴しており、方針を容易に把握できたことも特徴である。これは通信面のインフラ面とソフト（やり方）がうまく整合した成功事例と考えられ、福島原発事故における経産省や東電の醜態とは対照的である。これを受けて整備局長は、ある自治体の首長に

対して「自分のことは整備局長と思わず、ヤミ屋のおやじと思ってくれ」という文書を送るなど、通常の国交省業務を越えた自治体に対する支援活動が記録されている。

2　抗堪《こうたん》性すなわち、司令塔となる建物の健全性や通信など業務機能の確保がなされていた点は、福島原発においてオフサイトセンターが設備的にも機能的にも早期に崩壊したことと比較すると優れていた点である。また被災地域全体にわたって、固定電話はもとより、携帯電話も発災後しばらくは基地局の設備破損で機能しなくなったのに対して、全国から参集したTEC―FORCEの衛星通信車が市町村の通信機能全般をサポートした。携帯電話が国内の隅々まで普及しながら、災害時に機能しなかったことはシステム上の大きな問題であり、今後検討すべきテーマである。

3　TEC―FORCEとは「緊急災害対策派遣隊」であり、災害時の経験者など予め要員が登録されており、全国から四〇〇名が参集した。リエゾンとは「災害対策現地情報連絡員」であり、前述の啓開ができた順に、市町村単位に派遣されて現状調査、市町村との連絡調整などを実施する役割である。被災地といっても個別に多様な状況があり、避難所はあるが食料がない、あるいはその逆、というような個別の事情に応じて対応する必要があった。

4　前述の道路啓開に関して一チーム一〇人ほどの重機を伴った啓開チームが早期に編成できたことが特徴である。これには災害協定に基づく地元建設業者の参加が大きく貢献している。このチームにより、とりあえず緊急車両が通れる一車線の啓開に集中したことが有効であった。また「くしの歯」の東西方向ルートでは、橋梁部分での落橋や倒壊がほとんどなかった。これは阪神大震災の経験から橋梁の落橋防止（写真）を実施してきた効果であると評価されている。このことを考えると、防災・減災を口実に新たな高速道路を建設するよりも、既存の道路の改良・耐震補強の促進が必要であることが示唆される。

橋梁の落橋防止

報道（注38）によると、二〇一三年一月二三日に一一の県知事らが国交省に対して、全国の高速道路網のうち、整備計画がありながらつながっていない「ミッシングリンク」の建設を促進するように要請した。ミッシングリンクは、国の整備計画がある約一万四〇〇〇㎞の高速道路網のうち四分の一がまだ建設されておらず、今後想定される南海トラフ地震の太平洋側の被災地と、支援地と期待される日本海側を結ぶルートになるとしている。防災・減災の強化や地域経済の活力を理由に予算を重点的に配分するように要請した。山形県の吉村知事は「東日本大震災の際には、ミッシングリンクが解消していれば、より迅速に人や救援物資を被災地に届けることができた」と述べている。

しかしこの認識は誤りである。大規模災害時における緊急輸送とは、目的地まで連続的（できるだけ荷物の積替え等を要さず）に到達できることが最大の目的であって、平常時の高速道路（自動車専用道路）のように時速八〇～一〇〇㎞／時で走行する必要性は必ずしもない。実際には通行不能には至らない軽度の損傷であっても速度規制を受ける可能性が高い。また一般車両の通行は規制されるから、必ずしも交通容量の増大が求められるわけではない。

橋梁部の耐震対策は早急に整備が必要であるが、そもそも道路の構造自体が抗堪性に大きくかかわる。桁高数十ｍにも達するような高架構造では、耐震設計をしてあったとしても強い地震の際に点検なしに通行を再開することは困難であり、その作業は地元企業では難しい。平地であれば阪神・淡路大震災に実例がみられたように、簡易かつ経験的な復旧（鉄板敷き・土砂充填など）により低速であっても通行を再開できる。

阪神・淡路大震災にみられたように高架部の落橋・倒壊が一カ所でも発生すればその区間は存在しないのと同じ、あるいはせっかく無事に残存した別のルートの通行を遮断しかねないので、初動の救援には役立たない。また中長期的にも、大規模な土木構造物を作れば作るほど、いずれ維持・補修に費用がかかるようになる。

このように「あるに越したことはない」的な発想により事業の「バラマキ」が発生すると、逆に優先度の高い事業まで共倒れになる危険性がある。

「くしの歯」の先へ

「くしの歯作戦」の本体については、数百年に一度という過酷な状況に照らして成功と考えられる反面、救援物資が各市町村まで届いてもその先の配送が滞る現象がみられた。大規模災害時の物資輸送に関する調査(注39)では、大都市型で局地的な阪神淡路大震災（一九九五年）、県レベルの新潟県中越地震（二〇〇四年）、地方都市・農村型で広域型の東日本大震災（二〇一一年）における経験と問題点が報告されている。大規模災害時における物資輸送は、大別して「備蓄」に関する問題、「物資」の中身に関する問題、「輸送・受入」に関する問題の三分野に整理される。資料から東日本大震災における事例について抜粋を紹介する。

東日本大震災は阪神淡路大震災と一六年の時間差があり、その間に新潟県中越地震（二〇〇四年）も起きているため、経験の蓄積による改善がみられる。具体例を挙げれば、阪神淡路大震災には対応できていなかった乳児用粉ミルクにアレルギー対応品を一定比率で入れておくなどである。それでも東日本大震災はあまりにも被害が広域にわたり、経験を超える事態も発生している。流通在庫備蓄に関しては、全国チェーン店など大規模店舗の機能がある程度残存していた一方で、地域の流通は機能しなかった。食料備蓄は想定よりも早く底をついたり備蓄物資が津波で流されるなど備蓄自体の被害もあった。自治体職員が被災し大量の物資を処理する人手の不足が発生していた。過去の震災でもみられたがニーズとの不一致（必要なものが届かない・不要なものが届きかえって妨げになる）が生じた。輸送・受入に関しては、道路が通行できないことに加え燃料不足が問題となった。受入れ、仕分け及び避難所への配送は、これまでの大地震と同様に職員が対応しており大きな負担となっていた。内容を表2―2に示す。

表2―2　東日本大震災における物資配送の問題点

救援物資に関する問題	ニーズとの不一致	■海外からの船便は輸送時間がかかりタイムラグが生じた（岩手県）。 ■冬物衣料一六万着が倉庫を占拠した（岩手県）。 ■断れない救援物資（各国大使館、各省庁、芸能人等からの物資）（岩手県）以下略。
	余剰	■石巻市の赤ちゃん数の何倍ものおむつが届いた（石巻市）。 ■古着が八〇〇〇箱（約一〇〇トン）→被災地で行なう無償フリーマーケット用として民間企業に古着を提供（岩手県）。 ■海外からの救援物資（辛過ぎ、なじみのない香辛料等）（岩手県）。 ■マスメディアの報道後、児童数の何倍ものランドセルが届いた（岩手県）。
	その他	■多くの職員が被災して物資輸送等の対応ができなかった市町村もある→県が対応（岩手県）以下略。
緊急輸送の課題		■震災直後は道路の被災・浸水により通行可能な道路が限られており、そこに車と人が集中していたため渋滞していた（石巻市）。 ■道路が寸断しており、自衛隊の先導により岩手県トラック協会が物資を搬送（岩手県）。 ■燃料がなく輸送手段が確保できないため、大規模な輸送ができなかった（岩手県）。 ■ボランティアで対応したが、物資の横領、請求等悪質なものがあった（岩

		手県）。
輸送・受入に関する問題	受入と仕分けの課題	■五〇名程度で朝六時から夜一一時まで人手による荷降ろしをしていた（石巻市）。 ■民間、国、県等から一日何百件もの受け入れがあり、事前にファクスで連絡があるもの、直接持ち込むものなど様々であった（石巻市）。 ■市の職員が臨時職員と共に二四時間体制で対応した（宮城野区）。 ■三月一二日から市職員、ヤマト運輸、赤帽が物資の仕分けや輸送を行なった（亘理町）。
	避難所への配送	■避難所への配送は、配送計画も作らず、とりあえず大きな避難所から運んでいた（石巻市）。 ■輸送に関する協定は機能せず、市の職員が市有車によって配送を行なった（石巻市）。 ■発災直後、市役所には運ぶ手段がなかった（宮城野区）。 ■区所有車により指定避難所以外（備蓄がない避難所）に優先的に配送した（若林区）。 ■災害協定は締結されていないが震災四日後にトラック協会に依頼（若林区）。

その他、過去の災害における救援物資に関する教訓情報として、内閣府「阪神・淡路大震災教訓情報資料集」[注40]、「総務省消防庁「緊急物資等の備蓄・調達に係る基本的な考え方及びヒント集」[注41]などが紹介されている。問題点を整理すると道路を整備するだけで改善が期待できる点は少ない。たとえば典型的な事例は、自動車と道路があっても燃料がなく動けなかった等である。東日本大震災は、中小都市・農漁村における被災が中心であったが、一部は仙台市・福島市など

大都市の被災もある。このことは阪神淡路大震災とともに、今後予想される大都市圏直下地震にも参考となるであろう。

福島市内での被災体験が報告されている(注42)。福島市内でも放射線に関する不安が高まったが、発災直後は水・食料の問題が生じた。ここで「ガソリンがないと水も食料品も入手できない」という問題がある。給水所の場所が遠く、人力では運べる水の量が限られたり、食料品を求めて市内を巡るといった行動に際して、かりに自動車があったとしてもガソリンの不足により動けないという点である。報告者はガソリンのことを「命の水」と表現している。もとより自動車が利用できない人にとってはより深刻な問題となる。また報告者は、一般にライフラインとして挙げられる電気・水(注43)の他に、商店（食料品店）もライフラインであると指摘し、大型店進出による既存商店街の衰退がライフライン脆弱化であるとしている。

阪神・淡路大震災では、小規模な道路や公園が延焼防止の役割を果たし、建物倒壊や交通渋滞の中で人海戦術の展開には主要街路よりも細街路が大きな役割を果たした。これらの結果から、阪神・淡路大震災における被災地域では、復興計画においても大規模都市施設整備の動きは、市民・行政のいずれからも起こらなかった。また同震災では、兵庫県の東西の県境における流入交通規制が遅れ、被災地において大交通渋滞をもたらした。そもそも人口密集地に大量の自動車交通を引き入れていることが混乱を拡大するのであって、防災の観点からは日頃よりできるだけ地域内に存在する自動車交通を少なくしておくことが本質的な対策である。本書で提示した問題は防災対策のごく一部に過ぎない。全体を概観できる資料としては梶英樹氏らの著書(注44)などを参照していただきたい。また効果的な支援物資の供給を行うためのマッチング方式の理論的検討も行われている。(注45)

注

1　内閣官房ホームページ http://www.cas.go.jp/jp/seisaku/resilience/
2　内閣官房ホームページ http://www.cas.go.jp/jp/seisaku/kyoujinka/
3　「自治体・市民・職員はどう動いたか」『環境自治体白書』二〇一一年版、生活社、一九頁。
4　ＮＨＫウェブ版、二〇一三年三月二日「再建した住宅　立ち退き迫られるケースも」。http://www3.nhk.or.jp/news/html/20130302/k10015907831000.html
5　『東京新聞』二〇一二年一二月二三日朝刊。
6　「宮城・気仙沼に見る震災復興の矛盾　盛り土かさ上げ、防潮堤建設が巻き起こす不安」『東洋経済オンライン』。http://toyokeizai.net/articles/-/13492
7　日本交通政策研究会「集約型都市構造における土地利用変化の実態に関する研究」（第四章・森田哲夫担当）日交研シリーズＡ―五四六、二〇一二年七月。
8　柴山菜摘・森田哲夫・細川良美・塚田伸也・三上卓・後藤洋三「東日本大震災津波避難行動調査に基づく避難遅れの要因分析」『第四六回土木計画学研究発表会・講演集』（ＣＤ―ＲＯＭ）、二〇一二年一一月。
9　中央防災会議「南海トラフ巨大地震の被害想定について（第一次報告）」。http://www.bousai.go.jp/nankaitrough_info.html
10　中央防災会議「南海トラフ巨大地震の被害想定について（第二次報告）」。http://www.bousai.go.jp/jishin/chubou/taisaku_nankaitrough/index.html http://www.bousai.go.jp/jishin/chubou/taisaku_nankaitrough/index.html
11　『朝日新聞』Ｗｅｂ版、二〇一一年四月一日「避難渋滞、津波被害を拡大　促しても車降りる人少数」。

12　暮らしなんでも事典「Ｐｒｅｓｉｄｅｎｔ　Ｏｎｌｉｎｅ」二〇一三年三月七日。
http://president.jp/articles/-/8738
13　＠ｎｉｆｔｙニュース「『やられていたべな』被災者が『避難渋滞』でつぶやいた不安」。
http://news.nifty.com/cs/domestic/societydetail/dot-20121211-2012121000014/1.htm
14　一九九三年七月一二日の北海道南西沖地震では、奥尻島で津波による大きな被害が発生している。
15　「集約型都市構造における土地利用変化の実態に関する研究」日本交通政策研究会、日交研シリーズＡ―五四六、二〇一二年七月。
16　http://tamutamu2011.kuronowish.com/tunamitenndeko.htm
17　門野樹・浅野光行「津波災害時における避難行動の対策評価―茨城県大洗町を対象として―」『第四六回土木計画学研究発表会・講演集』（ＣＤ―ＲＯＭ）、二〇一二年一一月。
18　湯川利和『マイカー亡国論』三一書房、一九六八年、二五六頁。
19　http://www.keishicho.metro.tokyo.jp/kotu/shinsai_kisei/new_1.htm
20　http://www.keishicho.metro.tokyo.jp/kotu/shinsai_kisei/new_2.htm
21　http://www.keishicho.metro.tokyo.jp/kotu/shinsai_kisei/emergency.htm
22　http://www.keishicho.metro.tokyo.jp/kotu/shinsai_kisei/new_3.htm
23　清田裕太郎・岩倉成志・野中康弘「東日本大震災時の都区内道路のグリッドロック現象に関する基礎的考察」『第四六回土木計画学研究発表会・講演集』（ＣＤ―ＲＯＭ）、二〇一二年一一月。
24　中川貴文・中村俊之・嶋本寛・宇野伸宏「自動車利用を考慮した津波避難計画モデルの構築」『第四七回土木計画学研究発表会・講演集』（ＣＤ―ＲＯＭ）、二〇一三年六月。
25　平成二〇年東京都市圏パーソントリップ調査より。http://www.tokyo-pt.jp/
26　東京都帰宅困難者対策条例。http://www.bousai.metro.tokyo.jp/japanese/tmg/kitakujorei.html
27　国土技術政策総合研究所・国総研プロジェクト研究報告第七号「道路空間の安全性・快適性の向上に関する研究」二〇〇六年二月第三章より。http://www.nilim.go.jp/lab/bcg/siryou/kpr/prn0007.htm
28　「公営交通事業協会会報」二〇一二年九月号、五〇二号。
http://www.mtwa.or.jp/12_%2009mokuji.pdf

29　湯川誠太郎・畑山満則・多々納裕一「ネットワーク均衡分析を用いた過密地域の住民避難に関する考察」第四二回土木計画学研究発表会・講演集CD―ROM、二〇一一年一一月。
30　東寛二・寺町賢一・渡辺義則・諫山美穂子「外水氾濫時における避難手段を考慮した安全な避難行動について」第四二回土木計画学研究発表会・講演集CD―ROM、二〇一一年一一月。
31　室井寿明「首都直下地震時における都市鉄道代行バスの効果的な運行に関する研究」『第四三回土木計画学研究発表会・講演集』（CD―ROM）、二〇一一年五月。
32　東京都市圏交通計画協議会「平成二〇年東京都市圏パーソントリップ調査」データ提供ページ。http://www.tokyo-pt.jp/person2011/lend_pd.html
33　国土交通省「自動車輸送統計年報」
http://www.mlit.go.jp/k-toukei/search/excelhtml/06/06200800a00000.html
34　国土交通省総合政策局「地域のモビリティ確保の知恵袋二〇一二～災害時も考慮した『転ばぬ先の杖』～」。
http://www.mlit.go.jp/sogoseisaku/soukou/sogoseisaku_soukou_tk_000037.html
35　http://www.thr.mlit.go.jp/road/jisinkannrenjouhou_110311/kushinohasakusen.html
36　徳山日出男「『東日本大震災』の対応について」日本交通政策研究会、日交研シリーズB―一四九、二〇一一年一二月。
37　http://www.e-nexco.co.jp/pressroom/press_release/head_office/h23/0318b/
38　NHKウェブ版、二〇一三年一月二三日「知事ら〝ミッシングリンクの解消を〟」
http://www3.nhk.or.jp/news/html/20130123/t10015000121000.html
39　日本交通政策研究会「大規模災害時の物資輸送を考慮した道路整備計画に関する研究」日交研シリーズA―五五五、二〇一二年一一月。
40　内閣府「阪神・淡路大震災教訓情報資料集」。
http://www.bousai.go.jp/1info/kyokun/hanshin_awaji/index.html
41　総務省消防庁「緊急物資等の備蓄・調達に係る基本的な考え方及びヒント集」二〇〇六年六月。
http://www.fdma.go.jp/neuter/houdou_01/houdou18nen.html
42　東日本大震災後の福島市民生活。

http://www2.educ.fukushima-u.ac.jp/~abej/ErdB.htm#kaimono

43　市街地では都市ガスもライフラインに挙げられるが、この報告者はＬＰＧを使用しており当面支障がなかったためガスには触れていない。

44　梶秀樹・塚越功『改訂版 都市防災学 地震対策の理論と実践』学芸出版社、二〇一二年。

45　土生浩貴・福本潤也「支援物資のマッチング方式の提案」『第四七回土木計画学研究発表会・講演集』（ＣＤ―ＲＯＭ）、二〇一三年六月。

第3章　脱原発こそ国土強靭化

実際は危機意識に乏しい「強靭化」

強靭化の議論では、災害など異常時におけるエネルギーの安定供給対策として、原子力発電施設の地震等に対する安全性の確保のため、原発耐震強化・原発周辺の堤防強化などを挙げている（基本施策の第5項）。しかしこの記述からは原発の再稼動が前提であると考えられる。また強靭化論者が提唱するように、二〇一〇年基準で四七六兆円の名目GDPが、二〇二〇年には八七〇兆円にもなる（詳細は第4章参照）とすれば、その裏付けとして電力はもとよりエネルギー供給の拡大が不可避となる。

日本が現状で保有している発電設備を考えると、当面の電力供給の主力は原子力か火力に依存せざるをえない。原子力については、関西電力の大飯原子力発電所の三・四号機を除いて停止（二〇一三年六月現在）している各地の原子力発電所を、今後次々と再稼動することが必要になる。火力発電によるとしても化石燃料の輸入を増加しなければならず、CO_2や大気汚染物質の排出量が増加する。いずれも「基本法案」の趣旨である公共の福祉の確保、国民生活の向上、国民経済の健全な発展を妨げる要因となる。

藤井聡氏は第1章で示すように首都圏直下型地震が切迫していると強調している(注1)にもかかわらず、原発に関連する断層調査に関しては「敦賀原発をつくるときも徹底した調査をしており、それが否定されれば、すべての原発で同様の調査をしなければいけなくなる(注2)」と述べて、調査の必要性を否定している。

これまで原発を推進あるいは容認する議論では、過酷事故に至る何段階かの連鎖の発生確率をかけ合わせて評価し、最終的に過酷事故に至る確率は現実に考える必要がないくらい小さくなると考えてきた。ある原子力関係者は、福島事故前は「3つのE」すなわちエネルギー安全保障・経済性確保・環境がエネルギー政策の柱だったが、福島事故後はこれにSすなわち安全が加わって「3E+S」になったと述べている(注3)。原子力関係者の間では、福島事故前にも過酷事故に発展しかねないトラブルが数多く起きていたにもかかわらず危機意識に欠けていたことが知られる。実際には想定していたシナリオから外れた経路で福島原発事故が起きた。加えて、確率が非常に小さいとしても過酷事故が起きた場合の被害の大きさと回復の不可逆性を考慮すると、確率的な評価を原発に適用することは合理的でないという点こそが、福島事故から得られた教訓ではないだろうか。

大規模災害時に際して、発災から二週間以上経過して被災者が救出された事例はたびたび報告される。原発周辺の市町村では、津波の被災に対する初期の捜索・救難が原発事故で妨げられたために、助かったはずの生命も失われたのではないかと多くの住民が今も疑念を抱いている。その後も原発被災地の住民がもとの生活に戻るためにはどれだけの時間と負担が必要となるのか道筋は示されていない。原子炉自体の状況も収束にはほど遠く、事故の原因には未解明の部分が残っている。こうした事実の下で、原発再稼動を前提とした「強靭化」こそ日本に致命的なダメージをもたらす破滅政策であり、逆に脱原発こそが最も確実な国土強靭化であることが明白であろう。

原発こそ「脆弱」なエネルギー源

福島県の海沿いには、大規模な商用発電所として福島第一・第二の原子力発電所だけでなく、東京電力広野火力発電所（三八〇万kW）、東北電力原町火力発電所（二〇〇万kW）、相馬共同火力新地発電所（二〇〇万kW）がおおむね等間隔で並んでいる。東日本大震災では、多少の時間差はあるがいずれの発電所にも大津波が到来した。福島原発では流された自動車が電気室に飛び込むなど驚くべき被害写真がたびたび報道されたが、火力発電所でも被害は同様であった。

火力発電所でも最初の地震動で発電ユニットが自動停止し、いずれにしても大津波の到来で発電ユニットの全系列が運転不能に陥った。この後福島第一原発では過酷事故に発展して放射性物質が放出され、地震・津波被災者の初期の捜索・救援すら制約された。事故から二年経った時点でも鉄道や高速道路の復旧に着手できないし住民の帰宅についても見通しは極めて厳しい。福島第二原発も過酷事故は免れたが再稼動の見通しは不明である。

一方で火力発電所はいずれも公衆被害を起こしていないし、関係者の多大な努力もあって最短では広野火力発電所が四カ月後に全ユニットが営業運転に復帰した。今後、原発の地震・津波対策により過酷事故は防げるとしても、強い地震の後で点検・再開に最も時間を要するのは原発である。すなわち原発こそ脆弱なエネルギー源であり「国土強靭化」の最大の弱点となる。地震・津波は、規模や対応はともかく日本において歴史的に多くの経験があるが、放射能汚染は経験がなかった。福島第一原発から数十km圏は文字通り「焦土」と化している。原発の再稼動を主張しつつ「国土強靭化」を同時に主張する論者の説明は信用に値しない。

国土強靭化の「不都合な真実」

福島原発事故であれほど多くの国民が困窮している事実がありながら、まだ原発を動かそうと主張する論者の考え方は、倫理面の欠陥を指摘する以前に経済的にみても説明がつかない。「安全対策を施した上で」という条件を設ければよい思うかもしれないが、そこにすでに論理の破綻がある。福島原発でも経済性が成立する範囲では最善の対策が実施されていたし、外部電源の全喪失を想定した訓練も行なわれてきたが、過酷事故への進展を防げなかった。

「地震・津波の最大想定に対しても過酷事故に至らない安全対策」は物理的には不可能ではない。「強靭化」の基本政策でも「原発耐震強化、原発周辺の堤防強化等」は記載されている。しかしそれを地震・津波の最大想定に対応可能なレベルで実施すれば原子力発電は採算性（商業発電）が成立しない。結局のところ「安全対策は採算性の範囲で」という制約を逃れられない。現に中部電力の浜岡原子力発電所の一・二号機は、基準となる地震動に対して補強工事を実施するには多額の費用がかかり採算に合わないとして二〇〇九年に廃炉になっている。

一般国民にとっては、最大想定の地震・津波に対して「冷温停止」に持ち込めれば対策の目標は達成したと評価できる。しかし電力会社にとってはそうではない。最大想定の地震・津波を受けて停止した原発プラントを点検・補修・再開するには、膨大な労力と時間がかかる。原子炉の主要部分に微小な損傷が生じても「冷温停止」は維持できるが、それは運転再開が可能であることを意味しない。火力プラントであれば人間が直接触れて点検・補修できる損傷でも、原発の場合は人間が近づくことができない。発電しない原発は存在しないのと同じである。

一方でいかに立派な高速道路や新幹線を作ろうとも、食糧・エネルギー・生活必需物資がなければ国家は維持できない。強靭化論者の多くは原発を推進（再稼動を容認）しているが、原発で「電力」は作れるが食糧や生活必需物資は作れない。(注4) 米国はいざとなれば食糧とエネルギーを自給しても現在の日本国民の生活水準程度は維持できるので、国際社会で好き勝手に振るまうことができる。ドルの価値が下落しても致命的な問題ではない。しかし日本はそうではない。強靭化の推進者にはこの問題に対する言及がほとんどみられないことは不思議である。

これは強靭化論者がエネルギーや資源の問題に無知であることが主な原因であろうが、公共事業は必然的に電力需要を誘発する関係にも注目しなければならない。建設業は製造業とは異なり直接には多くの電力を使っていないと思うかもしれないが、各産業分野の相互作用（波及）を通じて、電力需要を誘発する。公共工事には直接的にセメントと鉄鋼材料が必要であり、双方とも電力多消費産業である。工事のための重機やさまざまな機械・設備類も必要となる。さらに工事に関連してさまざまなサービス業など第三次産業の需要も高まる。これらも電力需要を押し上げる。図3―1は、いま国土強靭化で数字が掲げられているように年間二〇兆円が土木事業に投入された場合に、分野別に年間の電力需要の誘発量を示したものである。

図に示すように、鉄鋼やセメントで約八三億kW時、他の製造業で約九八億kW時など、第一次～第三次産業の合計で年間に約三七〇億kW時の電力需要が誘発される。これに対して破線のように、平均的な原発一基の年間発電量は約五〇億kW時である。

すなわち年間二〇兆円が土木事業に投入されると、原発六～七基の稼動が必要になる。二〇一三年五月現在で、関西電力の大飯原発の二基は再稼動したが、全国的にみれば原発ゼロに近い状態でせっかく電力の安定供給ができているのに、わざわざ原発六～七基分の電力需要を起こしたら実際に「電力不足」が起きかねない。国土強靭化の推進論者がそこまで考察した議論をしてい

図３―１　公共投資拡大による電力誘発量

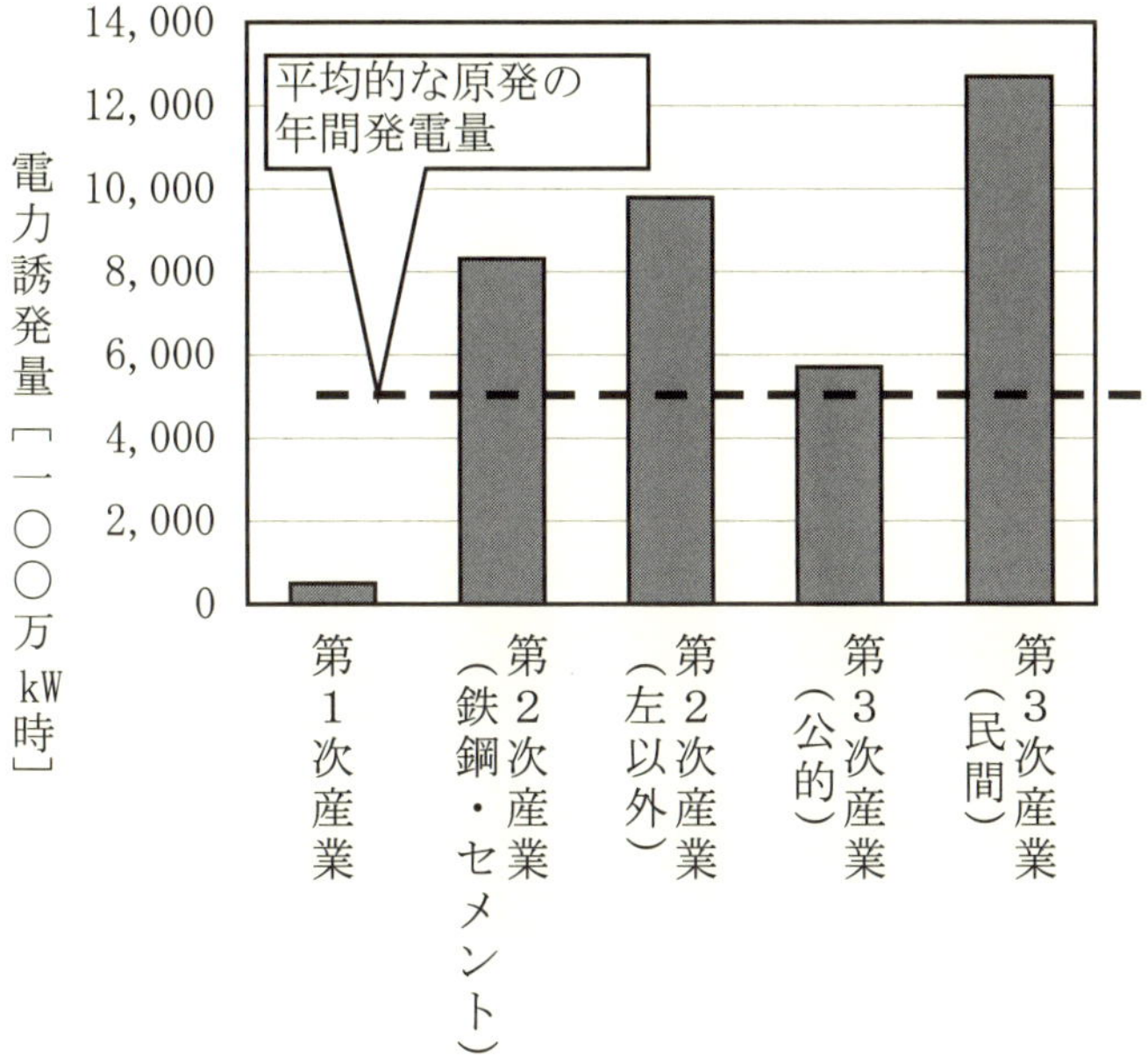

るかは不明だが、結果としてそうならざるをえない。

藤井聡氏（前述）は、原発が再稼動しなければ不況の深刻化や頻発する停電に起因して、長期で累計すれば数万～数十万の国民が死亡する可能性があると「原発が止まる地獄」を指摘している。(注5) 同論説では原発を代替する火力の焚き増しのために、直接的な化石燃料の購入費だけでも三兆円の輸入額が増加して不況を加速し、経済的困窮者の増加を通じて国民に危険を及ぼすと述べている。しかしそうであれば、「デフレ脱却」によるエネルギーの需要増加と円安によって、たとえば為替レートが一〇〇円／米ドル以上になったとすると、福島事故以前の状態で全国の原発が稼動していても五兆円以上の化石燃料の購入費の増加に相当するが、それは問題ないのだろうか。

つぎに国土強靭化によるエネルギー消費拡大そのものに起因する物理的な影響により、国民の人命がどのくらい失われる可能性があるか試算してみよう。藤沢数希氏は著書『「反原発」の不都合な真実』でエネルギー源別の「発電量あたり死者数」を比較したいくつかの研究データを紹介している。原子力の代わりに火力発電を使用すると大気汚染が増加することにより、日本では大気汚染で死亡する国民がおよそ年間三〇〇〇人増加すると推定している。(注6)

一方、国立環境研究所の「３ＥＩＤ」というデータベースでは、需要の増加額あたりの各種大気汚染物質の排出係数が提供されている。(注7)なおこのデータベースは福島事故以前の産業連関表を基にしているので、電力に関するエネルギー源別の分担率は福島事故以前の状態である。これを利用すると、年間二〇兆円の公共投資により、窒素酸化物（NO_x）・硫黄酸化物（SO_x）・粒子状物質（ＰＭ）が各々四％前後増加すると推定される。

この大気汚染物質の増加量に起因してどのくらいの人命が失われるか、まず藤沢氏のように概算として大気汚染物質の増加量に比例すると仮定すると、人口動態(注8)からみて五四〇〇人に相当する。また兒山真也氏らの統計的に整理した推計式(注9)によると約四五〇〇人に相当する。ただし兒山氏らの推計式は粒子状物質（ＰＭ）のみを対象としたものである。いずれにしても年間二〇兆円の公共投資の拡大により、福島事故以前の状況で原発が稼動していても年間五〇〇〇人以上の人命が失われると推定される。このほか工事のための貨物車の走行量増加による大気汚染や交通事故の増加も加わるからさらに増加するだろう。「原発が止まる地獄」よりも、むしろ「国土強靭化の地獄」こそ憂慮しなければならない。

経済に原発は不可欠か

福島原発の事故は収束しておらず、経済的・社会的にも今後数十年にわたり日本の経済が大変な重荷を負う。一方で「電力不足」が叫ばれた二〇一一年の夏も、さらに事実上原発ゼロとなった二〇一二年の夏も電力不足は回避できた。本書の執筆時点（二〇一三年三月）では関西電力の大飯三・四号機が稼動しているのみである。さらに原子力規制委員会による活断層の再検討や新規制基準(注10)の策定により、再稼動はさらに制約される可能性がある。

しかし電気というエネルギー形態は「需要側が供給側をコントロールする」性質がある。すなわち個人や企業が従来どおり電気を使っていれば、より多くの発電施設が必要という振り出しに戻ってしまう。再生可能エネルギーの導入も推進すべきであるが、それ以前に社会システム全体として電力需要を下げる必要がある。二〇〇〇年および二〇一〇年に「日本電力調査委員会」は今後の電力需要予測を行なっている。二〇〇〇年の時点では右肩上がりの需要を予測し、二〇

図3―2 分野別電力使用量

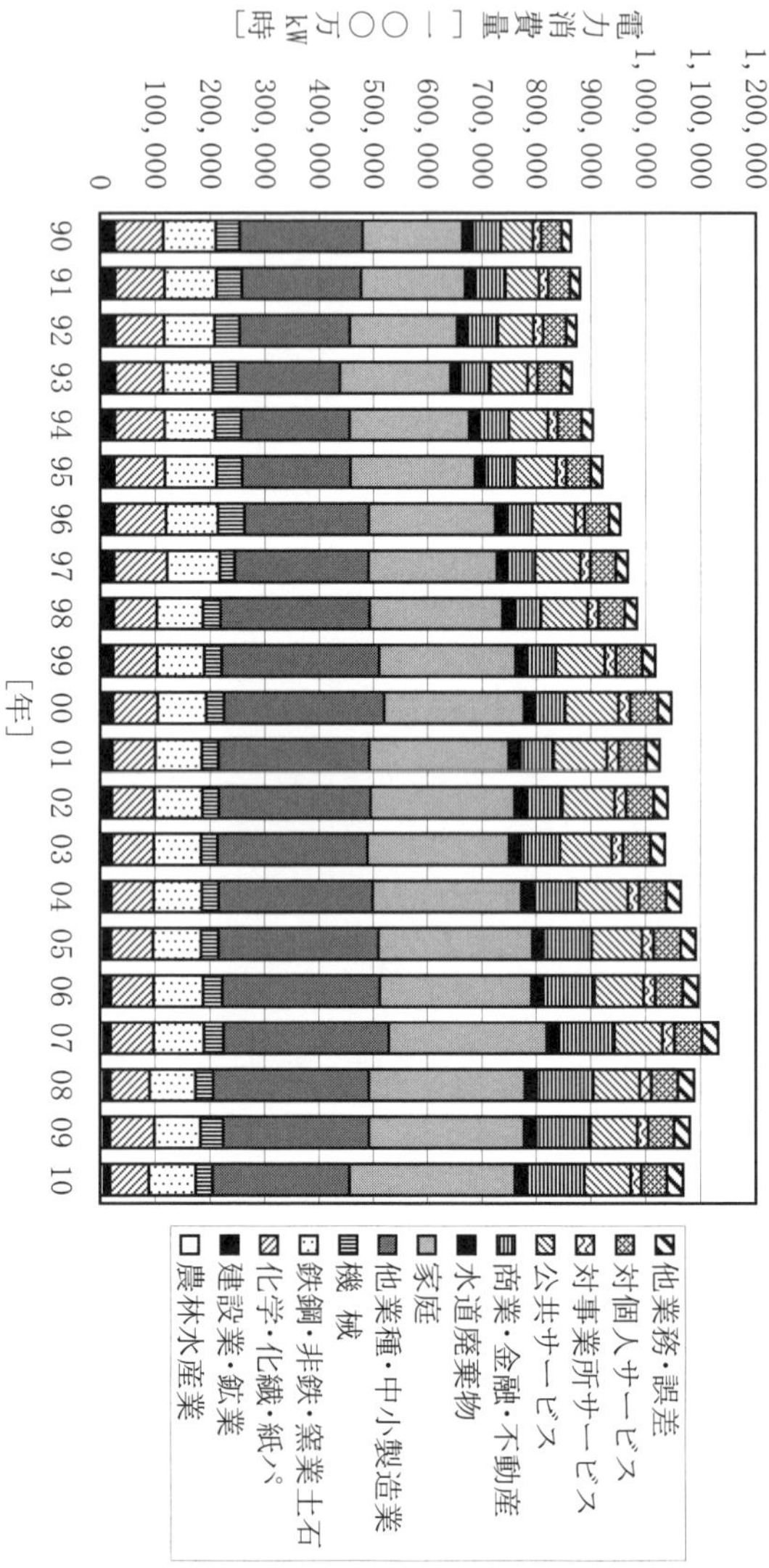

図3—3　GDPとGDPあたりの電力消費量

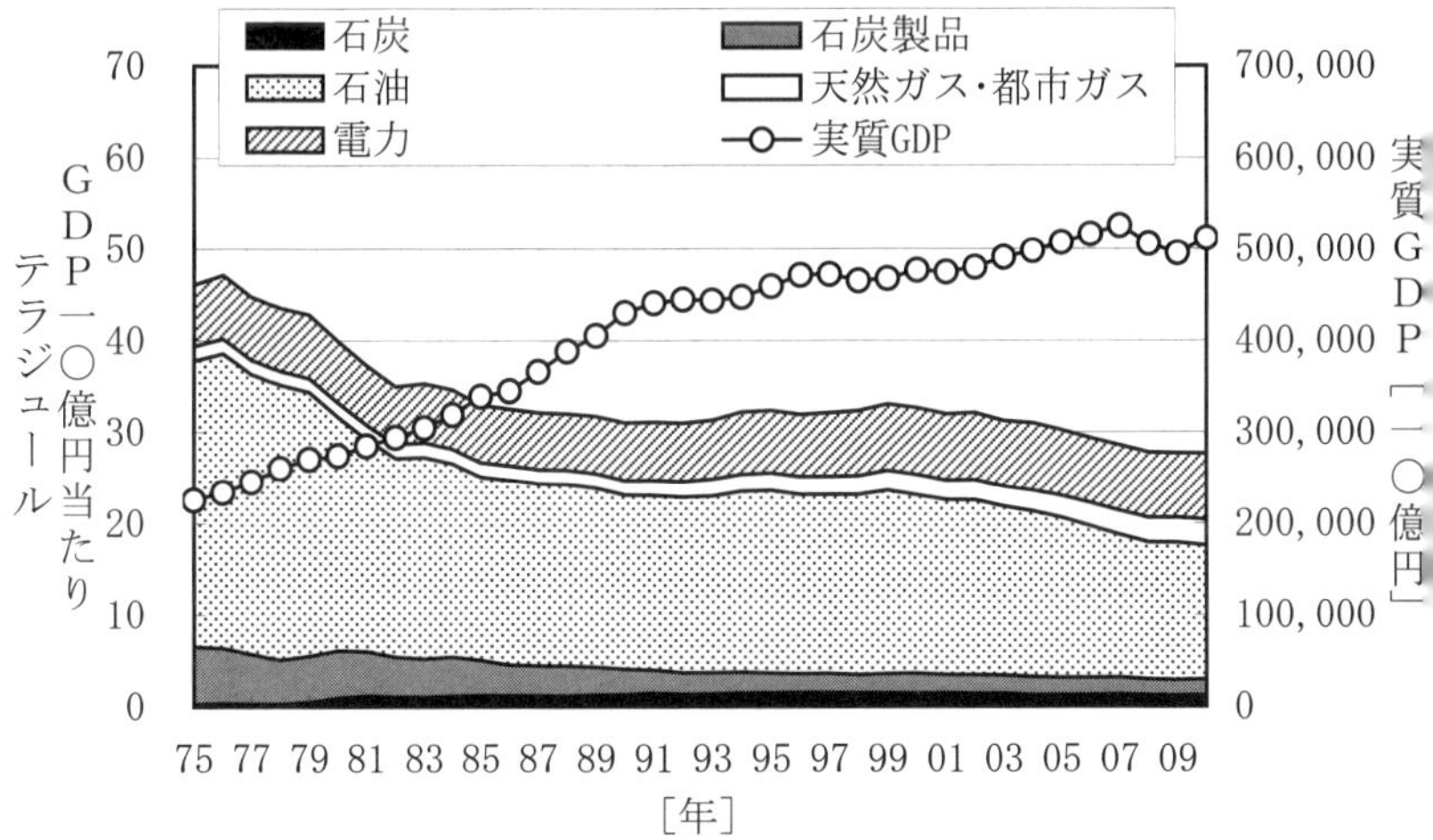

〇八年まではおおむねその通り推移したが、経済状況の影響などもあって需要は低下した。

同調査会は二〇一〇年に予測を改訂したが、やはり右肩上がりを想定している。さらに二〇二〇年、二〇三五年といった中長期予測についてもさらなる増加を予測している。これを前提とすれば原発の新増設も必要となるだろう。しかし図3—2は利用分野（最終ユーザー別）に過去の電力消費量の推移（注11）を示すが、二〇〇八年以降は減少傾向にあり、震災や原発事故と関係なしに需要そのものが減少している。

経済活動にはエネルギーが必要なことはいうまでもないが、原発の必要性とは直結しない。図3—3は実質GDPあたりのエネルギー種類別（石炭・石炭製品・石油・天然ガスと都市ガス・電力）の最終消費量、および実質GDPそのものの推移を示している。[注12] 一九七三年と一九七九年の石油危機を契機に、GDPあたりのエネルギー種類別の最終消費量が低下してきた。石油依存度を低下させる際に、石油が抜けた分だけ他のエネルギー種類で埋めたのではなく、GDPあたりのエネルギー消費量の低減は省エネルギーによって達成された。それでも実質GDPは増加を続けている。

しかし九〇年代以降、原油はじめ化石燃料の価格が低い時期が続いたため、省エネルギーの進展が停滞する時期が続いた。電力については「原子力が電力の三割を供給している」と言われてきたが、三割という数値は、火力発電所の稼働率を低く抑えて原子力発電所を優先的に運転する運用上の結果であり、二〇一一年以降にみられるようにすべての原子力発電所を停止しても、供給面での不足が生じているわけではない。GDPを経済活動の指標としてみた場合でも、原発がなければGDPの維持や成長ができないという関係にはならない。

「自然停止」が不可避な原発

たとえ安全面の問題をクリアしても、核燃料サイクルの制約により使用済み燃料の行き先が閉ざされているために、近い将来に原子力は「自然停止」せざるをえない。民主党（野田政権）は、二〇一二年九月に今後の原子力政策に関する提言をまとめ、「原発を即時に止めることは現実的ではない」とする一方、①運転開始後四〇年経過した原発の運転制限を徹底する、②原子力規制委員会が安全確認した原発のみ再稼働する、③新増設は認めないとする原則を明記した。また二〇三〇年代に原発稼働ゼロを可能とするよう、あらゆる政策資源を投入するとしている。ただし使用済み核燃料の最終処分については明記されていない。さらに二〇一二年一二月には自民党（安倍政権）に代わり、安全性の確認を前提に再稼動を容認する方針が提示された。しかしなお再処理の過程で取り出されるプルトニウムは、それ自体の放射性物質としての危険性とともに核兵器に転用（意図的あるいはテロ行為などにより）される可能性があるとされている。

ただしプルトニウムを大量に保有していても、容器に詰めれば実用的な核弾頭ができるわけではない。輸送時の事故などでは絶対に起爆せず、逆に必要な時（実戦時）には確実に起爆できるような高度な技術であり、独自開発するとすれば多数の実験が必要となる。米国・旧ソ連を除くと、英国・フランスが本国外の領有地において、また中国・インド・パキスタン・北朝鮮が自国領土内において実験を行なっているが、日本国内では考えられないし場所を貸してくれる国があるとも思われない。核武装するには米国からの供与によらざるをえない。日本が核燃サイクルの維持に固執するのは米国の肩代わりという推定がおそらく正しいだろう。

図3―4に日本の核燃料サイクルの概要を示す。天然ウラン鉱の中には核分裂を起こすウラン

二三五は微量しか存在せず、大半は核分裂しないウラン二三八である。核燃料として使用するために天然ウラン鉱を精製し、ウラン二三五が三〜五％、ウラン二三八が九五〜九七％の状態に濃縮したものがウラン燃料である。この過程が①であり、燃料棒として成型して④の核燃料として原子炉に装架される。新規ウランは天然の有限な資源であるので、継続して消費していればいずれ枯渇する。このため②として使用済み燃料に残存しているウランを回収すれば新規ウランの購入を減らすことができるとして計画されたシステムが「再処理」である。

核燃料は一定条件まで発電用のエネルギー源として使用した後、取り出された使用済み燃料が⑤である。使用済み燃料では、使用状況にもよるが核反応の結果として、ウラン二三五が一％、プルトニウム二三九が一％、ウラン二三八が九三〜九五％、その他の核反応生成物が三〜五％という成分に変化している。福島事故における汚染物質として知られるようになったセシウムもこの核反応生成物の一つであり、本来は燃料ペレット中に閉じ込められるべき物質が燃料棒の損傷により環境中に出てきてしまった物質である。

使用済み燃料は、各発電所内の冷却プール（福島原発の四号機では冷却不能となって危険な状態に至った）で一時保管した後、再処理工場に送られる。再処理工場では、使用済み燃料を壊して物理的・化学的方法によって中身を取り出し、前述のウラン・プルトニウム・その他の核反応生成物を各々分離する。再利用できるウランは図の②のように再び軽水炉燃料として使用する。またプルトニウムは軽水炉・高速増殖炉の燃料となる。また核反応生成物は⑥の高濃度廃棄物として

図３―４　日本の核燃料サイクルの概要

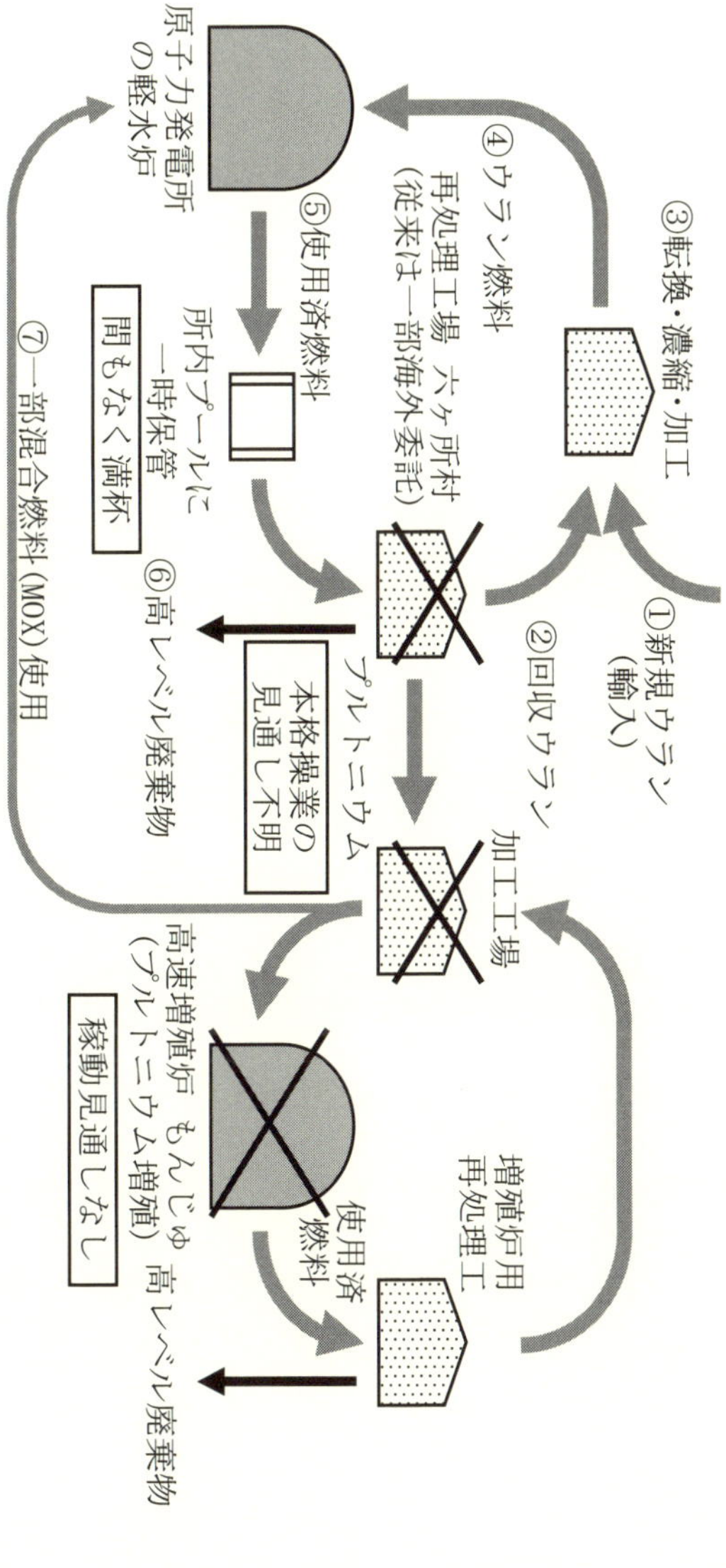
①新規ウラン（輸入）
②回収ウラン
③転換・濃縮・加工
④ウラン燃料
再処理工場　六ヶ所村（従来は一部海外委託）
原子力発電所の軽水炉
⑤使用済燃料
所内プールに一時保管
間もなく満杯
⑥高レベル廃棄物
プルトニウム
本格操業の見通し不明
加工工場
⑦一部混合燃料（MOX）使用
高速増殖炉　もんじゅ（プルトニウム増殖）
稼動見通しなし
使用済燃料
増殖炉用再処理工
高レベル廃棄物

取り出されるが、次の利用方法はなく廃棄物であるため原子炉を稼動すれば溜まる一方となる。

プルトニウムはそのままでは保管しておくしかないが、ウラン二三八と混合して混合燃料（MOX）として使用する方法がある。プルトニウム二三九の比率を四～九％に調整した軽水炉燃料と、一六～二一％に調整した高速増殖炉燃料として使用する方法がある。これが⑦の過程である。核燃サイクルは一九七七年以降、東海再処理工場で実施されてきた。これを六ヶ所再処理工場で引き継ぎ規模を拡大して本格実施する予定であったが、六ヶ所再処理工場は度重なるトラブルで本格稼動が延期されたまま現在に至っている。

また高速増殖炉とは、プルトニウム二三九の核分裂によって熱を得るとともにウラン二三八がプルトニウム二三九に転換されることにより、プルトニウムの消費量以上にそれを増加させることができる原理から開発されたものである。日本では実験炉の「常陽」に続いて実証炉の「もんじゅ」の開発を試みたが、一九九五年にいったん発電を開始したものの、その後にトラブルが続き、現時点では稼動していない。

こうした経緯から再処理も高速増殖炉も稼動できず、核燃サイクルは頓挫している。各原発から発生する使用済み燃料は、発電所内のプールと六ヶ所再処理工場に溜まる一方となっている。今後のエネルギー政策にかかわらず、すでに発生した使用済み核燃料は何らかの方法で保管しなければならない。核燃サイクルの稼動の見通しが立たない状況下では、最も現実的と考えられる保管法は、一定期間（使用条件にもよるが三～五年程度）水冷した後、乾式（空冷）保管に移行す

図３―５ 今後運転可能な原発の容量

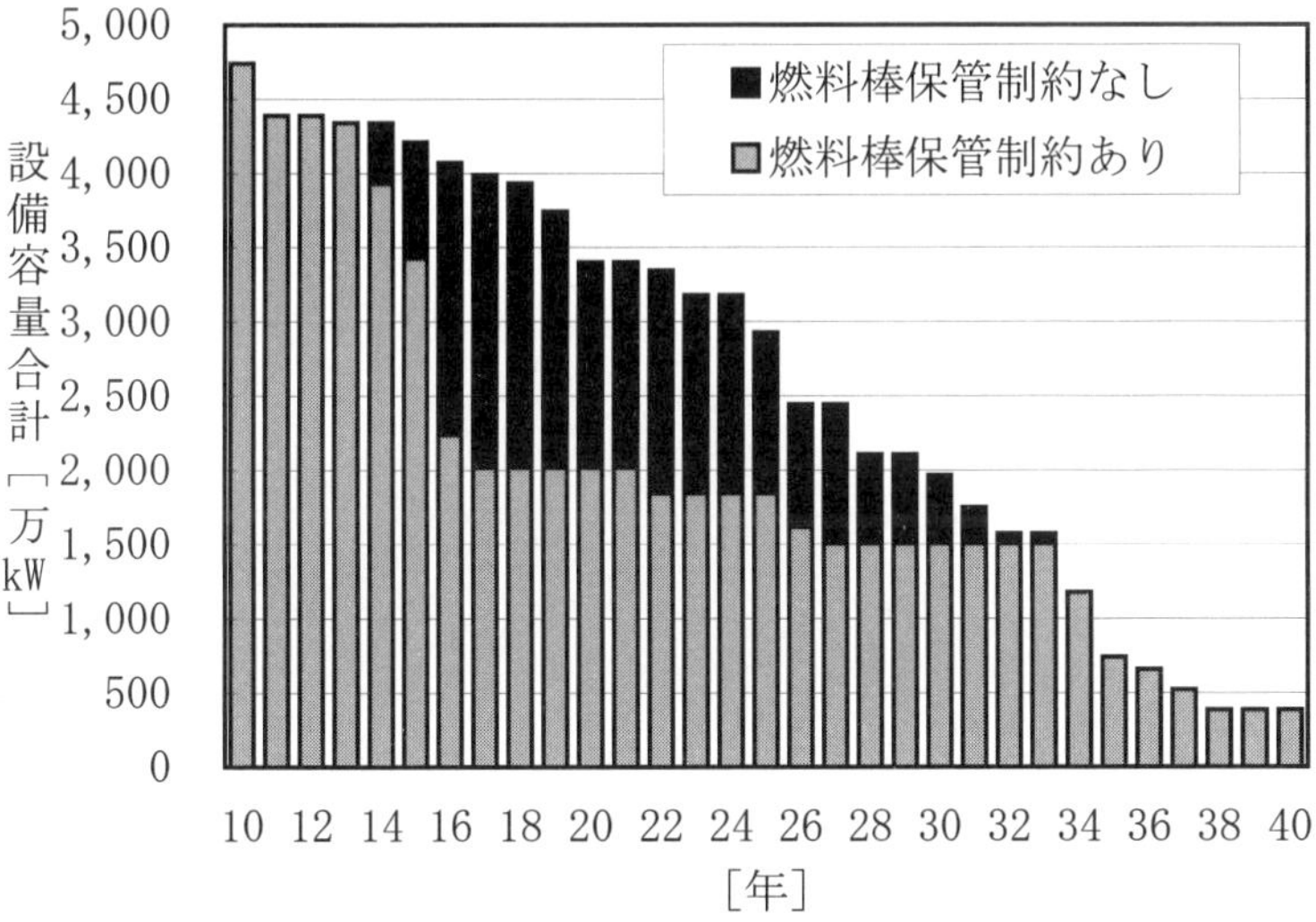

る方法である。使用済み燃料は原子炉から取り出した直後には崩壊熱と放射線が強く、そのまま空気中に出しておくことはできないためプールで水冷せざるをえない。水冷にはポンプや冷却装置を動かす電力が必要であり、事故や災害で冷却が停止する可能性がある。また強い地震ではプールそのものの損傷も懸念される。これは事故を起こした福島原発を始め、すべての原発（特に沸騰水型）に共通したリスクである。

一定期間後、崩壊熱と放射線が低下してプールから取り出せる状態になれば、水冷を必要としない乾式コンテナ（キャスク等と呼ばれる）方式の保管に移行する。乾式コンテナは動力を必要としない自然通風による冷却のため、事故や災害に対するリスクは低下する。ただし乾式コンテナは地上の建屋内に並べておくだけであるので、いわば仮置きにすぎない。より安全な最終処分（基本的には地下貯蔵）に移行することが望ましいが、その方法はまだ未定であるし受入れ先の選定も困難をきわめるであろう。

もし原子炉の耐用年数を四〇年とすれば、新設がない場合には古い炉から順次耐用年数に達するので、何もしなくても図3―5のように二〇三〇年代後半には運転可能な原子炉の設備容量は五〇〇〇万kWを下回り、事実上の「脱原発」に近くなる。この意味からは民主党（野田政権）の「二〇三〇年代に原発ゼロをめざす」とする方針は事実上は何もしないのと同じという批判もみられた。前述のように核燃料サイクルの稼動の見通しは現時点でも立たず、六ヶ所再処理工場および各発電所での貯蔵能力（燃料プール）が満杯に近づきつつある。六ヶ所再処理工場の貯蔵プールは容量三〇〇〇トンのうちすでに二九〇〇トン以上が埋まっており、また各発電所の保管プールも全体として七割程度が埋まっている。

一方、青森県はあくまで最終処分場ではなく「中間処理施設」であるという前提で六ヶ所再処理工場を受け入れたものとしており、青森県と事業者との覚書（一九九八年）では、再処理事業の見通しが立たなくなった場合には、保管中の使用済燃料が搬出元の発電所に返送される事態となる可能性がある。この場合、各発電所では使用済燃料プールの管理容量を超過し、以降の運転ができなくなる。（注13）

こうした状況が起きた場合には燃料棒を各発電所内で保管しなければならなくなり、図の黒い部分の保管容量が占有される。この部分を除くと、原子力の運転可能な容量はさらに制約される。事故を起こした福島の原子炉は旧型であり、新型の炉は安全性が向上しているとして再稼動を推進する意見もあるが、炉の形式によらず使用済み燃料の行き先の問題は全く解決しない。いずれにしても近い将来に原子力は「自然停止」せざるをえない状況にある。そうであれば、地震・津波によるリスクを冒して再稼動する必然性は乏しく、むしろ早期に代替手段に転換したほうが経済的にも有利であろう。

原発がもたらした経済的損失

ひとたび原子力発電所が過酷事故を起こした場合、その社会経済的な損失が莫大な額に上ることは福島原発事故で現実に証明された。もとより原発事故による損害は、金銭では償えない精神的な領域も少なくないが、最低限の補償のためにも法的あるいは技術的には貨幣価値で評価する過程が必要である。ここで事故リスクの費用とは［損害費用］×［事故発生頻度］としてあらわされる。また頻度は「炉年」あたりの発生回数として評価される。

ここでいう「炉年」とは原子炉の累積運転年数（廃止炉もカウントする）であり、たとえば五〇基の原子炉が二〇年間運転されれば、五〇×二〇で一〇〇〇炉年とカウントされる。日本国内では現在まで一四二三炉年、世界では一万四四二四炉年である。一方で被害額についてはどのように試算されているのか。二〇一一年一〇月時点の政府の資料(注14)より要約すると次の表3―1のようになる(注15)。

なお詳細は以前の拙著(注16)にも引用しているので参照していただきたい。これらも報告時点の数字であって未集計項目が多く、今後さらに拡大・累積は不可避であろう。

表3―1　福島原発事故の費用概算

一．事故収束・廃炉費用	
第一原発一～四号機	
事故収束費用（～二〇一一年三月）	一二億九八〇〇万円
事故収束・廃炉費用（二〇一一年四月～）	一兆一五一〇億円
第一原発五、六号機	
冷温停止状態維持に要する費用等	二一一八億二五〇〇万円
二．損害補償・原状回復費用	
損害補償費用	
事故後二年	四兆五四〇二億円
事故後三～五年	一兆三四五八億円
原状回復費用	
土壌の除染	二〇兆円？
中間貯蔵施設	八〇兆円？
三．行政費用等	

付随的に発生する行政費用，裁判費用	不明
二〇一一年度第二次補正予算（国）	一五五四億円
二〇一一年度第三次補正予算（国）	三二九四億円
二〇一二年度概算要求（国）	四四九二億四九〇〇万円

当面報告されただけでも表のように合計で約五兆七〇〇〇億円という莫大な額に上るが、個別に検討すればまだ過小評価であるといえる。たとえば政府による避難等の指示によらない自主避難に係わる損害が算定されていないこと、また二〇一一年八月時点において放射線被曝の被害者が存在しないとしていること等は不合理であり、その他にも現時点で算定不能としているために計上されていない項目が多数残っている。さらに放射性物質の漏出が続いていることから、最終的（ただしいつになるかは不明）な累積・算定ではこの報告よりさらに一桁上がった損害賠償額が算出される可能性もある。

次のステップとして、発生頻度は前述のように「炉年」に対して何回発生するかという頻度を検討する必要がある。頻度の推定については①過去の実績に基づいた推定、②確率論的安全評価に基づく推定がある。まず①に関して、現時点までに、海外も合算するとスリーマイル二号炉・チェルノブイリ四号炉・福島の三炉が実際に過酷事故（シビアアクシデント）を起こしており、三炉同時は福島だけである。

国内で評価すれば[注17]、商業用原子力発電が開始されて以来、現在まで一四二三炉年（廃止プラン

ト も合算）に対して、今回は福島第一原発の三炉が過酷事故を起こしたので国内の「実績」としての過酷事故の発生確率は〇・〇〇二一となる。

これに対して世界を対象に同様の計算をすると、累積で一万四四二四炉年に対してスリーマイル二号炉・チェルノブイリ四号炉に福島の三炉を加えて五炉が過酷事故を起こしたので、発生確率は〇・〇〇〇三五となる。すなわち日本のほうが世界平均に比べて発生確率が一桁多い「実績」となった。

一方で②の確率論的評価は、炉心冷却に必要なシステムの構成品（ポンプ・計器・バルブ、それらを動かす動力源など）が故障したり機能が失われる工学的な確率を推定し、それらがどの程度重複して発生するかを予見的に計算するものである。電力会社のこれまでの説明によると、このことが「原子力発電所に異常事態が発生し、さらに多重に設けられている安全設備が次々と故障しなければ発生しないものであり、その発生の可能性は、工学的には現実に起こるとは考えられないほど小さいもの」(注18)として評価されてきた。しかし実際には「多重に設けられている安全設備が次々と故障」して福島事故が実際に起きた。

またＩＡＥＡ(注19)の安全目標として、確率的評価の考え方で炉心損傷頻度が一万炉年に一回、早期大規模放出頻度が一〇万炉年に一回という数値が推奨されている。両者に差があるのは、仮に炉心が損傷してもその次の防護（いわゆる「壁」）により早期大規模放出が防止される可能性を考慮したものと考えられる。ただしＩＡＥＡは目標値であるから、これを結論として採用するのは論理的に矛盾する。

また日本の内閣府の試算では、炉心損傷頻度が一〇〇万炉年に一回、格納容器の機能喪失すなわち今回の福島事故相当の事象が一〇〇〇万炉年に一回と評価されてきたが、実際にはこれが〇・〇〇二一すなわち一〇〇〇炉年に二回という頻度として出現したのであるから、想定がおよそ四桁甘いということである。また政府・東京電力の公式見解では、津波により多重の防護設備が一挙に壊滅したことがシビアアクシデントの主原因であるとしているものの、地震直後からの原子炉の各部測定値を分析すると、津波ではなく地震そのものにより炉の防護構造が破壊された可能性も指摘されている。この場合には確率論的評価とは異なる側面から可能性を検討しなければならない。

さらに考慮すべき内容もある。国内での実績の発生頻度は単純に計算すると〇・〇〇二一となっているが、これは過酷事故の定義を「炉心損傷」に限定してカウントしている。しかし福島では停止中だった四号炉についても、一〜三号炉から配管を伝ってきたと思われる水素による爆発で建屋の壁が飛散し、放射線総量としては一〜三号炉より少ないと推定されているものの、放射性物質が外部に放出されている。炉心さえ溶融しなければ過酷事故に数えないという評価は現実的ではなく、個別の炉ごとに炉心損傷の確率を考慮するだけでは評価として不十分である。

また発生頻度を「炉年」のみで評価するのは誤解を招く可能性がある。たとえば「一万炉年に一回」と言われると一万年に一回しか起こらないような錯覚を受けるが、国内に原子炉が五〇基あったら、日本全体としては二〇〇〇年に一回はいずれかで起きると考えるべきであろう。さらに福島原発四号機のように、停止中の炉でさえも隣接の炉での事故の影響で爆発が起きていることを考慮すると、複数の炉が並んでいる場合、もしいずれかで過酷事故が起きれば、他の炉で「安全設計の評価上想定された手段」が実施できなくなる可能性がきわめて高くなるので、個別の炉年あたりの評価だけではなく、集積することによる確率の加算も考えるべきである。

除染の費用

二〇一一年一〇月の事故リスクコスト推算の時点では「除染」に関する費用についてほとんど手がかりがなかった。対象は放射性物質であるので、たとえば家屋を洗浄したり庭の土の表面を削り取っても、放射性物質そのものが減衰したり消滅するわけではなく、別の場所に移動あるいは濃縮されるだけである。現時点ではそれらの除染廃棄物も仮置きの状態となっており最終処理の見通しは立っていない。また効果的な洗浄方法などについても諸説がある。また広大な面積を有する山林の除染は事実上不可能に近いので、宅地・農地をいったん除染しても、山林から再び放射性物質が流入して線量が再上昇する事態も報告されている。

本書執筆時点でも「除染」の方法や有効性、除染廃棄物の処理などについて最終的な統一見解

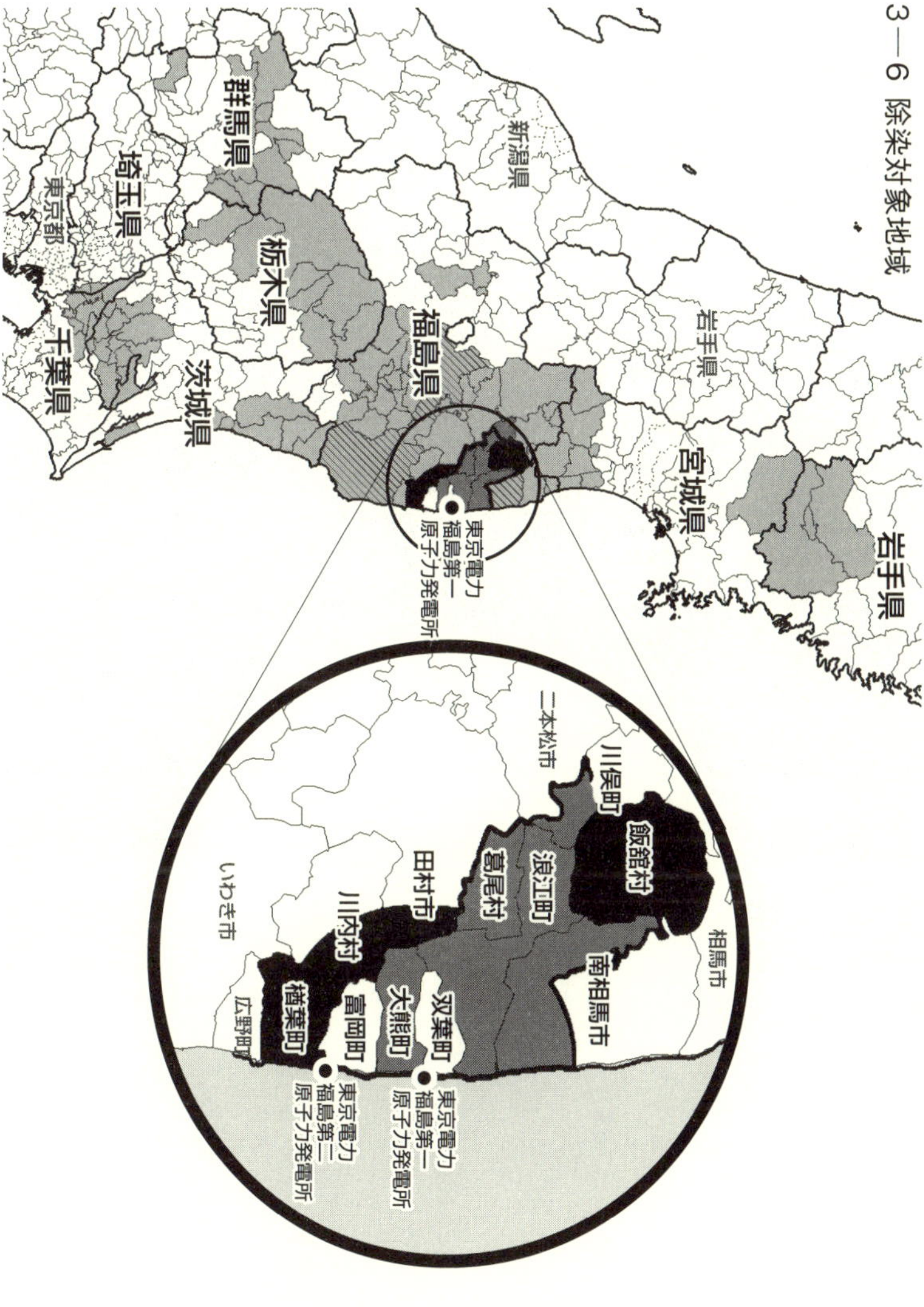
新潟県
岩手県
群馬県
埼玉県
東京都
栃木県
福島県
千葉県
茨城県
宮城県
岩手県
東京電力
福島第一
原子力発電所
二本松市
川俣町
飯舘村
浪江町
葛尾村
田村市
相馬市
南相馬市
いわき市
川内村
双葉町
大熊町
富岡町
楢葉町
広野町
東京電力
福島第一
原子力発電所
東京電力
福島第二
原子力発電所

図３—６　除染対象地域

は得られていない状態であるが、放置しておくことはできないので、環境省ではガイドライン(注20)をまとめ、それに従って除染作業が順次行なわれている。また除染の全体状況については同省「除染情報サイト」(注21)にまとめられている。除染が必要な地域は、図3―6のように福島県を始め宮城県・岩手県・茨城県・栃木県・群馬県・千葉県にわたる。

このうち福島第一原発に近い地域は、特に汚染濃度の高い「除染特別地域」と「汚染状況重点調査地域」に分類されている。「除染情報サイト」によると、除染特別地域とは、国が除染の計画を策定し除染事業を進める地域である。その条件は、事故後一年間の積算線量が二〇ミリシーベルトを超えるおそれがあるとされた「計画的避難区域」および福島第一原発から半径二〇㎞圏内の「警戒区域」を指す。

またそれ以外で、年間の追加被ばく線量が年間一ミリシーベルト（一時間あたり〇・二三マイクロシーベルトに相当）の地域を含む市町村が「汚染状況重点調査地域」である。また農地については、五段階の被害レベルを設け、県別にその状況を示した農林水産省農林水産技術会議データもある。(注22)

一方で除染作業の単位あたり（件数、面積、距離）の費用についても各種の推定がなされており試行錯誤的な要因もあるが次第に実績値が集積されており、筆者が調べた範囲で次の表3―2のように推定される。一方で、各県で除染すべき件数あるいは面積も同表のように推定される。福島県だけでも総額は一兆八八一四億円に達する。山林については現実的な除染方法が推測困難であるので、ここでは測定費用のみを集計している。

表3―2　福島県内の除染費用推計

	作業内容	除染単価	単位	実施対象	単位	費用（億円）
宅地	表面除去	一〇〇〇	円／㎡	三二五	㎢	三二四七
住宅・店舗	屋根洗浄その他	六〇万	円／戸	五七万二六九二	戸	三四三六
農地	表面除去、土の入れ替え	九五〇	円／㎡	一一四六	㎢	一兆〇八九二
牧草地	反転	一〇〇	円／㎡	三九	㎢	三九
山林	測定のみ	二〇万	円／ha	三〇三六	㎢	六〇七
市町村道	洗浄、側溝清掃	二四〇万	円／km	二万四六八〇	km	五九二
					合計	一兆八八一四

　ただしこの数値は汚染土などを除去して仮置きする段階までの推定費用であり、最終状態ではない。さらにそれらを放射性廃棄物として管理・処理（保管）しなければならない。線量の高い地域の面積をかりに二〇〇〇平方kmとしても、その表面を五cm剥ぎ取るとその体積は約一億立方メートルに達する。大島堅一氏らの推定によると、青森県六ヶ所村にある低レベル放射性廃棄物埋設センターと同じ構造の中間貯蔵施設を作ると仮定し、建設費が処理物の体積に比例するものとして費用を概算すると、八〇兆円に達するとしている。(注23)

一方で政府（復興庁）は、福島県内で開催された除染に関する説明会において、これ以上は除染せず、住民が各自で線量計を所持して被曝を自己管理しながら汚染地域への帰還を進めるとの方針を示唆した。(注24)

原発事故！　あなたは逃げられるか

福島原発事故独立検証委員会「調査・検証報告書」に、福島第一原発から約七㎞の富岡町に居住していた北村俊郎氏（元日本原子力発電株式会社理事）の体験記が収録されている。(注25)同氏の住宅は標高四〇ｍほどの場所であったため津波の被害はなく、地震動により家屋は小破したが北村氏と家族に人身被害はなかった。続いて翌日の原子力緊急事態発生により町から避難指示を受けた以降の状況が記録されている。

家に戻ってから、九時（註・三月一二日）を過ぎた頃に突然、防災無線から「福島第一原発が緊急事態になりました。町民は川内村役場を目指して避難してください。マイカーで行ける人はマイカーで避難してください。近所の人も乗せてください。バスはそれぞれの集合場所から出ます」という内容の放送が繰り返された。道が大渋滞すると思い、急いで支度をしたが、余震のためと飼い猫のケージやトイレの準備で出発は一〇時を過ぎてしまった。〈中略〉

いずれにしても、日本原子力発電に勤務していたとき、あるいはこちらに来てからの防災訓練が簡単なものばかりだったので、原発事故は最悪でもスリーマイル島の事故以下であり、ほとんどが一日か二日で収まるものとの思い込みが私の中で出来上がっていた。後で聞くと避難の情報は、既に前夜から出回っていたようだ。特に若い人たちはメールで友人、知人に知り得た情報をまわしていた。その情報源となったのは、自衛隊、消防、東電の下請などに勤務する人。家族や友人に宛て、原発の状況を報告して避難を呼びかけていたようで、かなりの町民は深夜から早朝にかけて避難を開始したと思われる。

自衛隊・消防関係者が、住民に対する自治体からの避難指示よりも前に、私的な連絡網で家族や友人に避難を呼びかけていたことは問題があるが、その点はここでは触れないとして、ともかくこのような時期に北村氏は家族を伴いクルマで避難を開始した。以前から原子力の危険性を懸念していた人も、原子力発電について専門的知識を持っている人も、過酷事故が進行していることは予期しながらもスリーマイル島事故の範囲（冷却不能に陥ったが溶融した燃料は反応容器内部に留まった）で収まってほしいと期待していたと思う。

筆者も全く同じ思いでテレビやインターネットを注視していたが、三月一二日から一四日にかけての連続爆発により、その期待は全く崩壊した。最初に見た一号機建屋爆発のテレビ映像では建屋が飛散すると同時に赤い火炎が観察されたので、化学的爆発（水素爆発）であって核爆発（臨界）ではないと判断されたが、これにより放射性物質の飛散の核種・量・範囲ともスリーマイルとは桁ちがいになってしまった。そして北村氏の記録のように、富岡町の住民は隣接の川内村役場を目指して避難するように指示を受けた。

　ワゴンタイプの車に、猫のケージに最小限の衣類、食料、位牌、パソコンなどを積み込んで家を出発した。畦道を通って最短コースをとり数分で国造六号線まで出た。途中はそれほど道路の破損は見られなかった。また、国道に出るまでは他の車に出合わなかった。国道は信号機が停電でついていなかったが、あまり車の通行はなかった。国道を横断して西に向かうと数十ｍのところで渋滞の列の最後尾についてしまった。

　ここから夜ノ森（よのもり）という住宅街を通り抜けて常磐線の線路を高架橋でまたいで、川内村目指して山間地に向かうのだが、車はなかなか前に進まなかった。このとき私の車の後ろには少しずつしか車が増えなかったので、避難した時間は遅いほうだったのだろう。車列はほとんど動かないので、わき道を抜けることを考えたが、最後にはこの道しかないのでじっと我慢した。やはり交差点ではこの道に入ろうとする車で左右の道路は一杯であった。［註・Ａ地点付近］

（中略）山麓線と呼ばれる国道六号に平行して南北に走る道路を横切ると、道はすぐに山を登り始める。川内村にはこの道［註・県道三六号線・Ｂ地点］一本しかない。こちらは渋滞の列

図３―７　富岡町からの避難経路

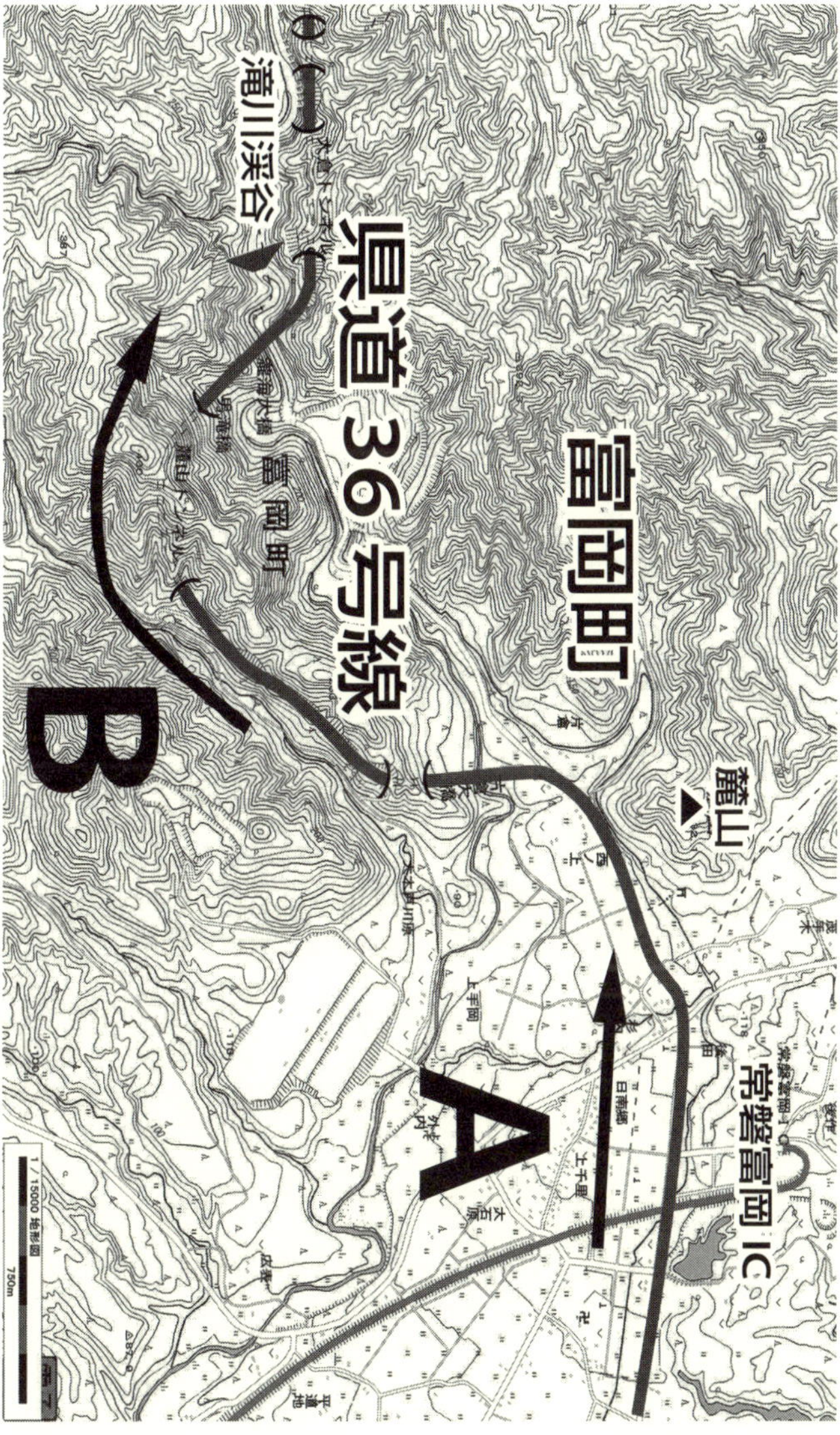

だが、川内方面から富岡町に行く車はない。あまりに進まないので、富岡町に戻ろうかという誘惑にかられたが、じっと我慢する。窓を閉めているので暑いが、ガソリンが減るのでエアコンはつけない。そのうちに、停車したらエンジンを切ってアイドリングをしないようにする運転に切り替えた。山に入ると電波も遮断され、ジリジリとした気持ちで通常であれば二〇分ほどの道を五時間ほどかかって、ようやく川内村の役場の近くまで来た。

富岡町からの避難経路を図3―7に示す。県道三六号線は二車線（上下一車線）で、狭いところでは幅員五m（すれ違いに制約がある）の部分もあり左右に余裕はなく、山道なので曲折・勾配も多く道路状況としては厳しい。北村氏は地震直後に自宅近くで営業しているガソリンスタンドを発見して満タンにして出発することができたが、山間部に給油できる場所は全くない。渋滞の状態では通常より距離あたりのガソリン消費量は増加するし、前途の被害状況が不明のまま、ガソリンの残量を気にしながら山道を運転するのは非常に不安であったと思われる。

上下一車線であるが、富岡町側に向かって緊急車両・公務車両の通行なども発生する可能性があるから、片側車線は空けておかざるをえないであろう。避難だからといって片方向に二車線使ってしまうわけにはゆかない。具体的な道路状況から、この区間の交通容量（一時間あたり通行できる自動車の台数）を推計[注26]してみると、山間部という条件もあり、最大でも一時間あたり九〇〇台程度考えられる。

一方で統計によると、富岡町は人口約一万五〇〇〇人に対して、自動車保有台数（特殊車両・二輪車を除く）は約二万二〇〇〇台ある。地方都市や農山村部では「一人に一台」と言われる典型的な状況そのものである。人口密度は、山間部もあるが平均で一平方kmあたり約二〇〇人、すなわち首都圏とは全く様相が異なって一〇〇m四方に約二人しか住んでいない。住宅団地はあるがＤＩＤ（人口集中地区）(注27)は存在しない。北村氏も、広い庭を求めて移り住んだ富岡町で、隣家はそれぞれ一〇〇m以上離れていたという。

川内村を目指して出発した時点では周囲に他の車はほとんど見られなかったという。一〇〇m四方に住民が約二人という人口密度では、すべての人が一斉に自動車で動き出しても最初は渋滞にはならない。しかし最終的に県道三六号線に進入する時点では、周辺の車が集まり激しい渋滞に陥った。

すなわち一〇〇m四方に約二人しか住んでいない地域であっても、全員が一斉に特定の経路で自動車を使って移動しようとすれば、渋滞で動けない状態が出現する。

前述の自動車保有台数は軽トラックなども数えられているが、地方都市や農山村部では軽トラックも自家用車代わりによく使われる。荷物が積めるので乗用車より便利な場合もある。町の防災無線の放送は「マイカーで行ける人はマイカーで避難してください。近所の人も乗せてくださ い」であった。このため一台に一人ずつ乗るわけでないが、かりに一万二〇〇〇台のうち半分の六〇〇〇台が一斉に動き出したとしても、一方で道路は一時間あたり最大九〇〇台程度しか受け入れられない。自動車が整然と順序良く道路に進入したとしても、全体を通過させるには七時間ほど要する計算であるが、実際には交通整理も行なわれず成り行きで自動車が集まってくるので、たちまち道路が詰まって誰も動けなくなる事態が発生する。

避難道路は機能しない

自動車保有台数のうち、実際にどの割合が動き出したかは原発避難については調査されていない。一方で津波避難については国交省の調査(注28)その他いくつかの調査（後述）がみられる。それによると全体の五〜六割の避難者が自動車を使用したとされている。津波避難では、多くの場合五〇〇ｍほど移動すれば安全圏に達するので徒歩避難のほうがむしろ確実であるが、原発避難では安全圏に出るまで少なくとも三〇㎞の距離になり、自動車を使用せざるをえない。「相乗り」を考慮するにしても自動車を使用する比率はずっと高くなると考えられる。

「近所の人も乗せて……」との放送は、富岡町の担当者が直観的に渋滞を予期して多少なりとも自動車の台数を減らすことを考慮したのではないかと推定されるが、その程度ではとうてい間に合わない台数が動き出したのである。後述するように、津波からの避難でも渋滞が発生し、車列がそのまま津波に呑まれた事態が各地で発生していたが、北村氏の事例では発災から一〜二日の段階であり、他地域の事例を参考に避難方法を検討するなどという余裕はとうてい考えられなかった。

県道三六号線の通常の交通量は、平日ピーク時でも一時間あたり三〇〇台前後(注29)であって、もともとこの程度の交通量しか想定していない道路である。ここに六〇〇〇台が殺到したことになる。富岡町の防災放送のように、自動車を持っていない人、障がい等により自力で動けない人、一人暮らしの人などのためにバスも用意する必要があるが、結局のところバスも同じ道路を利用することになるので渋滞に巻き込まれると動けなくなる点は同じである。実際の所要時間は、台数と交通容量の単なる割り算ではなくいくつかの推計を行なわなければならないが、北村氏が記録しているように、通常であれば二〇分ほどの道を五時間ほどかかったことは当然である。

前述の体験談を定量的に整理してみる。避難の観点から考えると、時間あたり最大に自動車交通を流すにはいかなる条件が必要かという問題になる。交通流を定量的に取り扱うにはいくつか方法があるが、全体を流体のようにみなした取扱いが多く行なわれている。一般に運転者が自分の期待する速度で自由に走れない状況が「渋滞」と呼ばれるが、工学的な整理の一つはＱ—Ｖ曲線と呼ばれる関係で、Ｑを時間当たり交通量（台／時）すなわち単位時間にその区間を通過できる台数、Ｖを走行速度（km／時）とするとき、実際の交通流を測定すると図３—８のように特徴的なパターンが観察される。曲線の形状自体には数理的根拠はないが、直線や二次曲線で近似して取り扱われる。

図３―８　Ｑ―Ｖ曲線

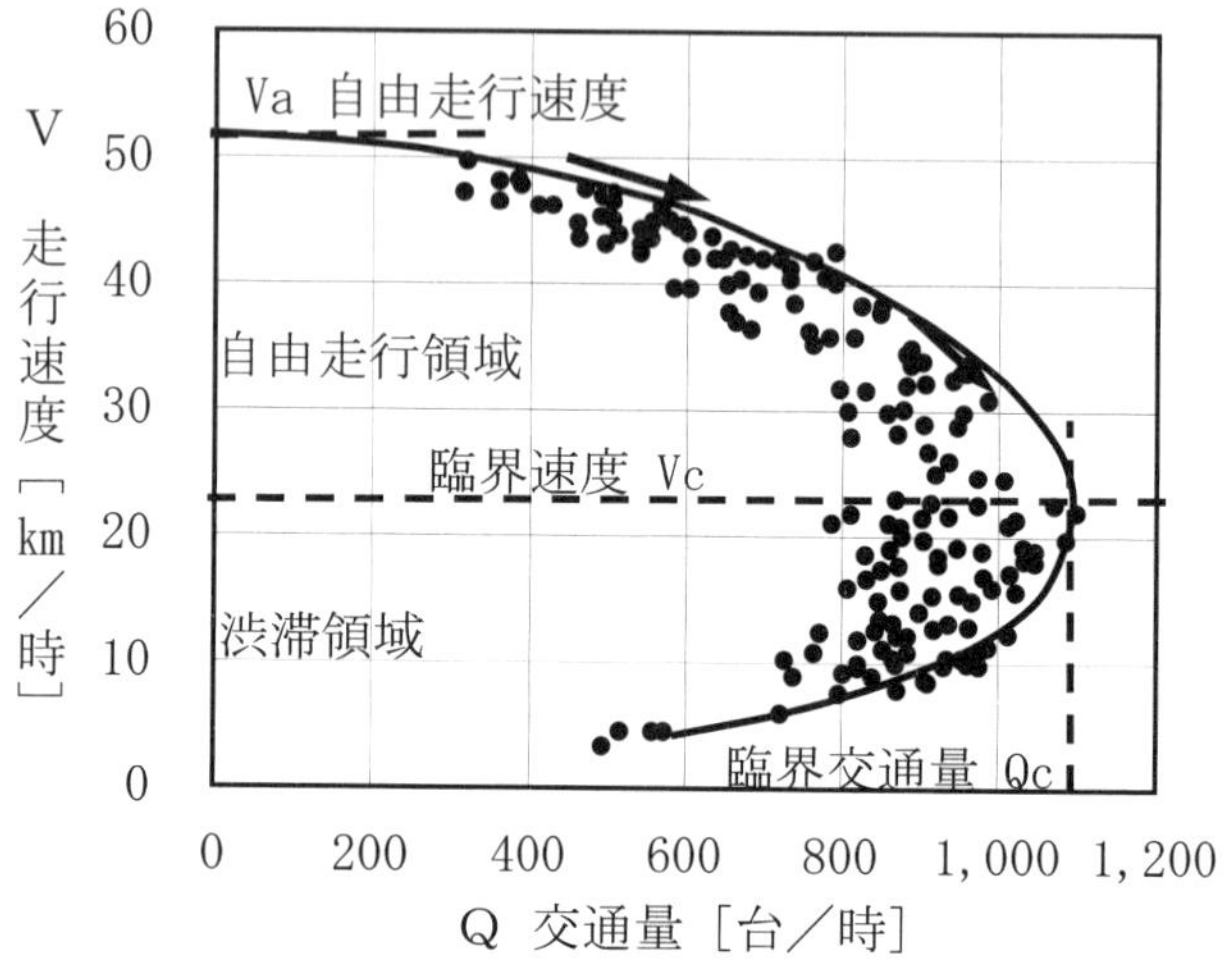

図３―８は一般道（高速道路ではない）で実測された例である。もし道路に自動車が走行していなければ運転者は自由に（信号や制限速度は守るとして）走行できる。これが自由走行速度Vaであり、この例ではおよそ五三km／時と読みとることができる。そこから矢印のように次第に走行台数が増加してくると前方の自動車との干渉により次第に走行速度が低下し、やがて変曲点が生ずる。この点が臨界交通量Qcであり、その速度が臨界走行速度Vcである。この例ではおよそ二二km／時である。ここまでが「自由走行領域」と呼ばれる。

さらにそれから自動車が増加すると急速に走行速度と交通量は低下し「渋滞領域」に入る。この領域に入ると曲線が左

図３―９　K―V曲線

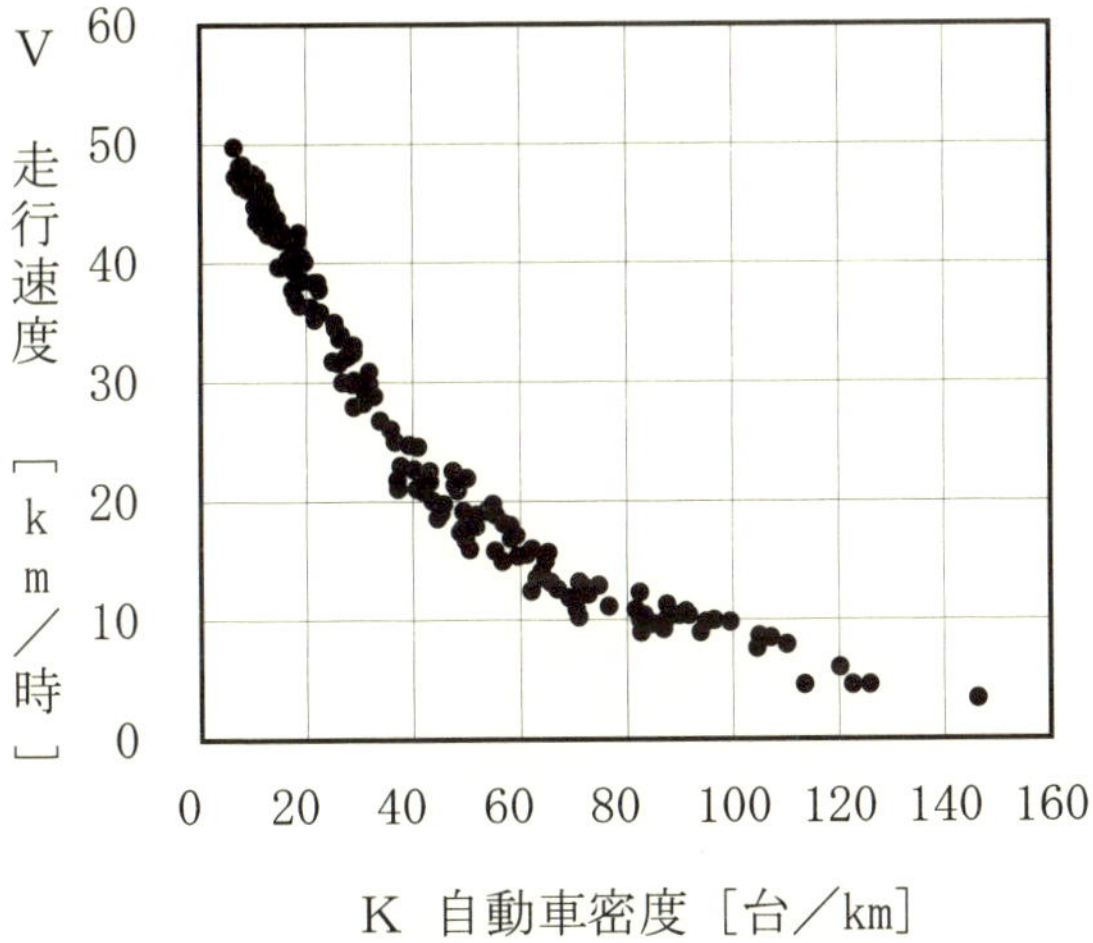

下方に折り返し、一見自動車の台数が減るように思われるかもしれないが、そうではない。「道路の一定距離あたり自動車が何台入っているか」という意味の「自動車密度」K（台／km）で表現するとK＝Q×Vの関係がある。図３―８を描きなおすと、図３―９のK―V曲線のように、走行速度Vが低下しつつ自動車密度Kはさらに増え続ける。K＝一五〇ならば、一kmあたり一五〇台すなわち平均六～七m間隔で自動車が並ぶ状態である。これは車頭の間隔であるから、車体の長さが四～五mを占めることを考えると、ほとんど車間距離なく自動車が一杯に道に詰まった状態となる。県道三六号線は二車線（上下一車線ずつ）で幅員に余裕はなく山道なので曲折・勾配も多い。この

区間の一車線（片方向）あたり交通容量を推計した結果が、前述のように、一時間あたり約九〇〇台である。

避難は困難――伊方原発を例に

二〇一二年一〇月、原子力規制委員会の田中俊一委員長は「緊急時防護措置準備区域（UPZ）」を設定すべき範囲について、一週間で一〇〇ミリシーベルトの被曝に抑える基準に基づき、原発から半径三〇km圏との見解を示した。一方で同日に規制委員会が発表したシミュレーション(注30)では、柏崎刈羽（新潟県）・浜岡（静岡県）・大飯（福井県）・福島第二（福島県）の四カ所では同被曝基準でも計画区域が三〇km圏を超える箇所があることも判明し、当該自治体には混乱が広がった。なお同試算では、基本的な前提条件に多数の誤りが指摘されたため同年一二月に「総点検版」とされる修正資料が公表されている(注31)。一週間で一〇〇ミリシーベルトの被曝が許容しうるか、また風速・風向の出現確率の選定が不適切であったり、シミュレーションそのものが地形を考慮しない簡易方式で現実に適合しないなど問題が指摘されている(注32)。それらは別の議論に譲るが、仮に「少なくとも半径三〇km」と解釈すると、現実の道路交通状況において住民の避難が可能だろうか。

再稼動の可能性が高いとされる愛媛県伊方原発を事例に試算してみる。伊方町は愛媛県西部の

図３―10 伊形原発の周辺状況

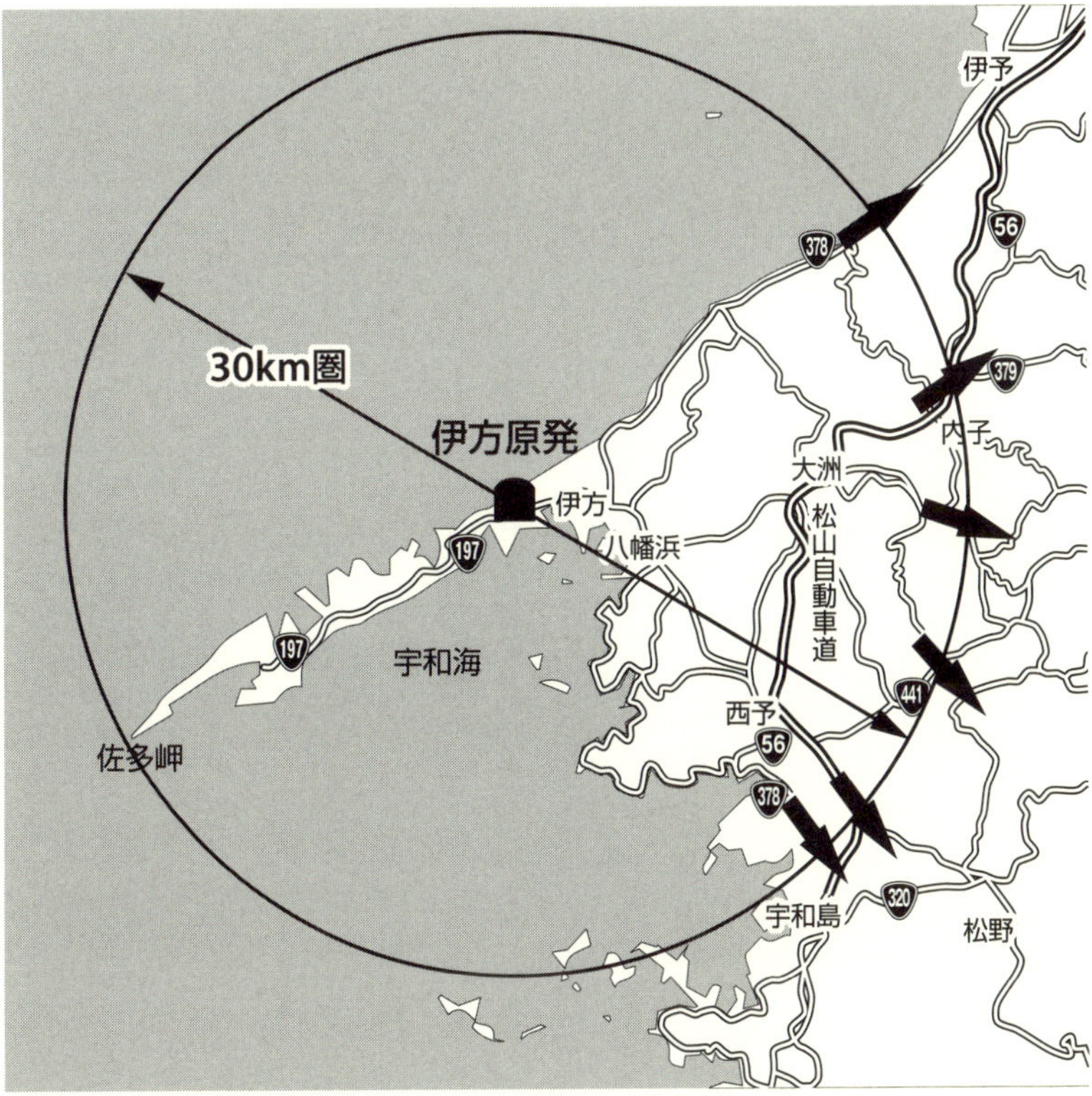

南西に細長く延びる佐多岬半島の大半を占めており、図3―10に示すように伊方原発はその根本から五分の一あたりの位置にある。ここより西側の佐多岬の先端側はすべて三〇㎞圏にかかるが、かりに伊方原発で緊急時避難に該当する事故が起きた場合、まず原発よりも西側（半島の先端側）に住む人々は逃げ場がない。漁船で大分県に非難するとの提案もあるが非現実的である。関連する自治体としては、伊方町はもとより東側（愛媛県本土側）では、八幡浜市・大洲市・西予市・宇和島市の一部・伊予市の一部が三〇㎞圏にかかり、この中にはＤＩＤ（人工集中地区）も存在する。

宇和島市と伊予市のＤＩＤは辛うじて三〇㎞圏から外れているものの、平常どおりの生活が維持できるとはかぎらない。周産期の女性や特別な医療処置が必要な人々は施設が整っている県庁所在地の松山その他の大都市へ、場合によっては高知県、香川県の各都市への避難が必要となる場合もあるだろう。想定されている原発事故は強い地震や大津波に起因して起きる可能性が高いのであるから、周辺の地域でも都市インフラに被害が発生し、自己自治体の住民の救援だけでも難渋する状況となって、他自治体からの避難受入れや救援には大きな制約が伴う可能性もある。

三〇㎞圏の合計人口は約一四万九〇〇〇人、自動車保有台数（特殊車両・二輪車を除く）は約九万六九〇〇台となる。一方、この四市町から隣接市町へ脱出する経路は限られている。原子力緊急事態が地震動に起因する場合、道路にも何らかの損傷が生じる可能性があり、いずれの経路が不通になるかは想定しにくいが、一般道路は通行可能として検討する。林道の類は除外するとして多数の自動車が走行しうる国道・県道レベルで考えると、国道三七八号（大洲市から伊予市へ）、国道五六号（大洲市から内子町へ）、国道一九七号（西予市から鬼北町へ）、国道五六号（西予市から宇和島市へ）、国道三七八号（同前）、県道宇和三間線（同前）である。

これらの道路で推定される臨界交通量を合計すると、約五七〇〇台／時である。四市町の自動車保有台数の半数が一斉に動き出したと仮定すると、四万八〇〇〇台の自動車が前述の六カ所の出口に向かって集中することになり、富岡町の事例と同様に、全員が避難するにはきわめて長時間を要するであろう。たちまち道路が詰まり住民の迅速な避難は困難である。それでは今から、現状の何倍もの避難道路を建設すべきであろうか。これも非現実的である。要するに原発を稼動しておいて避難を考えること自体が論理の破綻ではないか。

避難者が個別に自動車を使わずに自治体が用意するバスを最大限利用することも考えられるが、この地域で登録されているバスは、マイクロバス等を入れても約四〇〇台である。避難者総数の一割程度しか一度に乗せることができないし、バス利用は自力で動けない災害弱者を優先するとすれば、移動は個別の自動車にも依存せざるをえない。要するに三〇㎞圏の迅速な避難などそもそも机上の空論である。原子力防災計画は、どのようなレベルでも原発事故が起きれば必ずしも全住民が半径三〇㎞圏から避難するという意味ではないものの、福島第一原発事故による被害を経験した後では、各自治体としては少なくとも三〇㎞圏の避難を念頭に置かざるをえないであろう。また同一自治体の一部だけが半径三〇㎞圏にかかっているような場合であっても、そこから少しでも外側にあれば避難しなくてもかまわないという性質の問題ではなく、ある地区単位の一部でも三〇km圏にかかればその地区全体に対して避難指示・命令を出さざるをえないと考えられる。また一次避難する場所も、三〇km圏より少しでも外にあればよいとも考えられない。

また別の検討として、柏崎刈羽原発を対象として、柏崎市の避難計画をもとにマイクロシミュレーションを用いた高山純一氏らによる報告例(注33)がある。マイクロシミュレーションとは、コンピュータ上の道路に多数の仮想的な自動車を走行させて、あたかも個々の車両に運転者が乗って信号や車間距離に従って動くように計算を進めるシミュレーションである。この報告では、自治体が派遣するバスに乗らずに自家用車で避難する住民も考慮すると、原発から一〇km圏に限定しても対象住民の避難には相当な時間を要するとしている。この試算は二〇一二年一〇月に緊急時防護措置準備区域（ＵＰＺ）が三〇kmと示される前の試算であるが、もし三〇kmを採用すれば限られた時間での住民の避難はさらに困難と考えられるであろう。

首都圏焦土化の現実性

福島原発事故の原因や今後の対策を検討する多くの調査・研究が行なわれている。特に二〇一二年三月から七月にかけて、主な四つの調査組織による報告が公開された。それらは公開順に①福島原発事故独立検証委員会［民間］(注34)、②福島原子力事故調査委員会［東電］(注35)、③東京電力福島原子力発電所事故調査委員会［国会］[注36]、④東京電力福島原子力発電所における事故調査・検証委員会［政府］[注37]である。なお各々の正式名称は長いので以下の文中では［］の略称を用いる。再稼動の議論がなされている中でこれらの報告書はどのように活用されているのだろうか。

福島事故では、平穏な暮らしを営んでいた原発周辺の住民が突然避難の指示を受け、仕事も生活も捨てて避難所を転々としたあげく、いまだに復興の見通しが立っていない。しかしこれでもまだ最悪事態ではない。事故の進展によっては、発生源から半径二〇〇km以上にもわたって人が住めなくなるケースも想定された。そのような事態が発生したら、「強靱化」によっていかに立派なインフラを作ろうと何の意味もない。

福島の現場では、現時点でも高線量のため格納容器・圧力容器の実物調査は不可能であり、事実解明はなされていないが、「関係者の全面撤退」「大規模余震による応急冷却手段の崩壊」「偶発的再臨界」など、さらなる大被害が現実に起こりえた。この経緯について［民間］報告書では近藤俊介氏らが主体となって作成した「福島第一原子力発電所の不測事態シナリオの素描」[注38]を収録している。これは建屋の連続爆発から二週間ほど経過した三月二五日の段階で、さらなる最悪事態を想定したシナリオである。三月一四日から一五日にかけて二号機の状況が悪化し、現場の吉田昌郎所長（当時）から燃料溶融の可能性が伝えられ、また四号機の使用済み燃料プールの状態が深刻になるなどの状況で、菅首相から「最悪シナリオ」について作成することが提言された。

久木田委員長代理（当時）は、格納容器の減圧操作ができなくなって瞬間的破壊が生じると、溶融燃料も交えた内容物が激しく突出し建屋まで一緒に壊してしまうことを懸念したという。また枝野官房長官（当時）は、第一発電所が制御不能になって関係者が留まっていられない状況になれば、続いて第二発電所も制御不能となり、さらに東海第二発電所にも事態が波及するという連鎖が発生し、東京にも深刻な影響が発生する事態を想定していたという。

このため官邸では、住民避難指示を出すにあたってどのくらいの距離までを対象とすべきか、すなわち避難範囲がこの時点で二〇㎞に拡大されていたが、さらに「最悪のケース」に拡大すると避難範囲をどの程度まで拡大すべきか、そのイメージを具体的に想定する必要を感じていた。実際にそのケースを策定する役割は、当時の制度からすれば原子力安全委員長（当時は斑目氏）であった。

しかし一二日の一号機の水素爆発について、当初斑目氏は「爆発しない」と説明していたにもかかわらず、当日の一五時には実際に爆発が起きたことなどから、官邸では急速に斑目氏に対する不信感が強まっているところであった。そこで実際の「最悪シナリオ」策定の作業は近藤原子力委員長が担当した。そこで提出された資料が「福島第一原子力発電所の不測事態シナリオの素描」である。それによると、

①水素爆発の発生に伴って追加放出が発生し、それに続いて他の原子炉からの放出も続く

と予想される場合でも、事象のもたらす線量評価結果からは現在の二〇㎞という避難区域の範囲を変える必要はない。

②しかし、続いて四号機プールにおける燃料破壊に続くコアコンクリート相互作用（溶融した高温の燃料が建屋や基礎のコンクリートに触れ、水素などの可燃性ガスが発生する現象）が発生して放射性物質の放出が始まると予想されるので、その外側の区域に屋内退避を求めるのは適切ではない。少なくとも、その発生が本格化する一四日後までに、七日間の線量から判断して屋内退避区域とされることになる五〇㎞の範囲では、速やかに避難が行われるべきである。

③その外側の七〇㎞までの範囲ではとりあえず屋内退避を求めることになるが、一一〇㎞までの範囲においては、ある範囲では土壌汚染レベルが高いため、移転を求めるべき地域が生じる。また、年間線量が自然放射線レベルを大幅に超えることを理由にした移転希望の受け入れは二〇〇㎞圏が対象となる。

④続いて、他の号機のプールにおいても燃料破壊に続いてコアコンクリート相互作用が発生して大量の放射性物質の放出が始まる。この結果、強制移転を求めるべき地域が一七〇㎞以遠にも生じる可能性や、年間線量が自然放射線レベルを大幅に超えることを理由にした移転措置の認定範囲は二五〇㎞以遠にも発生する可能性がある。

⑤これらの範囲は、時間の経過とともに小さくなるが、自然減衰にのみ任せておくならば、

半経一七〇㎞、二五〇㎞という地点が自然放射線レベルに戻るまでには数十年を要する。

　報告された「素描」では四号機および他の号機の使用済み燃料プールの冷却ができなくなって燃料の溶融が起こり、それが床に落下してコンクリートとの反応を次々と起こした状態を「最悪シナリオ」とみなしている。その想定する経緯は次のとおりである。

①一～六号機の原子炉、使用済み燃料プールを対象に、水蒸気爆発、水素爆発、加圧破損等を考慮。プールでは冷却機能喪失後のコンクリート反応を考慮
②事象連鎖の防止策と効果を検討し、最終的には、新たな事象の発生に伴い、発電所内の放射線環境が作業員の滞在が困難な状況まで悪化して、作業員が退避し、事象が順次付随して発生、進展していくシナリオを想定
③事象シーケンスとして、水素爆発、格納容器加圧破損およびプールの冷却手段の停止を想定して、各事故シーケンスによる被曝線量をレベル3PSAコードで解析
④被曝線量のプラントからの距離依存性を算出し、指標となる線量（屋内退避一〇mSv、避難五〇mSv等）を超える領域を分析
⑤また、同様にセシウム一三七の地表汚染分布を算出し、指標となる汚染密度（チェルノブイリ原発事故の際の強制移転：一四八〇kBq《キロベクレル》／㎡、移転：五五五kBq《キロベクレル》／㎡）を超える領域を分

図3—11 収束作業ができなくなった場合の事態の進展

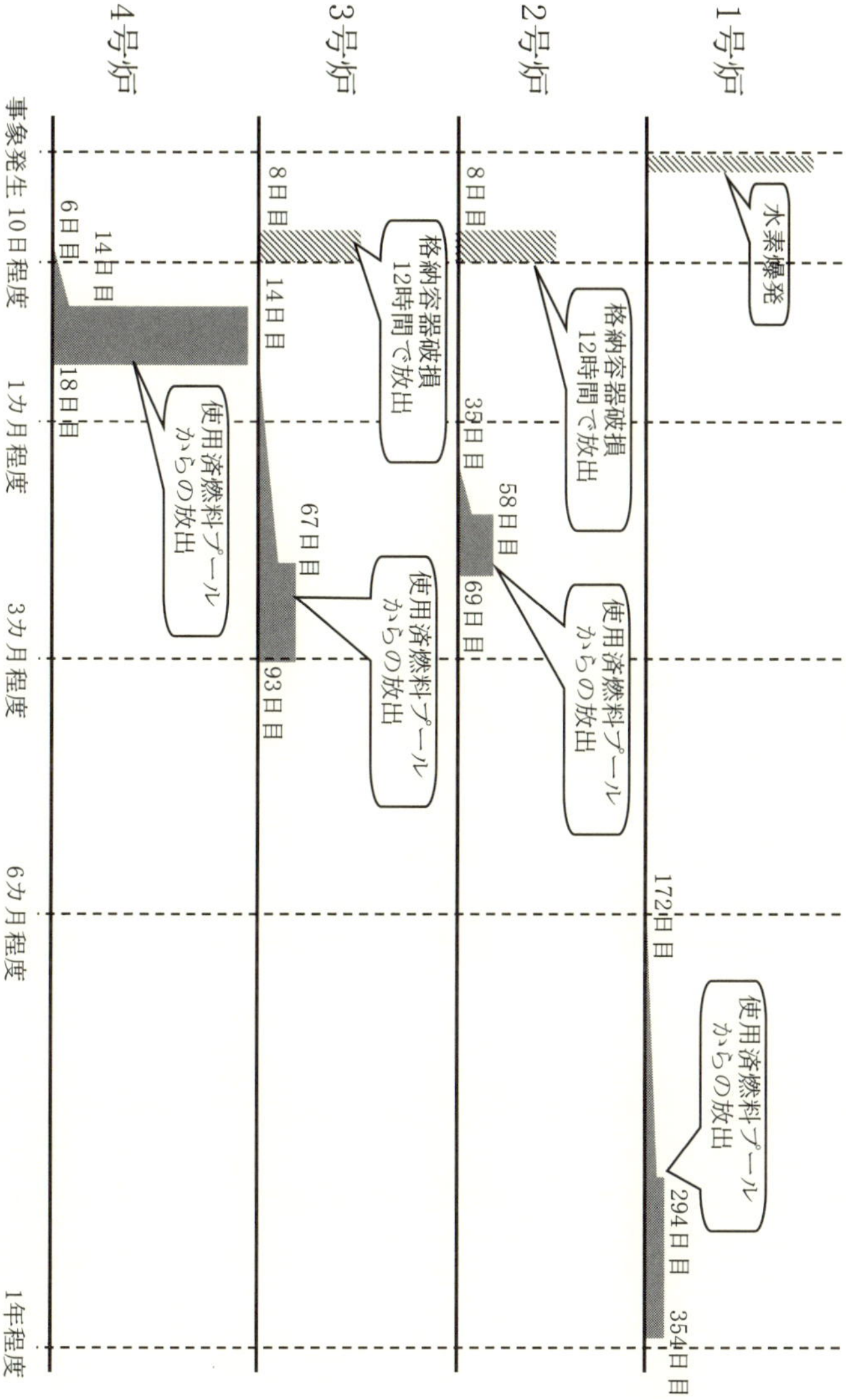

析

すなわち図3―11のように事態が進展した場合に、代表核種としてセシウム137を仮定して発生源からの距離との関連で地表汚染濃度を推定した。そこからの被曝の程度をシミュレーションした結果、チェルノブイリの際の対応を参考にすると、住民を強制移転しなければならない地域（初期の地表汚染濃度が一四八〇kBq／㎡）が原発から一七〇㎞、移転希望を認めるべき地域（同じく五五五kBq／㎡）が二五〇㎞以遠に達する可能性があるとの結果が報告された。これが菅首相退任後に報道された「半径二五〇㎞以上・首都圏三〇〇〇万人が総退避」の内容である。

事故発生後、圧力容器と格納容器の破壊が主な危険要素として注目されていたが、検討によって使用済み燃料プールのリスクが大きいことが認識された。当時はまだ強い余震が続いていた時期である。菅首相は退任後「今回の危機では、使用済み燃料プールがもっとも怖かった。最終処分地のないことがその背景にある」と述べている。(注39)

また二〇一三年三月二六日に開かれた福島第一原発事故に関する日米協議では、日本側は同原発に使用済み燃料が約一万本以上あると指摘し、破損した燃料棒の調査、破損していない燃料棒を取り出す方法の確立、キャスク（移送用の容器）を使い燃料棒を搬出する手段について米側の助言を求めたという。(注40)

燃料プールの問題は本書執筆時点（二〇一三年六月）においてもまだ解決されていないリスクで

ある。この点を考慮すれば、各地の原子力発電所において追加的に耐震・津波対策を講じたからといって、それらを再稼動することがいかに非現実的であるかは明確であろう。二〇一三年三月一八日には事故処理作業中の福島第一原発において、電気系統の故障により燃料プールの冷却が停止するトラブルがあった。同二〇日には復旧するとともに消防車の代替注水も準備していたというが、事故から二年経ってもまだ「消防車」では恒久的な対策とは言いがたい。

「強靭化法案」の要綱にあるように、公共の福祉の確保、国民生活の向上、国民経済の健全な発展に資することが目的であれば、原発の廃炉と使用済み燃料の安全な保管こそが最も確実な「強靭化」である。

一九七四年に米国で「ラスムッセン報告」が公表され、原子力における大規模事故の確率がいかに小さいかを示すために「ヤンキースタジアムに隕石が落ちるのを心配するようなもの」との比喩が用いられた。しかし二〇一三年二月一五日にロシア中部のチェリャビンスク州に隕石が落下し広範囲に公衆被害を生じたことが報道された。(注41) 同地域には原子力発電所もあるという。リスク評価では、事象そのものの発生確率だけでなく、その事象が発生した場合に回復不能な公衆被害がどれだけ生じるかも考慮すべきことを示唆する事象である。

注

1　「内閣官房参与　藤井聡京大教授が断言「首都直下型地震」は八年以内に一〇〇%起きる！」」『週刊文集』

二〇一三年二月七日号、一四八頁。

2　『産経ニュース』Ｗｅｂ版、二〇一二年一二月一〇日。
http://sankei.jp.msn.com/life/news/121210/trd12121021090010-n1.htm

3　豊田正和「日本のエネルギー政策の現状と課題」『エネルギー・資源』三四巻二号、二〇一三年、一頁。

4　大量のエネルギーを投入すれば、空気、水、そのほか日本国内で入手可能な天然資源から工業材料や生活物資を合成する方法はある。しかしその効率は極めて低く、現代文明の水準を維持するには非現実的に大量のエネルギーを必要とする。ただし金属元素の合成はいずれにしても不可能であり、金属を使用しない現代文明は考えにくいであろう。

5　藤井聡「原発が止まる「地獄」こそ直視を」
http://www.iza.ne.jp/news/newsarticle/column/opinion/580953/

6　藤沢数希『「反原発」の不都合な真実』新潮新書、二〇一二年、四〇頁。

7　国立環境研究所「産業連関表による環境負荷データベース３ＥＩＤ」
http://www.cger.nies.go.jp/publications/report/d031/jpn/datafile/index.htm

8　厚生労働省『人口動態調査』各年版
http://www.e-stat.go.jp/SG1/estat/NewList.do?tid=000001028897

9　兒山真也・岸本充生「日本における自動車交通の外部費用の概算」『運輸政策研究』第四巻二号、一九頁。

10　原子力規制委員会は二〇一三年六月一九日に関係法令等の改定案を発表している。
http://www.nsr.go.jp/committee/kisei/20130619.html

11　http://www.rieti.go.jp/users/kainou-kazunari/energy/index.html

12　日本エネルギー経済研究所『エネルギー・経済統計要覧』各年版より筆者作成。

13　第一二回原子力発電・核燃料サイクル技術等検討小委員会「使用済燃料の返送リスクについて」二〇一二年四月一九日。
http://www.aec.go.jp/jicst/NC/tyoki/hatukaku/siryo/siryo12/index.htm

14　東京電力に関する経営・財務調査委員会報告資料、二〇一一年一〇月三日、八八頁〜。

15　大島堅一・除本理史『原発事故の被害と補償』大月書店、二〇一二年二月、七四頁。

16　上岡直見・岡將雄『脱原発の市民戦略』緑風出版、二〇一二年三月、一八四頁。
17　内閣府 原子力政策担当室「原子力発電所の事故リスクコスト試算の考え方」原子力委員会・原子力発電・核燃料サイクル技術等検討小委員会（第二回）資料、二〇一一年一〇月一三日。
18　たとえば東北電力の資料では次のように解説されている。
http://www.tohoku-epco.co.jp/whats/news/2003/40326.htm
19　ＩＡＥＡは「国際原子力機関」で、原子力の平和的利用を促進するとともに、原子力が平和的利用から軍事的利用に転用されることを防止することを目的とする。原子力安全分野では、原子炉施設に関する安全基準をはじめとする各種の国際的な安全基準・指針の作成及び普及などの活動を行なっている。
20　環境省「除染等の措置にかかわるガイドライン」二〇一一年一二月
21　環境省「除染情報サイト」http://josen.env.go.jp/
22　農林水産省農林水産技術会議「農地土壌の放射性物質濃度分布図の作成について」
http://www.s.affrc.go.jp/docs/press/110830.htm
23　大島堅一・除本理史『原発事故の被害と補償』大月書店、二〇一二年二月、八一頁。
24　『朝日新聞』Ｗｅｂ版、二〇一三年六月二九日。
http://www.asahi.com/politics/update/0629/TKY201306280629.html
25　北村俊郎「特別寄稿　原発事故の避難体験記」福島原発事故独立検証委員会「調査・検証報告書」二〇一二年三月、二一一頁。http://rebuildjpn.org/fukushima/report
26　平成二二年度全国道路・街路交通情勢調査（道路交通センサス）。
http://www.mlit.go.jp/road/census/h22-1/index.html
27　総務省の定義では「人口密度が一平方kmあたり四〇〇〇人以上の区域が隣接し、それらの区域の人口の合計が五〇〇〇人以上であるような区域の集まり」をＤＩＤとしている。
平成二二年国勢調査人口集中地区境界図 http://www.stat.go.jp/data/chiri/gis/did.htm
28　国土交通省「東日本大震災の津波被災現況調査結果（第三次報告）～津波からの避難実態調査結果（速報）～」二〇一一年一二月二六日
http://www.mlit.go.jp/common/000186474.pdf

29 前出26
30 第七回原子力規制委員会 http://www.nsr.go.jp/committee/kisei/20121024.html
31 第一二回原子力規制委員会http://www.nsr.go.jp/committee/kisei/20121213.html
32 『東京新聞』二〇一二年一〇月二九日、環境総合研究所・青山貞一氏の指摘。
33 高山純一・中山晶一朗・藤田雅久・牛場高志「原子力発電所災害を対象とした大規模避難計画の課題と評価」土木学会第六六回年次学術講演会（平成二三年度）、二〇一一年九月、Ⅳ—四七。
34 ［民間］福島原発事故独立検証委員会「調査・検証報告書」二〇一二年三月一一日。
http://rebuildjpn.org/fukushima/report
35 ［東電］社内・福島原子力事故調査委員会及び有識者・事故調査検証委員会「福島原子力事故調査報告書」二〇一二年六月二〇日。
http://www.tepco.co.jp/cc/press/2012/1205628_1834.html
36 ［国会］東京電力福島原子力発電所事故調査委員会「国会事故調」二〇一二年七月五日。
http://warp.da.ndl.go.jp/info:ndljp/pid/3856371/naiic.go.jp/index.html
なお国会事故調は解散しており資料は国立国会図書館のサイトに移動している。
37 ［政府］東京電力福島原子力発電所における事故調査・検証委員会「最終報告書」二〇一二年七月二三日。
http://www.kantei.go.jp/jp/noda/actions/201207/23kenshou.html
38 ［民間］巻末資料。
39 ［民間］出典註・菅首相に対する二〇一一年一二月二一日。
40 ［民間］出典註・「外務省高官インタビュー」となっており実名は不詳。二〇一二年一月三〇日。
41 『読売新聞（YOMIURI ONLINE）』「猛スピードの火の玉、大きな爆発音…隕石落下」二〇一三年二月一五日　http://www.yomiuri.co.jp/world/news/20130215-OYT1T01152.htm?from=y10

第Ⅱ部　デフレ脱却はできるのか

第4章　国民は「成長」が欲しいのか

経済システムを壊す「強靭化」

前述のように法案では、強靭化政策の目的として「我が国経済社会の発展及び国民生活の安定向上」「長期間にわたって持続可能な国家機能及び日本社会の構築」を掲げている。法案では経済に関する具体的な数値目標は明示されていないが、その主な手段として政府の主導による公共投資を大きく増加させることが提唱されている。公共投資はそれ自体がGDPの増大としてカウントされるとともに、関連産業への波及効果を伴い経済活動を拡大させ、雇用や所得の増大に貢献するとされている。

強靭化論者が引用する経済モデルのシミュレーションとして次のような結果が報告されている。(注1)マクロ計量経済モデル（後述）で推計すると、二〇二〇年までの間に公共投資を毎年逓増（二〇二〇年には五八兆円）させて投入してゆくと、二〇一〇年基準で四七六兆円の名目GDPが、二〇二〇年には八七〇兆円になるとしている。また波及効果として、雇用者数が二〇一〇年に対して

図4―1 マクロ経済モデルによる名目GDPの増加予測

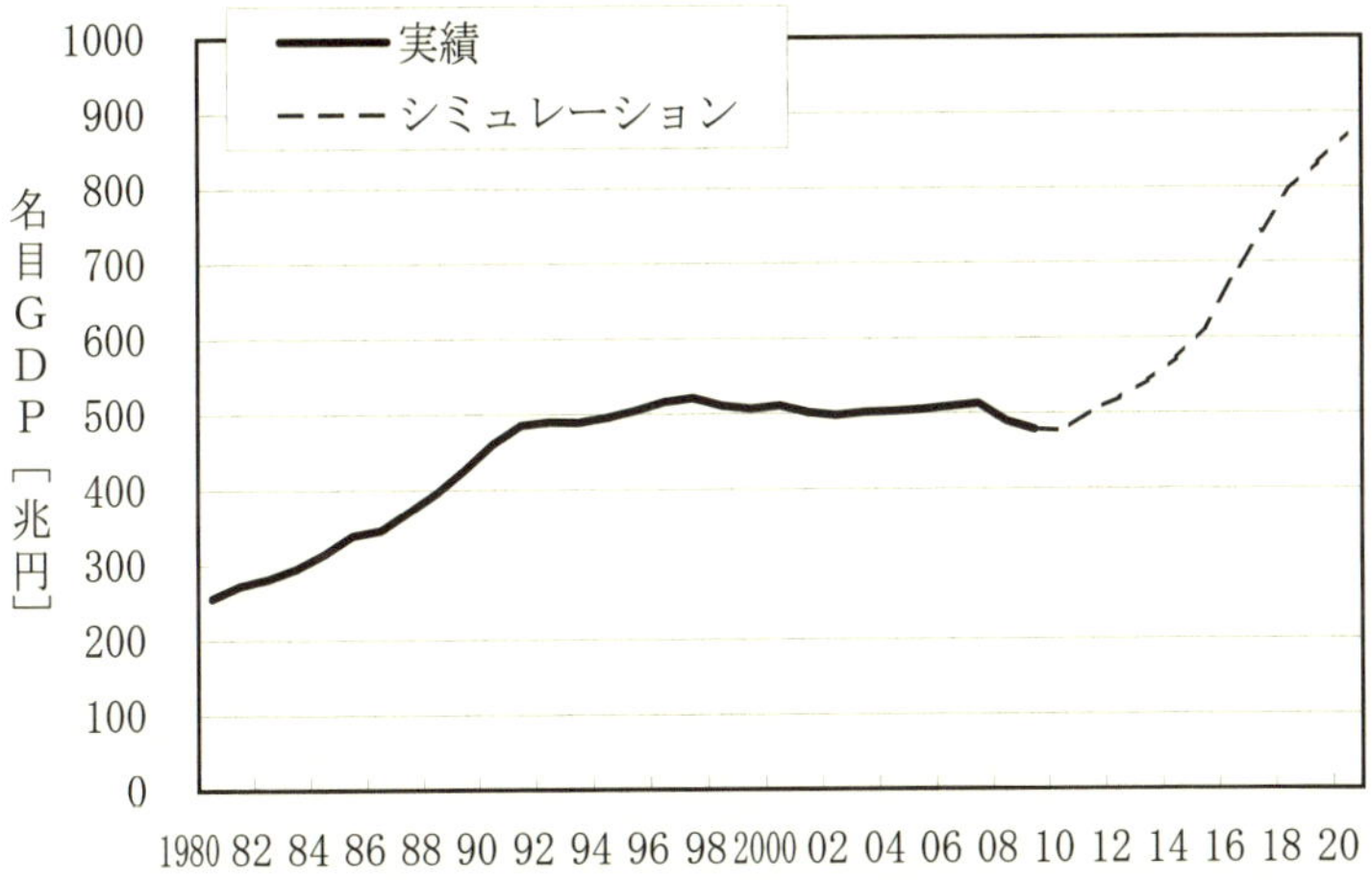

三二〇万人増加、租税収入が同じく三六兆円増加、名目GDPに対する政府純債務（政府の債務から資産を除いた分）の比率は同じく六八％改善としている。さらに経済状況の回復によって出生率が向上し総人口が同じく四三〇万人増加するとしている。

名目GDPの増加状況を図4―1に示すが、二〇二〇年以降はどうなるのであろうか。一方的な公共投資増加と急成長がいつまでも続くと考えることは非現実的である。むしろ急成長が終焉した時に、それまでが急であった分だけ失業者があふれ、九〇年代以降の不況がさらに増幅された形の社会的な危機が訪れるであろう。また計算上は雇用者数が三二〇万人増加するポテンシャルがあるといっても、雇用を妨げる多くの要因を解消しなければ現実の就労者は増えない。人口の増加に関しても、子育て環境を今より改善せずに、単にＧＤＰが増えれば出生率が上がると考えるのは不自然である。

このような永続性の乏しい「成長」によってもたらされる「仕事」とはどのような内容だろうか。安倍政権は一方で「成長戦略」の一環として、解雇規制の緩和・労働時間や派遣などの規制緩和など労働政策の変更を提示している。成熟産業から成長産業への労働力の移動を円滑にする等の側面があるとしても、全体としてさらなる労働条件の低下が懸念されている。これらが複合した結果、強靭化論者が期待する「仕事」とは人間を生産要素の一つとみなすだけで達成観や生活の質を省みず、所得の低い仕事を作り出すだけであろう。

中野剛志氏は、デフレ環境下の公共事業はフロー効果（工事や資材の発注に伴う経済効果）があればよく、ストック効果（その公共施設が長期的に発揮すべき本来の機能、すなわち道路なら走行速度向上、ダムなら洪水防止など）はなくてもよいとしている。(注2) このような議論は、技術者や技能者を単に工事の資材などと同じようにしか評価しない非人間的な議論である。働く意志と能力を持った人は誰でも、何らかの社会的貢献に関与したいと考えるものである。財政出動論者が震災前からこのような主張を繰り返していることから、「強靭化」も防災・減災に名を借りたバラマキ促進策であることが推定される。

一方で財務省は国の借金（国債・借入金・政府保証債務の現在高）が前年度末より三一兆六五〇八億円増加して九九一兆六〇一一億円となり、過去最大を更新したと発表した。(注3) これは二〇一二年度の当初予算および補正予算での財源調達のために国債を増発したためとされる。さらに景気対策として二〇一三年にも国債を増発すると、同年度末には借金が一一〇七兆円に達すると予想しており、二〇一四年四月からの消費税率引き上げを考慮しても財政収支の改善は困難であると考えられる。強靭化論者は、増税は消費を冷え込ませ景気回復の妨げになると批判してきたはずであるが、(注4)実際の政策では消費税率引き上げが実行される予定である。このように「強靭化」は、利害の異なるいくつかの政治勢力の都合の良い部分を組み合わせ、「公益」すなわち国民の利益に反したバラマキに利用されているにすぎない。本章では改めて経済システム全体の動きを整理し、「強靭化」の問題点を考える材料を提供したい。

マクロ経済の考え方

二〇一二年一二月の衆議院総選挙で「デフレ脱却」を掲げた自民党が支持を集め、選挙前から円安・株高が起きている。「アベノミクス」はマスコミの造語であるにしても、政策自体は二〇一二年の衆院選になって突然出てきた議論ではない。自民党ではマニフェストを「Ｊ－ファイル」と呼んでいるが、二〇一〇年参院選版(注5)と二〇一二年衆院選版(注6)では、震災に関連した事項が加わったことを除けば基本的に大きく変わっていない。「デフレ脱却」「物価目標」「株高・円安」などさまざまな言葉が飛び交い、さらにはＴＰＰ等の貿易関連の政策も国のマクロ経済に影響をおよぼす。このような中でそれぞれの立場の個人や企業が自己に都合のよい解釈をしているだけでは、具体的に国民にどのような得失があるのかわからない。経済政策を評価する際には、局部的な効果を金科玉条のように強調するのではなく、マクロ経済全体がどのような構造であるのかを捉えて議論する必要がある。最初に、いくつかの個別の関係についてみれば、一般に次の表4―1のような関連がある。

表4―1　マクロ経済の個別の関係

ブロック	影響を与える要因	考えられる動き
国際的な経済	世界の景気 原油などエネルギー価格 為替レート	日本はエネルギーの大半を海外に依存しているため国際情勢に影響される。突発的な紛争などもありうる。 為替レートは経常収支や国内の金利政策で影響されるが、相手国の通貨政策にも影響される。
金融政策	金利の変更 マネー（正確な意味は後述）供給量の調節	国内政策によって変化しうる。金利を上げれば（下げれば）企業の投資を抑制（促進）する。 マネーの流通を増やせば（減らせば）投資や消費が促進（抑制）される。 同じくマネーの流通を増やせば（減らせば）物価が上昇（下落）する。
財政政策	公共投資の増減 社会保障の増減 増税・減税 補助金	国内政策によって変化しうる。公共投資を増やせば（減らせば）生産を促進（抑制）する。 増税（減税）すれば消費を抑制（促進）する。なお補助金も同様の傾向がある。 政府の財政により影響される。

賃金・物価	賃金 物価 消費	賃金レベルを上げれば（下げれば）消費が促進（抑制）される。 一方、企業にとっては物価が上がれば（下がれば）利益が増加（減少）する。これは賃金にも影響するが、賃金レベルを上げれば企業の利益が低下するので賃金レベルの上昇には制約がある。
人口・労働力	人口 年齢構成（人口動態） 地域間の人口移動	人口動態が変化すれば、労働力の供給・消費の量や分野が影響される。 社会保障費にも影響がある。
生産・雇用	いわゆる生産の三要素 資本（設備投資） 労働力 エネルギー	設備投資には資金調達が必要。金利に関係する。生産能力よりも需要が下回れば稼働率が低下する。 労働力は人口動態に影響される。 エネルギー価格も生産に影響する。
所得	個人所得 企業所得	生産によって産み出された付加価値のなかから個人（被雇用者）と企業収益に配分される。 個人所得は消費・貯蓄・投資などにも転換する。

ここで列挙した要素は、影響の強弱や直接・間接のちがいはあるが、ほぼすべてが連動している。他の要素に影響を与えずに特定のセクターだけが都合よく行動することはできない。また、すぐに反応する要素と「時間遅れ（タイムラグ）」をもって反応する要素があることも重要なポイントである。たとえば物価が上昇してもその割合以上に賃金が上昇しなければ人々の暮らしは改善しない。多くのマクロ経済では「雇用」「賃金」といった大枠で論じられるが、その中での分

布や格差については必ずしも捉えられない。さらに国内政策によって変化させうる要素（「政策変数」等と呼ばれる）なのか、そうでないのかの区別にも注目する必要がある。たとえば税制は、経済システムの外部から独立に変更することは手続きとしては可能であるが、結果として経済に影響を及ぼす。たとえば増税で可処分所得が減少すれば人々は消費を抑制するのは当然であり、その数量を政策（法律や命令）によって指定することは（独裁政権でもないかぎりは）できない。金利や政府支出（公共事業など）も政策によって変えることができる。また直接ではないが出生率・人口動態なども、一見すると経済現象ではないようにも思われるが中長期的には経済政策によって影響される。

「ＧＤＰ」の中身

これらの数量のうち一定の定義に従って集計した数値がＧＤＰである。「ＧＤＰ」（国内総生産）はマスコミでも頻繁に使用され、ＧＤＰの大小あるいは増減率は「景気」をあらわす代表的な指標としてよく用いられるが、改めてその内容を確かめてみる。ＧＤＰは「国民経済計算」として図４―２のように定義されている。(注7)これはＳＮＡ（System of National Accounts）という国際基準によって分類された集計方法によって表示された数値である。図は概念であり帯の長さは数量に比例していない。たとえば左列の中間投入（最終製品・サービスのために投入される資源）の数量は

図４―２ＧＤＰの構成

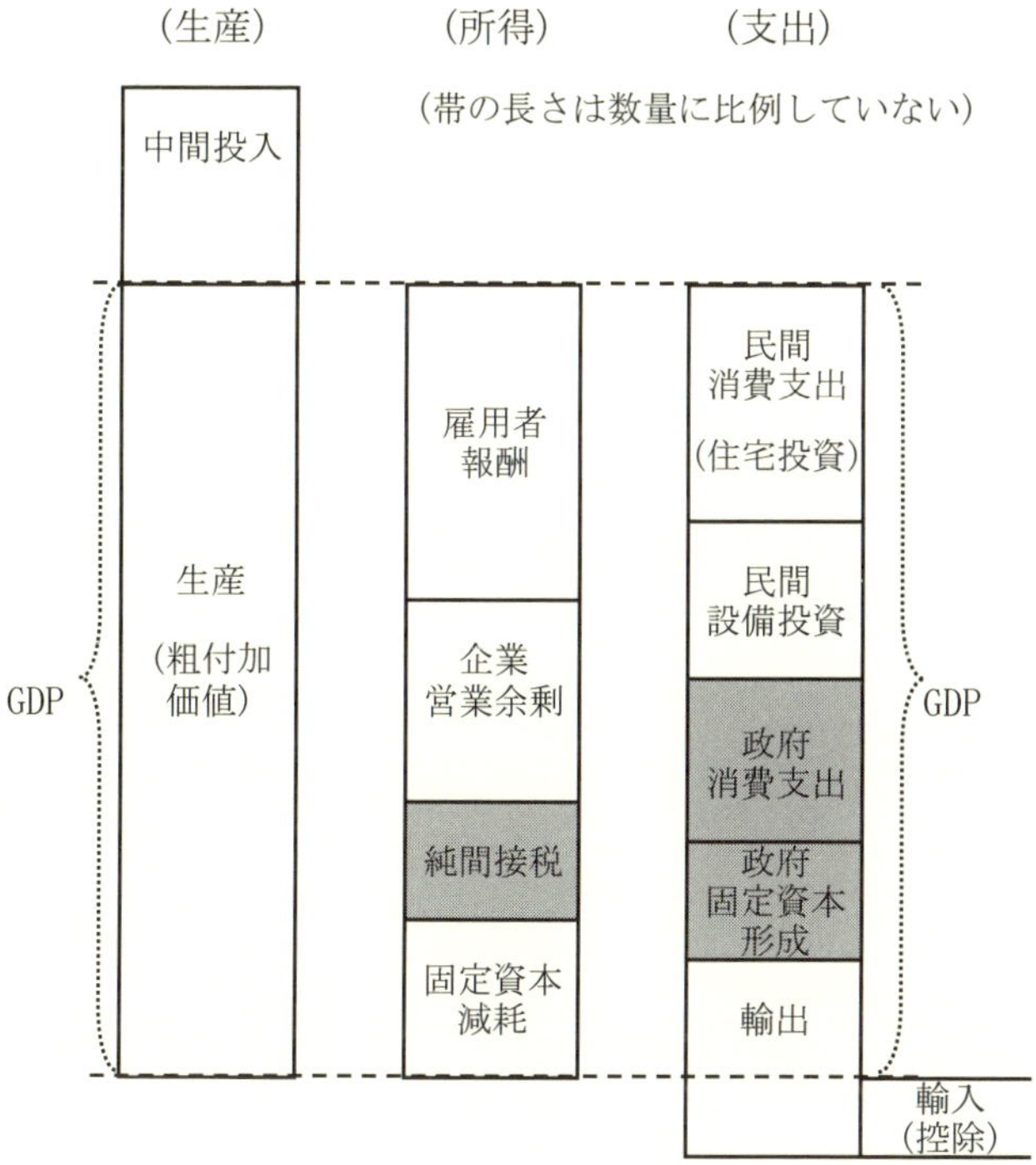
（生産）
（所得）
（支出）
（帯の長さは数量に比例していない）
中間投入
生産
（粗付加価値）
GDP
雇用者報酬
企業営業余剰
純間接税
固定資本減耗
民間消費支出
（住宅投資）
民間設備投資
政府消費支出
政府固定資本形成
輸出
輸入（控除）
GDP

祖付加価値の数量よりはるかに多いがＧＤＰには集計されないので簡略化して表示している。

この図では「生産」「所得」「支出」の三列の帯が表示されている。同じＧＤＰの数字でも、各々の経済主体の立場によって異なった解釈ができるとともに、最終的には同じ数量を表と裏からみた関係となる。給与生活者にとって、企業から受け取る賃金・手当などは収入である。しかしこれを企業の側からみれば、従業員に支払う賃金・手当などは費用である。現実の経済システムでは裏表の解釈が可能であり、ＧＤＰの数字とは、それ自体が単独の指標ではなく社会全体のお金の流れを一定の基準で集計した結果の数量である。たとえば支出の面からＧＤＰを構成する主な要素は次のようになる。なおここでいう「政府」は国と地方公共団体の双方を指す。

○民間消費支出（財貨やサービスの個人消費）
○民間設備投資（企業の設備投資）
○政府消費支出（医療保険や介護保険給付など社会給付、公的業務に必要な物品などの経費、公務員の人件費など）
○政府固定資本形成（いわゆる公共事業、インフラ・建築物・機械など）
○財貨・サービスの輸出
○財貨・サービスの輸入（ＧＤＰに対してはマイナスになる）

図中でグレーの項目は政策によって変えることが可能な項目である。その他の白の項目は三列の帯の相互作用によって動く項目であり、政策でその数量を直接に制御することは難しい。なおＧＤＰその他のマクロ経済の数量には「名目値」と「実質値」の二種類のベースがある。「名目」とは、ある時点で実際に集計された統計数値そのままである。これに対して「実質」という表示も用いられる。たとえば、ある期間にデータの上では所得が二倍になっていても、やはり同じ期間に物価（品目によってばらつきはあるが）が二倍になっていれば、人々の暮らしが向上したとはいえない。この関係をみるために、ある年（年度）を基準にして、物価上昇（下落）率を考慮した係数（デフレータという）で名目値を割ったものを実質値という。

物価で補正した実質値のほうが現実を適切にあらわすとも考えられるが、いずれが正か誤かという問題ではなく、検討の目的によって使い分けられる。年度ごとのデータを比較したり、データ同士を足したり引いたりする場合には、いずれか一方の基準に揃える必要がある。「物価」といっても、商品やサービスの品目ごとに価格の変化率が異なり、品目ごとに支出額が異なるので、重みづけをした計算結果が係数として用いられる。

いずれにしても多くの人々が「景気」に望むことは、まず図の中列にある「雇用者報酬」の増加であり、さらにそれが右列に戻って「民間消費支出」に反映され、その循環が続いてゆくことではないだろうか。そうならない限り、いくらＧＤＰの数字が増えても、また円安・株高になっても、「景気が良くなる」という実感は得られないだろう。そして、そのメカニズムが現実に働くだろうか。ＧＤＰの定義は厳密に決まっていても、ＧＤＰの増加が機械的に雇用者に恩恵をもたらすというメカニズムが存在するわけではない。

マクロ経済のメカニズム

図４―２では、三列の各要素間の相互作用はわからない。それを相関関係つきでモデル化した例が図４―３である。(注8) 矢印の始点が因果関係の原因、終点が結果である。これらの矢印は相互の要素に関連があることを示しているが、一方が増えると相手が増える場合もあれば、逆方向に作用する場合もある。三列の要素に加えて、金利や経常収支もマクロ経済に影響を与えるので要素として加えられている。一見複雑であるが、これでも現実の経済システムを極度に簡略化して表現したものでしかない。いずれにしても影響の強弱の差はあるが、すべての要素が直接・間接に連動して動いた結果がマクロ経済の姿である。

個別の説明は経済学の専門書を参照していただくとして、いくつか抜粋して説明する。本書のテーマである国土強靭化との関連では、図の右列の政府固定資本（いわゆる公共投資）を出発点として、その変化がマクロ経済にどのように波及してゆくかを示したものが破線のグレーの経路である。まず①として公共投資を政策的に増やしたとする。この数量はグレーの箱で示してあると

図4—3　マクロ経済の流れ

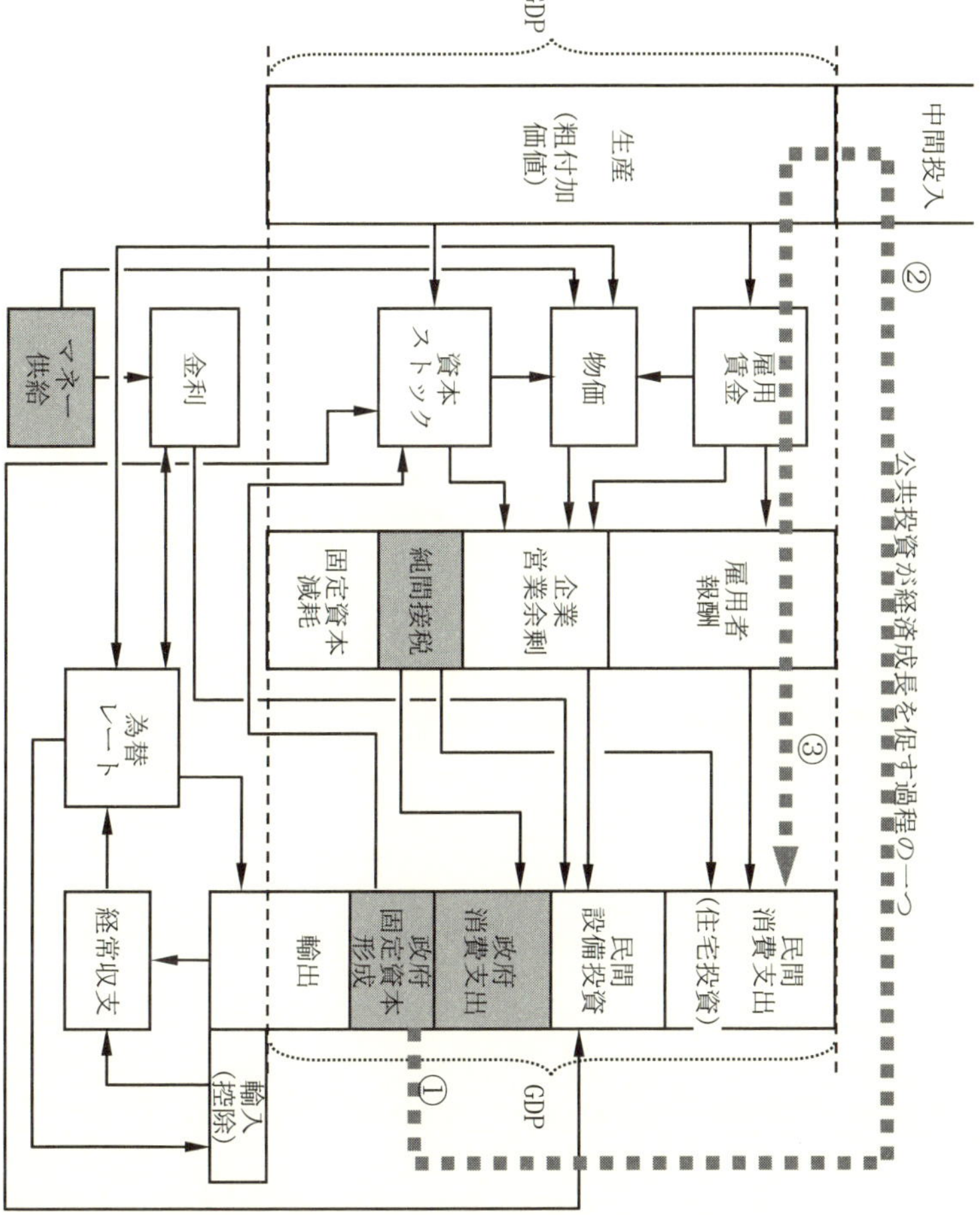

おり、前述のように政策として決めることが可能である。すると、右列の他の要素（箱）の数量が同じであっても、公共投資それ自体がＧＤＰに参入されるので右列の帯は伸びる。

続いて公共投資を事業として実施するためには②のように中間投入（公共投資でいえば鉄鋼やセメント、機械類など）が必要なので、その生産が派生的に増加する。すると左列の生産の帯も伸び、それに応じて雇用や賃金が増加し、中列の雇用者所得も増える。そうすると③のようにそれだけ民間消費支出や住宅投資に回るから、さらに右列の帯が伸びる。このようにプラスの効果が回って増幅してゆくことが「乗数効果」の側面の一つである（この言い方は厳密ではないが概略ではそのように理解できる）。ただし雇用者の中でもどの業界に配分されるのか、正規・非正規雇用者への配分はどうなるか等についてはマクロ的な検討だけでは明確にわからない。

ところで大きな疑問は「政府固定資本（公共投資）」の箱からは矢印が出てゆくばかりで入るものがないという点である。たしかに公共投資の数量は、国会・地方議会で議決すれば決められるが、財源はどこから来るのであろうか。この図でみるかぎりは「天から降ってくる」としか言いようがない。そこが「輪転機」や「国債」の話につながる。もう一つの可能性は「増税」である。図の中列にやはりグレーの税の箱がある。これを増やすことによって財源は得られるが、一方ではせっかく中列を伸ばしても増税すると国民の可処分所得が減ってしまうので、右列の民間消費支出が減少する。このように全体が連動して動いていることを認識する必要がある。

他にいくつか国民の暮らしに直接関連する項目がある。図の下部左側にあるマネーと金利のブロックに関して、マクロ経済システム全体に回るマネーの供給量が増えることによっても三列の帯は伸びる。なおあえて「マネー」と称しているのはその定義が複雑であるためだが、それは後述する。このマネーの量は金利と密接に関連しているが、いずれが「因」「果」なのかは論者によって異なる見解がある。いずれにしても資金供給あるいは金利は政策的に変更することができる。ただしそのマネーがどこへどのように行ってしまうのか政策で直接には制御できない。金利政策やマネー供給が実際の経済にどれだけ影響を及ぼすことができるかは議論が分かれる。

さらにマネー供給の量は物価にも影響を及ぼす。マネー供給の増加は物価が上昇する方向に作用する。物価が決まるメカニズムは、昔から多くの経済学者が関心を持ちさまざまな説明がなされているが、最も単純な説明は、世の中に出回る財・サービスの量を一定とすれば、そこにより多くのマネーが存在すれば財・サービスの量あたりのマネーが増加する、すなわち物価の上昇としてあらわれるという説明である。

また図の下部右下は貿易に関するブロックである。ＧＤＰでは輸入は国内の所得が海外へ流出することに相当するのでマイナス（控除）に集計される。別の言い方では自給率を高めるとＧＤＰは増加の方向に作用する。また輸出と輸入は為替レートにより影響されるが、輸出と輸入の差（在外日本企業と在邦外国企業の所得差も集計される）である経常収支も逆に為替レートに影響する。輸出が多く外貨のほうが多く溜まって円が不足すれば相対的に外貨安・円高の方向に作用する。また為替レートは輸入品の価格に影響するので、それを通じて物価に影響を与える。ただし相手国も為替レート管理を実施する場合もある。この他、国内と海外の金利差も為替レートに影響を及ぼす。

実際の「GDP」の動き

図4—4に、これまでのGDPの推移と内訳を示す。ここでは名目GDPの数値で示す。なお経済の高度成長期のスタートからバブル景気の前（九〇年代半ば）までには、名目値と実質値の比率が三倍もの開きになっているが、それ以降は一割程度である。輸入はGDPに対してマイナス、すなわち輸入した財貨やサービスの代金分だけ、国民所得が国外に流出するからマイナスに評価される。すなわち、可能なら財貨やサービスを輸入せずに自給したほうがGDPは増加する。また政府消費支出には、定義上から医療保険や介護保険などの社会保障費が計上される。したがってこれが多いほどGDPも大きくなるが、それが多いほど良い社会とはいえない。民間消費支出についても同じであって、個人が負担する医療費もその集計に算入されるため、それが多ければGDPの数字が大きくなるとしても、社会にとって、あるいは個人にとって必ずしも良い価値だけではない場合がある。

図4—4 過去のGDPの推移

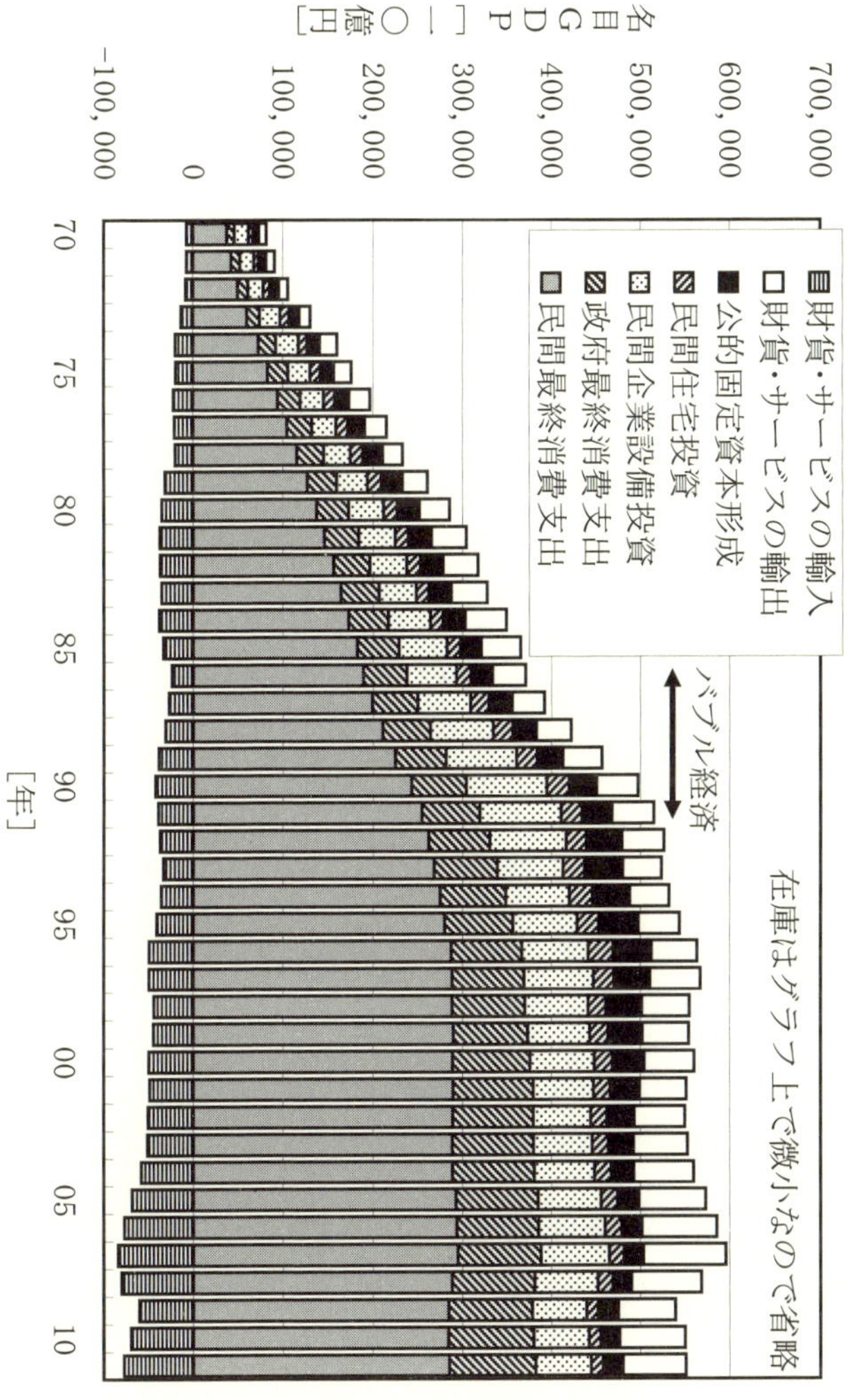

一般にGDPが多いほど、あるいはGDPの増加率が大きいほど景気は良好と認識される。図4―4に示すようにGDPの主力は民間最終消費支出である。前述のように民間最終消費支出には望ましくない支出も集計されているが、GDPは大まかな指標として経済の状態をあらわすと考えられる。民間最終消費支出の伸びが、九〇年代半ばから（デフレによる実質値に換算したとしても）伸びていないことが、GDPの伸びが小さいことの大きな要因である。一方でGDPという指標でみるかぎりは消費すればするほど経済の状態が好ましいことになり、異論があるかもしれないが、ここでは一般にいわれる景気観に沿って説明したい。

政府による固定資本形成が一般にいう「公共事業」であるが、土木構造物や建物だけではなく機械や車両もある。要するに即時的な消費にあたらない固定資産台帳に記載される物件である。これらに対する支出を増やせばたしかにGDPを増やす方向にはなるが、図からわかるようにGDP全体に占める比率としてはそれほど大きくない。具体的な数字では二〇一一年の場合、輸出が約七四兆円に対して、総資本形成は約一〇兆円である。（注9）

企業の従業員（一面では消費者）は、労働の対価として得た雇用者報酬から、まず衣食住に関する必需的な消費支出を行なうが、それ以外に貯蓄に回したり、人によっては株式や投資信託にも回して配当所得を得ることもある。一方で、一生働いても返せないほどの住宅ローンを抱えている人もいる。筆者もサラリーマン時代に体験しているが、給料やボーナスは銀行口座の振り込みになっていて、現金を手にすることはなく明細書が渡されるだけである。

そこでは驚くほど多くの税金や社会保険料がすでに控除されており、さらに期日になればこれまた住宅ローンが銀行口座から引き落とされてゆく。しかしこれらは経済システムの中では膨大な数量を占めている。こうしたお金はどこに行ってしまうのか、どこでどのように動いているのかということについては、ＧＤＰの統計だけではわからない。これについては後述の「資金の循環」で述べる。

ＧＤＰの大小だけでなく、メカニズムとして「景気」をあらわす指標で「ＧＤＰ（需給）ギャップ」という見方がある。その意味は「需要量」と「供給能力」の差である。需要量が供給能力を下回っているとき、すなわち需給ギャップがマイナスの時は景気が悪くデフレの傾向を示す。たとえば物やサービスを生産しても売れないから価格が低迷する、設備や人の稼働率が低い、したがって失業者も増えるなどの連鎖を生じる。逆に需給ギャップが縮小していく時は景気が良くインフレ傾向を示し、前記と逆の連鎖を生じる。図４―５に示すように、需給ギャップはバブル経済で最高値を示し、リーマンショックで急落を示している。

統計に掲載されるＧＤＰは現実の計数値であるが、潜在ＧＤＰは直接計測される数字ではなく推計値であり、推計方法や論者によって異なる。たとえば設備や労働力がフル稼働したと仮定したときの供給力と現実の需要のギャップを「ＧＤＰ（需給）ギャップ」と考える。図は日本銀行の推計値[注10]によるものである。またＧＤＰギャップと消費者物価はおおむね連動して動くことが過去の統計から示されている。二〇〇九年からの民主党政権の失策で経済状態が低迷したと批判す

図４―５ＧＤＰギャップの推移

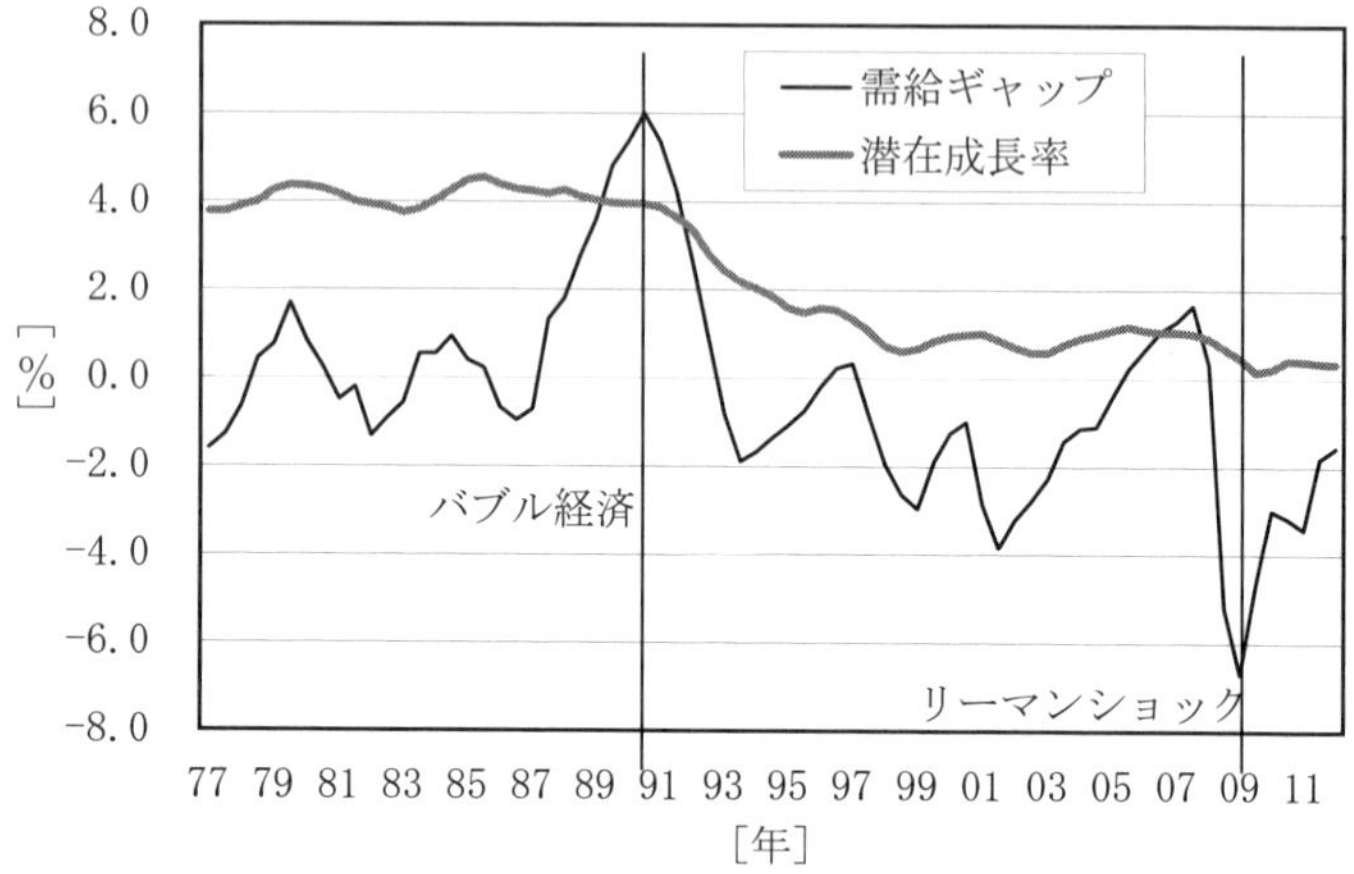

る論者があるが時期的には合致していない。九〇年代からデフレ傾向が始まっているが、最も急激な低下はリーマンショックである。

またＧＤＰ（需給）ギャップを別の見方であらわした指標が潜在成長率である。また潜在成長率は「中長期的に持続可能な経済成長率」とされる。(注11) 利用可能な資本や労働（人口動態による労働力の推移など）の投入量、その他技術進歩などを考慮して推計される。したがって潜在成長率は今後の供給能力の増加率を示唆する数値となる。九〇年代から潜在成長率の低下が始まり、リーマンショックの時点ではほとんど将来の成長余力がないと評価される水準となった。

「ＧＤＰ」を伸ばす良い方法

一般にＧＤＰが大きい、あるいは増加率が高いと「景気が良い」と認識されるが、その内容によることを考えるべきである。著名な経済学者のミルトン・フリードマンが、ある講演において高成長を生む確実な方式として「戦争して一国の固定資本の大半を破壊し、全経済構造を解体せよ。この混沌からの復興は急速で、年率八〜一〇％にはなろう」と述べ、戦後の日本・ドイツ・旧ソ連等の高成長がまさにそれにあたると指摘したという。(注12)この例は極端かもしれないが、経済成長あるいは成長率それ自体が経済政策の目標ではなく、国民の生活の質の向上とどのように関連するのかを議論することが必要である。

国土強靭化に関連して(注13)一〇年間で二五〇兆円の公共投資を行なうと、二〇一〇年で四七六兆円のＧＤＰ（名目）が、五年後には六一七兆円、一〇年後には八七四兆円になるとする宍戸俊太郎氏の試算(注14)が紹介されている。これは計量経済モデル（後述）で計算された結果であり、数値そのものは、使用されたモデル（日米・世界モデル研究所のＤＥＭＩＯＳシステムと説明されている）と条件で実施すればそのとおりの結果が再現されるであろうが、「成長」が国民に幸福をもたらすかどうかは別である。

参考として戦前の昭和期の名目ＧＤＰとデフレータ（物価の動向）の推移(注15)を図４―６に示す。昭和恐慌・世界恐慌を経て一九三一（昭和六）年の満州事変前後から名目ＧＤＰの増加傾向がみられ、一九三六（昭和一一）年の広田弘毅内閣による戦時体制の確立と、軍備大拡張のため翌年からの増税・公債発行に伴って名目ＧＤＰが急上昇を始めるとともに物価高騰も始まった。一九三八（昭和一三）年には「国家総動員法」が施行され、ガソリン等の配給制が始まった。一九四一（昭和一六）年には「金属類回収令」で家庭の調理器具から梵鐘まで供出するありさまであった。

このような状態でも公共投資、すなわち当時は軍備増強をすれば経済は「成長」するのである。むしろ「国家が需要を提供する」「何が必要（有意義）かは国家が決める」という中央集権的な需要創出のほうが名目ＧＤＰの上昇には効果的な面もある。ここが「国土強靭化」との共通性でもある。一方で当時の経済界は「国家総動員法」のような統制経済は、企業の自由な営利活動を妨げるものとして歓迎していなかったという。

このような名目ＧＤＰの上昇が国民の幸福度・満足度を増すとはかぎらない。この時期には働き盛りの男性が兵役に取られ生産部門は労働力不足に陥っていた（注16）から、失業どころか費用を要しない労働資源として勤労動員が求められるほど雇用が発生した。軍需産業にとっては好機と考えられるものの、軍部から無理な値引きを強要されて難渋したとの記録もある。いずれにしても「成長」の結末がどうなったかは説明するまでもないだろう。

所得の分配はどうか

図４―３のようなマクロ経済のモデルでは、雇用や所得を総体として捉えることはできるが、それがどのように配分されているか、別の面では「格差」の問題はわからない。九〇年代前半

図４―６ 戦前のＧＮＰと物価の推移

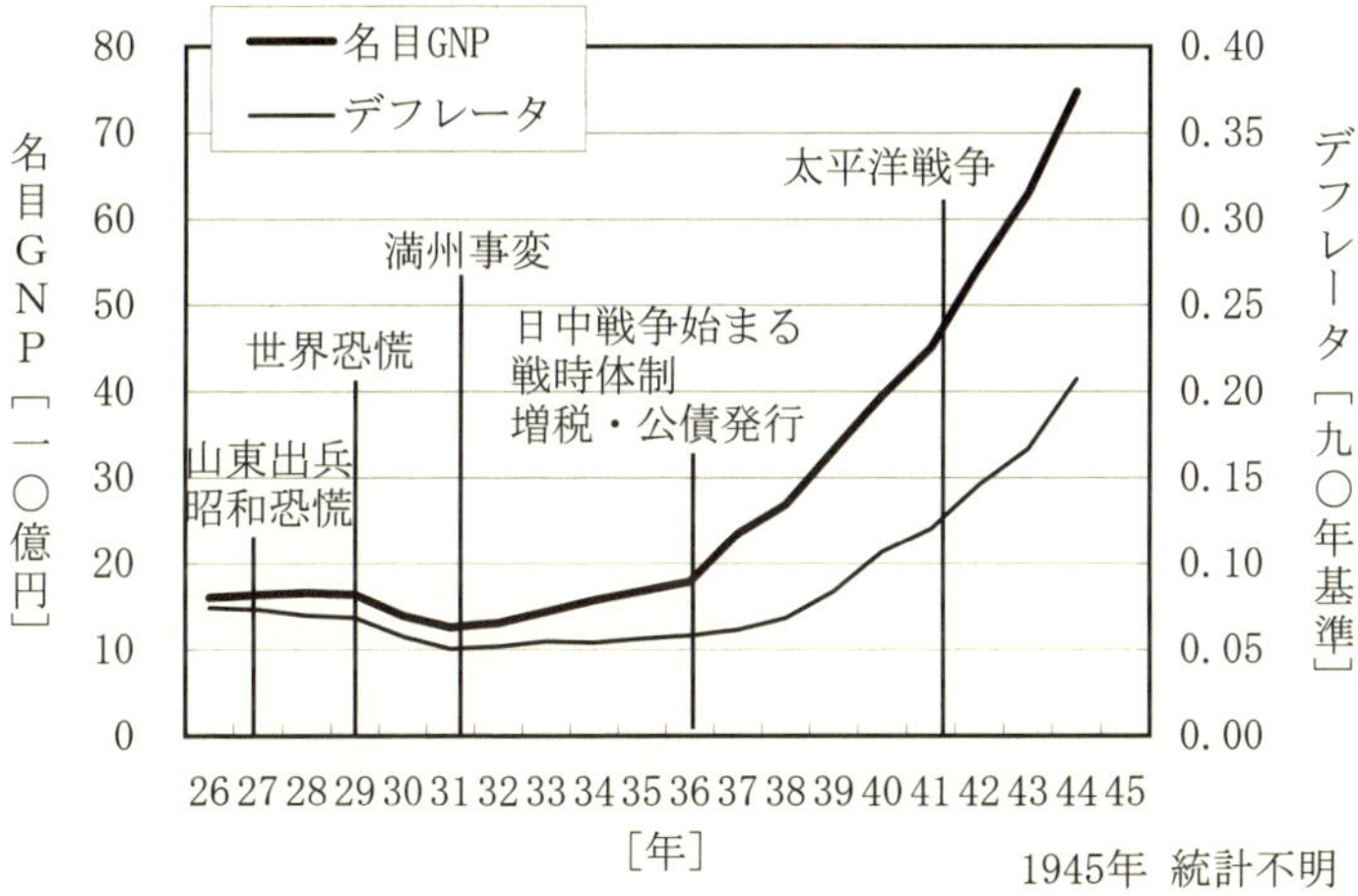

をピークとして、雇用者報酬は総量としても減少の一途をたどっている。それに対して図４―４にみられるように民間消費支出は横ばいか微減である。これは、一般に民間最終消費支出は生活に必需的な財・サービスが多くを占めるために容易に減らすことができないためと考えられる。双方を合わせて考えれば、人々の暮らしから次第に余裕が失われていることが示されている。

最近の報道によると、二〇一三年の春闘に向けて経団連が「経営労働政策委員会報告」において企業側の対応の指針をまとめた。それによると「ベースアップ」については全く考慮の余地なしとして否定するとともに、従来は慣行として実施されてきた「定期昇給（年齢などによる自動的な加算）」も見直すとの方針を示している。さらに、組合側の要求ガイドライ

図4—7 所得階層の分布

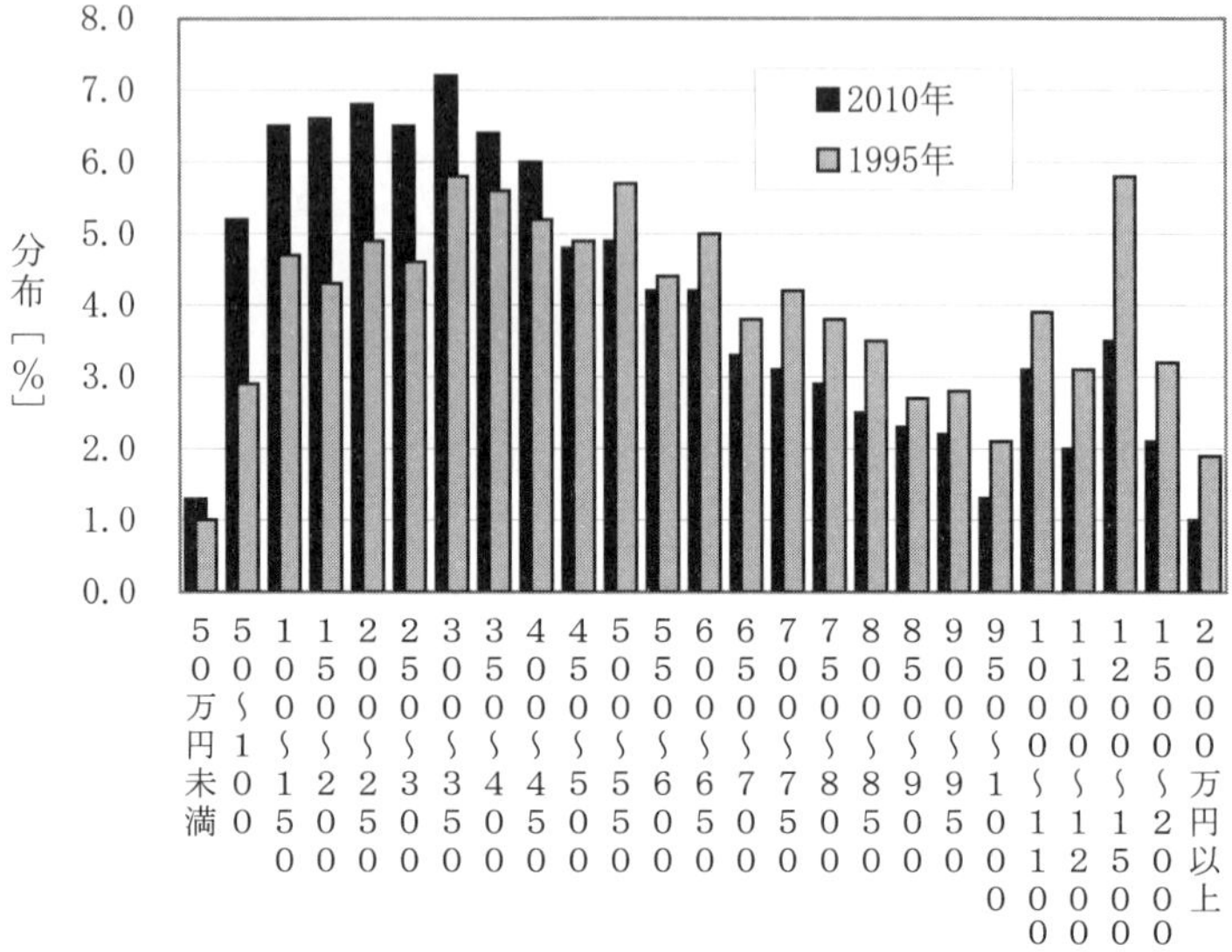

ンとして参照される機会の多い有力組合（全トヨタ労働組合連合会）では、二〇一三年で四年連続してベア要求を見送る方針を決めている。大企業の正規労働者さえこの状態であるから、非正規労働者にとってはさらに状況は厳しい。

一方で図4—7は「国民生活基礎調査」[注17]により、所得金額階級別にみた世帯数の割合の分布を示したものであるが、一九九五年と二〇一〇年を比較すると、図のように二〇一〇年は全体が所得の低い方向にシフトしていることがわかる。また全体としての比率は少ないものの高所得層においても所得の低下がみられる。これは当然ながら可処分所得の低下を通じて民間消費支出の低下をもたらすから、ＧＤＰも減少の方向に作用する。

二〇一二年一二月の衆議院総選挙において有権者が自民党に期待したのは、まじめに働く人の所得が向上して暮らしが楽になる、充実して安心な生活ができる、働く意志・能力のある人に雇用が安定して確保される、などの内容ではないのだろうか。「円安」「株高」が起きているが、国民の日々の暮らしとは必ずしも連動しない。日本の株の多くは海外投資家によって買われているとみられ、これらは株価が一定の水準に達したところで売り抜けて自国通貨に換金し利益を確定してゆく。その結果、日経平均株価は乱高下したのち期待したほど上昇せず、サブプライム問題を契機に金融危機が始まった二〇〇七年〜二〇〇八年の水準にも戻っていない。そのメカニズムからみれば、「円安」「株高」は（全くゼロではないが）それだけでは国民の利益と直接連動しない。

株価が上がると、ニュースなどではいかにも明るい話題のように伝えられることがあるが、人々の暮らしにそれが還元されるかどうかは全く必然性がない。株取引によって利益を手にする個人あるいは法人は当然存在するが、それが雇用者一人あたりの所得に回ってくるメカニズムはない。もちろん全く無関係ではなく、個人で利益を手にした人が、それを消費に回すことによって社会全体で仕事が増えるなどの効果があるかもしれないが、それだけでは間接的で弱い関係にとどまる。また株価の上昇で企業の財務体質が好転したとしても、それを単純に雇用者に配分してしまう気楽な企業はなく、別の投資に振り向けたり資産の形成に使うことを優先するであろうから、雇用者所得に回る割合は限定的である。
また株価を指標としてみる場合の問題点は、実体経済と関係なしに投機的な売り買いで数値が変動することである。例えば二〇一二年一二月の衆議院選挙前に、安倍首相が金融緩和策を提言したことを受けて株価が上昇した。しかし選挙前であるから現実の政策としては何も実施されていないタイミングである。株の取り引きでは「噂で買って、現実で売る」という格言がある。すなわち株価の上昇は実体の伴わない期待によりもたらされる場合があり、実体と関係なしに動く指標では、国民に利益がもたらされるかどうかを判定することはできない。

景気と国民生活

一般に言われてきた「景気」の通称と、逆に「不景気」の主な要因として年代順に挙げれば下記のような経緯がある。

五四～五七年　神武景気
五八～六〇年　岩戸景気
六二～六四年　オリンピック景気
六五～七〇年　イザナギ景気

図４―８　景気動向指数と１人あたり雇用者所得の推移

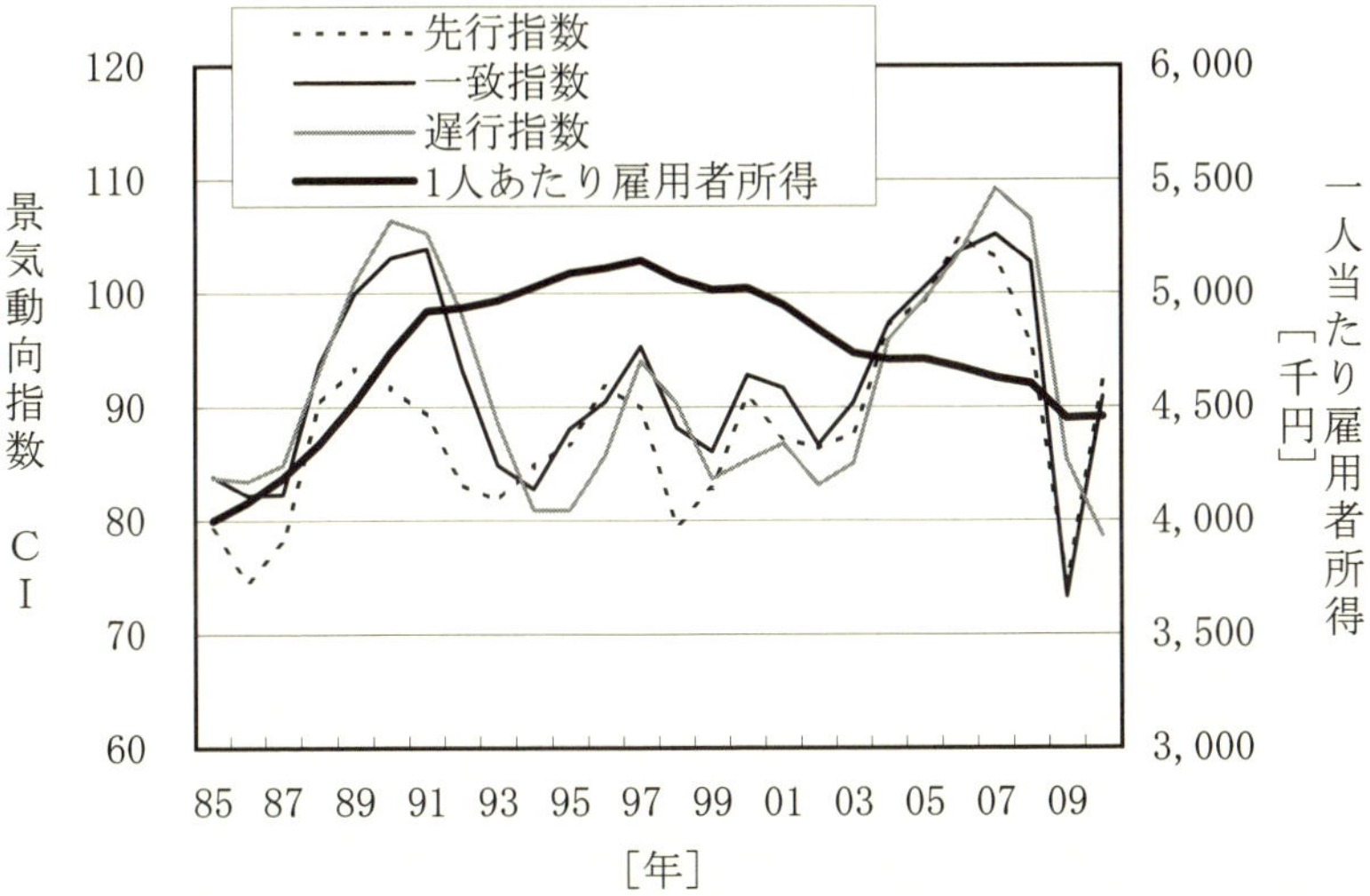

七三～七四年　第一次石油危機（不景気）
七九～八四年　第二次石油危機（不景気）
八六～九一年　平成（バブル）景気
九一年～現在　平成不況
〇八年　リーマンショック（不景気）

二〇一二年一二月の衆議院総選挙では、全有権者に対する比率として自民党が小選挙区で二四％、比例代表で一五％の得票率であったが衆議院で単独過半数を占めた。民主党に対する期待が消滅し、その他の対抗勢力は選挙直前まで離散集合を繰り返すなど信頼性が乏しいなどの経緯から、自民党は「消去法」で選ばれたと指摘する人もある。いずれにしても自民党を選んだ人々は景気の回復を期待する声が多かった。しかしデフレとか景気というのは何だろうか。

それによって国民にどのような影響がもたらされるのかを知らなければ評価はできない。

非正規雇用で、翌年の仕事や収入が確保されるのか常に不安を抱いている人ならば、正規雇用への更新が容易になるようにと考えるであろう。また働く意思がありながら仕事が見つからない人は、条件の良い求人が増えるようにと考えるであろう。今はそうした条件からは逃れている大企業の常勤雇用者であったとしても、いつ「リストラ」に見舞われるかと不安に襲われている人々も少なくないであろう。竹中平蔵氏はテレビ番組(注18)において「経済全体がよくなることが前提で、半年や一年で給料が上がるという簡単なものではなく、うまくいっても三年ぐらい」との認識を示している。

「景気」の数量的な指標として、単一の指標としてはGDP（国内総生産）やIIP（鉱工業生産指数）など、さらに多数の指標（企業の在庫、受注、出荷、求人、株価、金利など）を合成した景気動向指数(注19)としてCI（景気変動の大きさやテンポを示す）やDI（景気の各経済部門への波及の度合いを示す）などがある。図4―8はCIについて最近五～六年の傾向を示す。三本の細い線はCIのうち先行指数（景気に対し先行して動く）・一致指数（ほぼ一致して動く）・遅行指数（遅れて動く）を示す。

一般に一致指数を見れば全体的な景気の動向を代表的に知ることができる。二〇〇七年の米国におけるサブプライムローン危機が懸念され、二〇〇八年には「リーマンショック」と通称される世界金融危機が発生した。二〇〇九年にようやく持ち直し、その後五～六年にわたって景気回復基調が続いている。二〇〇九年に民主党政権に代わったが、ほとんど影響がみられない。二〇一一年三月には言うまでもなく東日本大震災が発生したが、ＣＩの指標の範囲では大きな落ち込みはみられない。

図４―８は景気動向指数と一人あたり雇用者所得の推移を示す。二〇〇二年から二〇〇七年にかけてはＣＩが上昇しマクロ的には景気が回復しているにもかかわらず、一人あたり雇用者所得は低下を続けている。なお二〇〇七年のＣＩの急低下はリーマンショックによるものである。五～六年にわたって景気回復基調が続いても雇用者所得が低下を続けていることからみて、二〇一二年末からの「アベノミクス」が雇用者にどれだけ恩恵をもたらすかは疑問である。

強靭化論者は、公共事業によって生産・雇用が誘発され国民所得が増えると主張する。マクロ的な方向性としては間違いではないが、その効果は、公共事業バラマキではなく、より持続的かつ社会的抵抗の少ない他の手段でも達成できる。公共事業による効果が消費税増税が可能になるほど国民所得の向上として還元されるのか、国土強靭化は何も示唆を与えない。公共事業では効果が特定の業種・企業規模に偏ることも問題となる。

またアベノミクスの影響が金利の上昇としてあらわれると、住宅ローンを返済中の家計に打撃を及ぼす。(注20) 住宅ローンには金融状況に応じて返済利率が変動する変動金利型が組み入れられているタイプがある。低金利時代の一九九〇年代以降に変動金利を選択した場合には、今後は金利が上昇する方向性しかない。平均的な所得の国民にとっては、元金が大きいだけにわずかな金利の変動でも生活費を大きく制約する金額になる。固定金利に借り替える選択も可能だが、タイミングを誤るとさらに負担が増加し返済不能者が続出するおそれがある。リーマンショックの発端がサブプライム破綻であったように、これも金融危機の発端になりかねない。

インフレでは、国債その他の資産を多く保有している金持ちが損をするだけだからかまわないとして、インフレを是認あるいは歓迎する人々がいるが、古今東西を通じて、制御不能なインフレが発生した場合に、金持ちだけが困って低中所得者が困らない、すなわち所得の平準化に有効なインフレの事例があっただろうか。たまに札束を自宅に保管している変人の金持ちがいるとしても、多くの金持ちは国内の預貯金ではなく、海外資産など各種のリスク分散を実行している。むしろ日々の衣食住を現金（および現金と同様の預金）に依存せざるをえない低中所得者に対してインフレは最も打撃が大きい。[注21]

「アベノミクス」のリスク

デフレ脱却とか景気回復というのは具体的には何だろうか。非正規雇用で、翌年の仕事や収入が確保されるのか常に不安を抱いている人ならば、正規雇用への更新が容易になるようにと考えるであろう。また働く意思がありながら仕事が見つからない人は、条件の良い求人が増えるようにと考えるであろう。今はそうした条件からは逃れている著名企業の正社員であったとしても、いつ「リストラ」に見舞われるかと気にしている人々も少なくないであろう。

物価目標など金融政策によって物価が上昇するメカニズムについては多くの論者が説明している。日銀が国債の直接買い取りを通じて政府の財政赤字を肩代わりする状況になると、市場では円の価値が低下すると予測され（期待インフレ率）、現金・預金から株や不動産に資産が移動して物価上昇をもたらす方向に作用すると説明される。一方で奇妙なことに金融政策によって雇用者報酬が増加するかどうかについて、経済学者は口を閉ざしている。インフレと所得は理論上は比例するが、マクロ経済における所得には財産所得なども計上されるので、低収入・非正規雇用で苦労している勤労者に金融政策の恩恵が及ぶとは限らない。この状態では当然ながら税収も伸びない。

論者によってはデフレから制御不能なインフレに転換するおそれを指摘している。(注22) 一般に理論的には中央銀行（日銀）が発行する貨幣量が物価水準を決めるとされている。しかし中央銀行の独立性が失われて、政府が規律なく国債を発行し財源を調達するようになると、価格決定メカニズムの枠組みが変わり、市場では名目国債残高と将来の基礎的財政収支の予想が物価を決めることになる。この場合、程度によっては急激なインフレに転換する可能性があると指摘している。安倍政権の関係者は二〇一三年二月ころから「インフレ」の印象を避けるためか「物価安定目標」の文言を使用するようになっているが、いずれにしても「安定」の根拠はない。

雇用者所得の上昇が伴わないのに物価上昇を「景気回復」の指標として採用し、消費税増税を実施したらどうなるだろうか。当然ながら消費はいっそう冷え込んでしまう。このため企業は、生産設備の稼働率低下や在庫膨張を防ぐために、消費税増加分のすべてではないにしても、コストへの転嫁分を内部吸収するように努めるであろう。また財務基盤の弱い企業ほどコストへの転嫁はむずかしい。そのことがますます雇用者所得を抑制する方向に作用する。すなわち物価目標と消費税増税による負のスパイラルが起きてしまう。また自動車など一部の業種では、消費税引き上げと引き換えに関連する減税を行なうことが議論されているが、それでは特定の業種を個別に保護することになり、税の公平性を損なう。

近年、経済界は「日本の企業は六重苦に悩まされている」とアピールしている。経団連が二〇一一年七月に公表した「日本経済再生のための緊急アピール」(注23)では、円高の継続・高い法人実効税率・行き過ぎた温暖化対策・電力供給制約が挙げられており、これに震災前から言われているところの柔軟性を欠く労働市場(労働者の保護)・自由貿易の遅れを加えて「六重」と表現し、各所で引用されている。二〇一三年二月の経済財政諮問会議において安倍首相は企業に賃金の引き上げを呼びかけたが、これは私的な所感に過ぎず、GDP増大が雇用者所得の増加に連動する制度やメカニズムが備わっているわけではない。

報道によると、経団連の宮原耕治経営労働政策委員長は二〇一三年二月一日、春闘に関して「現在の円高是正や株高が企業業績という成果になるのは夏以降だ」との見通しを示して、現段階で賃金を改善するのは難しいとの方針を表明した。(注24)一方で春闘における雇用側の要求を代表する連合は、賃金を増やして消費を刺激し企業業績を改善してデフレから脱却する方策を主張し、ボーナスや諸手当も含めた給与総額の一％引き上げを要求している。図４―８でも示唆されるとおり、二〇〇二年から二〇〇七年の景気回復では、企業業績が好転したのに賃金に波及しなかったとの指摘もある。

失業をどうするか

藤井聡氏（前述）は次のように述べている。(注25)

そもそも「経済成長派」は闇雲《やみくも》に経済成長を是認しているのではない。基本的に、GNPにしろGDPにしろ、ただ単にそんな数字だけで、豊かさの全てが計れているなぞということは誰も考えてはいない。いわゆる「カネ」で換算できない様な幸せが存在することなぞということは、常識以前の当たり前の事柄だ。

しかし実際には、失業によって圧倒的に不幸になってしまっている人もいるのが、この娑婆《しゃば》の実態なのだ。そしてそんな人々の不幸をできるだけ取り除くためには何が必要かと言えば、きちんとした「給料のある仕事」なのだ。

そして、そんな仕事が、その社会で生きる全ての人々にまんべんなく行き渡るようにするには、どうしても経済成長によるGDPの拡大が、好むと好まざるとにかかわらず求められることになってしまうのだ。

これがケインズが考えた基本的な着想なのであり、その思想を引き継ぐのが「経済成長派」なのである。

つまり、「経済成長派」は何も「経済成長至上主義者」ではないのだ。それはただ単に、失業率を減らしたい、そのためには経済成長しなければならない、というただそれだけのことなのである

「経済成長至上主義者」ではないと断っているが、失業率を減らすために公共投資に依存した経済成長――それは「名目GDPが増える」という意味だけである――を行なって失業率が改善するかどうかは研究者の間でも意見は分かれている。たしかに計量経済モデル等でシミュレーションすれば、公共投資を政策的に増加させることによりGDPが上昇し失業率が低下する相関関係はみられる。しかし現実の社会では、GDPさえ増加すれば失業率が自ずと低下する必然的なメカニズムが働くわけではない。GDPの増減とは関係なく就労を妨げる要因を取り除かないかぎり失業率は低下しない。

その関係は経済成長と出生率の関係についても同様である。統計的な検証により、中央政府による公共投資一兆円が、出生数にして一・七万人増加に相当するとの報告がある。(注26) しかし就労と同様に、出産・育児を妨げる要素を取り除かないかぎり出生数は増加しない。「雇用」が提供されたからといって最低賃金などではなく、本人の意志があれば子どもが少なくとも高校までは経

済的制約なしに通学（交通費の負担も大きい）できる教育政策が伴わなければならない。「国土強靭化論」はこの問題についてなんら有用な提言を示しておらず「名目GDPが成長すれば何かいいことあるんじゃないの」という程度の思い込みでしかない。

また「闇雲《やみくも》」ではないというが、それではどこまでを適切とするのかについて何の指標も示していない。長年にわたる自民党政権による負の蓄積と、グローバリズムの浸透による負の蓄積を「成長」により解消できるのだろうか。シミュレーションでもその検討はできない。本書の冒頭に示したとおり、強靭化論者がTPP反対を強く主張しながら実際にはその前提が早くも崩れ、都合のよい論旨を利用されているにすぎない実態をみても、強靭化の経済効果は疑わしい。

北海道の地方都市で生活保護を受給している人の例(注27)が報告されている。非常勤職員(注28)ではあったが長年教育関係の公務員として働いてきた。しかし職場での配置転換などを発端として抑うつ状態となり、回復が思わしくないまま失職し、傷病手当金を経て生活保護を受給することになった。この地域では住民の一五％が生活保護を受給しているという。回復して働こうとしても「選り好みしなければ」という条件の求人すらないという。さらに生活保護を受給していると自動車の利用に制約があり、地方都市ではそれにより就労の機会が奪われてしまう。もともと働いていた非常勤の職場では、正規雇用の職員と同じ仕事をしていながら収入が半分以下であった。この職場には非常勤職員よりもさらに条件の良くない「臨時職員」という雇用形態もあり、家庭の事情などで仕事の選択を制約される人々が、がまんして就労している状態であったという。こうした実態を認識した上で「景気が良くなる」「経済が回復する」あるいは「日本が強くなる」ことは、何がどうなれば人々に利益がもたらされるのだろうか。

また生活保護費が、二〇一三年八月から二〇一五年度にかけて引き下げられることになった。生活保護の支給額低減は、直接の受給者だけでなく他の制度にも広範な影響を及ぼす。厚生労働省は「生活扶助基準の見直しに伴い他制度に生じる影響について」との資料を公表している。(注29) これは、国民年金保険料の免除など、多くの制度が生活保護を基準・参照して適用基準や支給額を決めているためである。各人の所得を減らしても多くの人の雇用を産み出そうという「ワークシェアリング」が提案されることもある。そこまで行かなくても、非正規雇用の人々をできるだけ正規雇用に転換する試みも必要である。海外ではワークシェアリングを活用して経済危機を脱出したとの事例が紹介されるが、日本でこのシステムの普及を妨げているのは住宅ローンだろう。大企業の常用雇用者でも、多くは三〇歳前後に住宅ローンを借り定年まで勤めて退職金までも返済の補填に充てる計画を立てている。前述のように金利上昇局面では住宅ローンの返済がますます苦しくなり「ワークシェアリング」などといっても受け入れる余地がない。

税・社会保障と財源

図4―9は個人や企業からの税収である。税率の変更はたびたび行なわれているが、制度とし

て大きな変化は一九八九年四月に三％の消費税導入と、九七年に五％への引き上げである。消費税導入による税収増加はあったが、それを加えても九〇年以降は減収が続いている。二〇一二年八月一〇日に成立した消費税法改正法(注30)の付則十八条一項に「消費税率の引上げに当たっては、経済状況を好転させることを条件として実施するため、物価が持続的に下落する状況からの脱却及び経済の活性化に向けて、平成二十三年度から平成三十二年度までの平均において名目の経済成長率で三パーセント程度かつ実質の経済成長率で二パーセント程度を目指した望ましい経済成長の在り方に早期に近づけるための総合的な施策の実施その他の必要な措置を講ずる」との条文が記載されている。また第二項では「この法律の公布後、消費税率の引上げに当たっての経済状況の判断を行うとともに、経済財政状況の激変にも柔軟に対応する観点から、第二条及び第三条に規定する消費税率の引上げに係る改正規定のそれぞれの施行前に、経済状況の好転について、名目及び実質の経済成長率、物価動向等、種々の経済指標を確認し、前項の措置を踏まえつつ、経済状況等を総合的に勘案した上で、その施行の停止を含め所要の措置を講ずる」としている。

もともと付則は、消費税を無条件に上げるのではなく「デフレ脱却を実現すれば」という条件を課すことを趣旨としたものである。デフレのまま増税が先行すれば、ますます国民生活が困窮し、民間消費支出が落ち込むことは、立場に関係なくほとんどの論者が予想している。ところが改正附則の条文によると、曖昧な書き方によって経済情勢の制約と関係なく公共投資が先行できるようにも解釈できる。すなわち「公共投資で景気を良くすれば、消費税の増税が可能になる」

という本末転倒のシナリオに変質した。これはその背後で「国土強靱化基本法」が連動していると考えられる。

「強靭化」は、次の大震災の切迫を理由にすぐにも実施することが提唱されており、デフレ回復による消費税増収を待つという前提ではない。当面の財源は国債の増発によらざるをえないから「さらに借金を増やすのか」という批判を招く。公共投資を公債でファイナンスすると、結局は将来において増税と同じ結果になる。この批判に対して、公共事業を促進する一部の論者は「日銀が紙幣を増刷すれば、増税によらなくとも国債償還が可能だ」と主張している。しかし紙幣の増刷は極めて危険である。

中央銀行の独立性が侵されて無秩序に公共事業に対してファイナンスを始めると、貨幣価値の崩壊（極端には戦後の二桁インフレ）のリスクがあるため、歴史的な経験から世界中でそれを自粛して、政府から中央銀行の独立性を保持しているのが国際社会の暗黙のルールとされている。GDPの額が日本の七％にすぎないギリシャの経済危機ですら世界中で金融不安の要因として作用したのであるから、日本が金融危機を起こせばその影響は甚大なものになるだろう。前述の図4—5で示したように、東日本大震災によるマクロ経済への影響に対して、リーマンショックの影響は桁ちがいに大きいものであった。

二〇〇〇年前後までは家計負担（支払）の範囲内で社会保障の給付が賄われていたが、それ以

図４―９　税収の状況

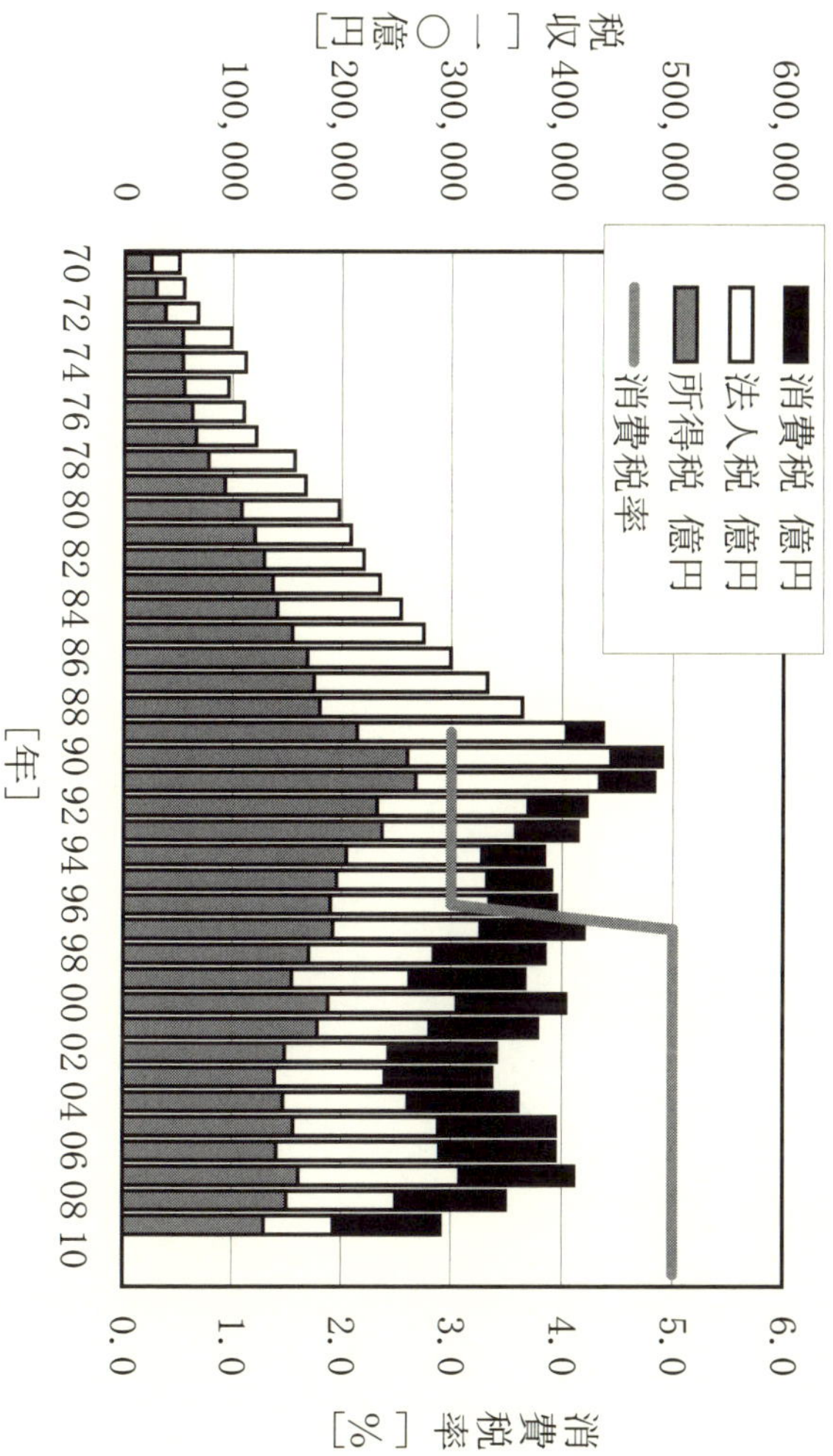
税収［一〇億円］
600,000
500,000
400,000
300,000
200,000
100,000
0
消費税 億円
法人税 億円
所得税 億円
消費税率
70 72 74 76 78 80 82 84 86 88 90 92 94 96 98 00 02 04 06 08 10
［年］
6.0
5.0
4.0
3.0
2.0
1.0
0.0
消費税率［%］

降は税収と同様に支払が伸びない一方で、給付が上回っている。何を「社会保障」として集計するかによっても評価は変わってくるが、いずれにしても今後は、社会保障費を支払う人と金額が減る一方で、給付を受ける人と金額が増加する傾向が続くことは、人口動態からみて避けられない趨勢である。財政出動論者は、公共投資による経済成長で税収が増加し人口動態にも影響を及ぼす（出生率の増加）としているが[注31]、社会保障費を収入と均衡させるまでの効果があるのか不明である。また「一〇年間で二〇〇兆円」の目安は示されているがその先は不明である。

日銀の役割と資金供給

これまで国民の間でほとんど関心の対象となってこなかった「日銀」やそれにかかわる政策がなぜ急に注目されるようになったのであろうか。そもそも日銀とは何をしている組織だろうか。クイズなどに出題されることがあるが、日本銀行は資本金わずか一億円であり、代表者は「総裁」という職名であり政府の同意人事を必要とする。日本銀行の公式ウェブサイトでは冒頭に「物価の安定と金融システムの安定を目的とする、日本の中央銀行です」と説明している。

この二つの機能が正式に明文化されたのは意外にも新しく、一九九八年の日本銀行法改正からである。実際の日銀の業務がここから突然に変化したわけではないが、これ以前は戦時体制下で制定された内容のままであった。バブル経済の生成と崩壊（一般に八六年から九一年まで）の混乱に対する反省と、一方ではＥＵ発足など環境の変化を受けて、政府からの独立性と、金融政策決定過程の透明性を高めるために改正が実施された。(注32) もし中央銀行に独立性が保証されないと、どのような事態が発生するであろうか。日銀の機能については以下のように述べられている。

　物価の安定を目的とする金融政策は、以前は多くの国で、政府が決定するか、政府が中央銀行の決定に大きな影響を与えていたが、現在では政府から独立した中央銀行が担うことが国際的にも一般的になっている。これは一九九〇年代以降に生じた大きな変化である。過去の中央銀行の歴史をみても、中央銀行の金融政策運営に対してはインフレ的な政策を求める圧力がかかりやすく、実際、財政支出を賄うために通貨の増発が行われ、深刻なインフレを招いた例も少なくない。こうした経験を踏まえて、金融政策が短期的な利害に影響されずに、中長期的な視点に立って決定されるように、現在では、独立した中央銀行が金融政策を決定することが一般的になっている。日本銀行法は、こうした観点に立って、「日本銀行の通貨及び金融の調節における自主性は、尊重されなければならない」（第三条第一項）と規定している。また、金融政策が日本銀行の業務を通じて行われていることを踏まえて、「日本銀行の業務運営における自主性は、十分配慮されなければならない」（第五条第二項）とも規定されている。(注33)

現在、アメリカ・日本をはじめ多くの国で政府は財源不足である一方で、社会保障や公共事業による支出のニーズは年々増してゆく。軍事費の負担が大きい国もある。その財源の調達方法としては結局のところ増税か貨幣の増発しかない。いずれを重視するかは、消費税率改訂の議論にみられるように同じ政党の中でも意見が分かれることが少なくない。実際には民主主義国家では「選挙」というシステムが介在するため、有権者の反感を招いて選挙に不利に作用しやすい増税については慎重になる傾向があり、政権党は通貨を増発することによって資金を調達するインセンティブが常に働く。

もしここで中央銀行に独立性がないと、制約なしに貨幣を増発したり、政府が国債の買い取りを中央銀行に要求することにより貨幣の供給が増加する。しかしそれを吸収するだけの需要の実体がない条件では、同じ需要に対して貨幣の量が相対的に増える状態になるから、物価（物・サービスの価格）が上がる、すなわちインフレを招く。さらに貨幣や国債が過剰に発行されると、その程度によっては預金や国債がいわゆる「紙くず」になって市民の暮らしが破壊される。このような事態の場合、富裕層よりも弱者が先に犠牲になる。日本銀行は、国債の発行や利息の支払いなどの事務は行なっているが、政府の発行する国債を引き受ける（すなわち政府に資金を融資する）ことについては法律で規制されている。それは次のような理由からである。

財政法（第五条）および日本銀行法（第三四条）は、日本銀行による国債の引受および政府に対する貸付を原則として禁止している。このように中央銀行による政府への信用供与を禁止することは、わが国を含む主要国の歴史から得られた教訓によっている。すなわち、中央銀行がいったん国債の引受などによって政府への資金の供与を始めてしまうと、その国の政府の財政節度（歳入金と歳出金のバランスに関する自己規律）を失わせ、中央銀行通貨の増発に歯止めが利かなくなり、将来、悪性のインフレーションを招く惧れが生ずる。そうなると、その国の通貨や経済運営そのものに対する国内外からの信認も失われてしまう。

わが国を含め、主要国が中央銀行による政府への信用供与を厳しく制限しているのは、そうした考え方に基づくものである。例えば、米国では、連邦準備法により、連邦準備銀行は国債を市場から購入する（引受は行わない）ことが定められている。また、一九五一年の連邦準備制度理事会と財務省との間での合意により、連邦準備銀行は、国債の市中消化を助けるための国債買入オペ（国債の価格支持）も行わないこととなった。欧州では、一九九三年に発効したマーストリヒト条約およびこれに基づく欧州中央銀行法により、当該国が中央銀行による対政府与信を禁止する規定を置くことが、単一通貨制度と欧州中央銀行への加盟条件の一つとなっている（注34）

二〇一三年五月現在では、財政法や日本銀行法の原則そのものに言及する議論は聞かれないが、同年三月に日本銀行総裁に就任した黒田東彦氏は「従来と次元の異なる金融緩和政策を実施する」として、同年四月四日・五日の金融政策決定会合において国債の買い入れ増額、リスク資産の買い入れ増額などを表明している(注35)。

デフレ脱却のために、貨幣や国債をコントロールしつつ「適度」に増やせばよいとも考えられるが、それには必ずしも保証がない。現在でも国債は大量に発行されている。ただし日本では国債の暴落にまでは至っていない。その理由は、国内の民間の資産が銀行を介して国債の価値を支えている関係になっているためと考えられている。このため日本の国債はまだま だ大丈夫と評価する論者もあるが、日銀は前述のような機能から国債の量と金利リスクについて常に監視を行なっている。日銀では、ただちに危険レベルではないものの金融機関のリスク量が増加していると指摘している（二〇一二年一〇月時点(注36)）。

図4―10は、公定歩合すなわち日本の中央銀行である日銀が市中の金融機関に対して貸出しを行なう際の金利の推移と「マネーストック（図4―2で「マネー」とした数量）」の推移を示す。マネーストックとは、通貨保有主体（金融・保険機関を除く一般企業、個人、その他の団体）が保有している通貨量の残高である。ただし通貨は、紙幣や硬貨のような物理的通貨だけでなく、金融機関（国内）などに預けられている、現金とほぼ同じ機能を有する預金（給与振込や口座振替などが典型例）も指す。ただし投資信託、国債、外国債などは除かれる。

定義は日本銀行ホームページ(注37)などに示されているが、一括して表現すると、ある時点において国内で最大ただちに動かせる可能性のあるお金の総量と考えられる。なお二〇〇七年を境にマネーストックの定義が変更（郵政民営化により）されるなど変遷があった。このため統計を連続的に

図４—10 資金供給の推移

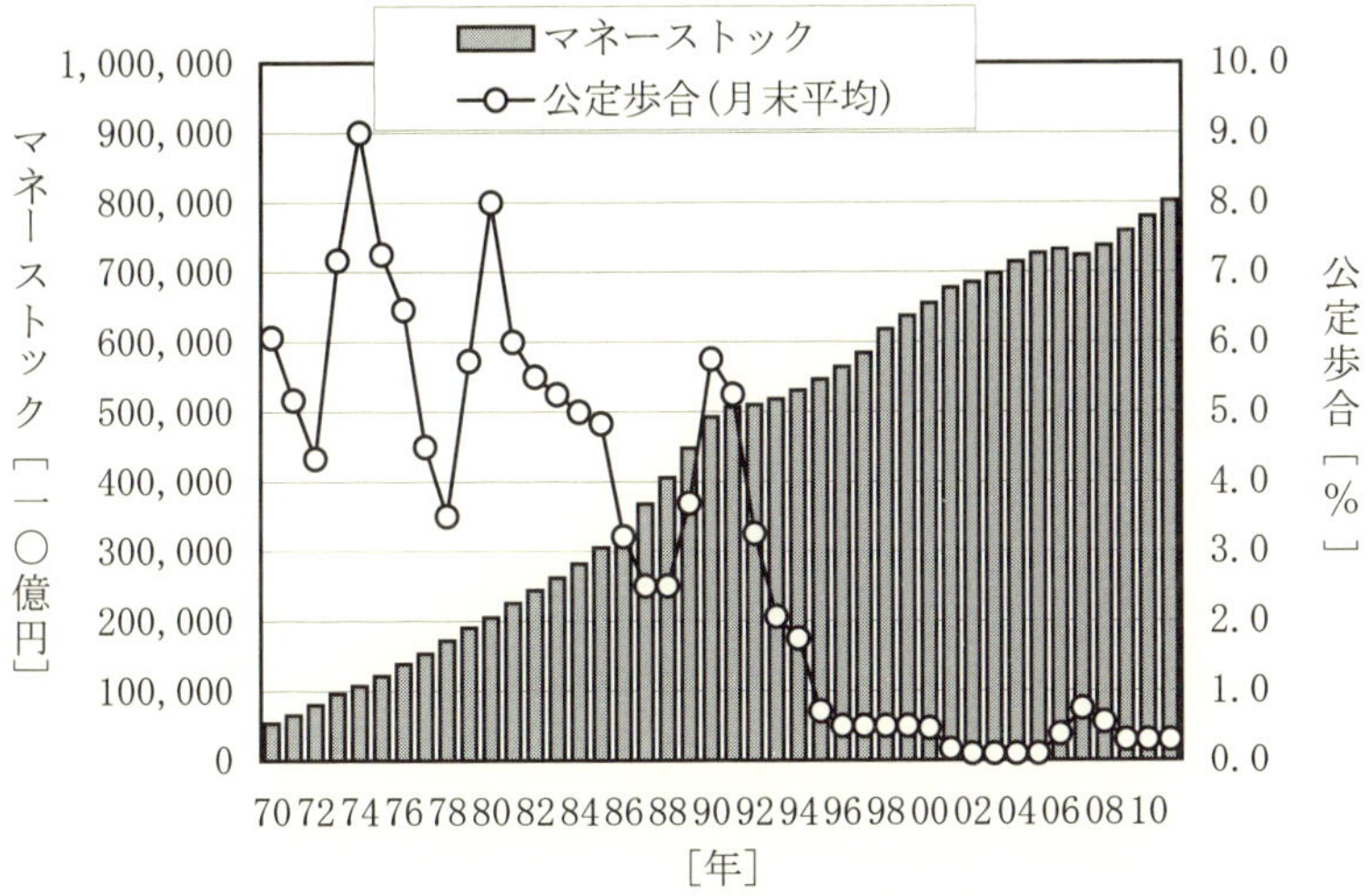

表示するには過去に遡及して再集計が必要になるなど技術上の問題があるが、ここでは変換ずみのデータである。

公定歩合は日銀から市中の金融機関に貸出される際の金利であるが、九五年以降は「ゼロ金利政策」として低金利での貸し出しが続いている。金融機関はさらにこれを個人や企業に貸し出すが、金利が低ければ個人や企業は資金を借りやすくなるので、個人ならば不動産の購入、企業ならば設備投資が盛んになり、市中にいわゆる「金回り」が良くなる効果が期待される。ただし二〇〇二年には公定歩合が極限とも言える〇・一％まで下がり、貸し出しという方法により市中に資金を提供する手段は限界に達してしまったとも考えられる。いずれにしても、図のようにマネーストックの量をみると、市中への資金供給は継続して増加しており、供給不足がデフレと直結しているかどうかは確認できない。

政府の財政と債務を考える

一般に「政府の財政」と呼ばれる国の一般会計の歳出・歳入は、二〇一二年度で約九二兆円である。一九九六年度までは「なにごともまずよい暮らし日本の世（七五兆一〇四九億円二四〇〇万円）」などと語呂合わせが慣例となっていた。しかしこれ以外に一般会計をはるかに上回る規模の特別会計があり、さらに地方財政（都道府県・市区町村）もある。また国の会計内部での受け渡しや、国から地方公共団体に交付（譲渡）される額もあり全体は複雑である。

このため財務省では「特別会計ガイドブック」(注38)を公表し、一般会計と特別会計を統合した表現も示している。また地方財政については総務省から「地方財政白書」(注39)等が公表されている。これよりまとめると、国では一般会計と特別会計を合わせて約二二五兆円、地方会計では一般の歳出歳入と地方公営事業を合わせて約一〇八兆円の規模がある。これらを一括して表示したものが図4―11（統計の制約から二〇一〇年度の値）である。なお地方交付税のように国から交付されて地方の歳入になる分もあり、このような重複は整理して一方のみを示している。

図4―11の内円が歳入、外円が歳出を示す。歳入の内円でグレー部分は公債・借入金などいわ

図4—11 国と地方の財政状況

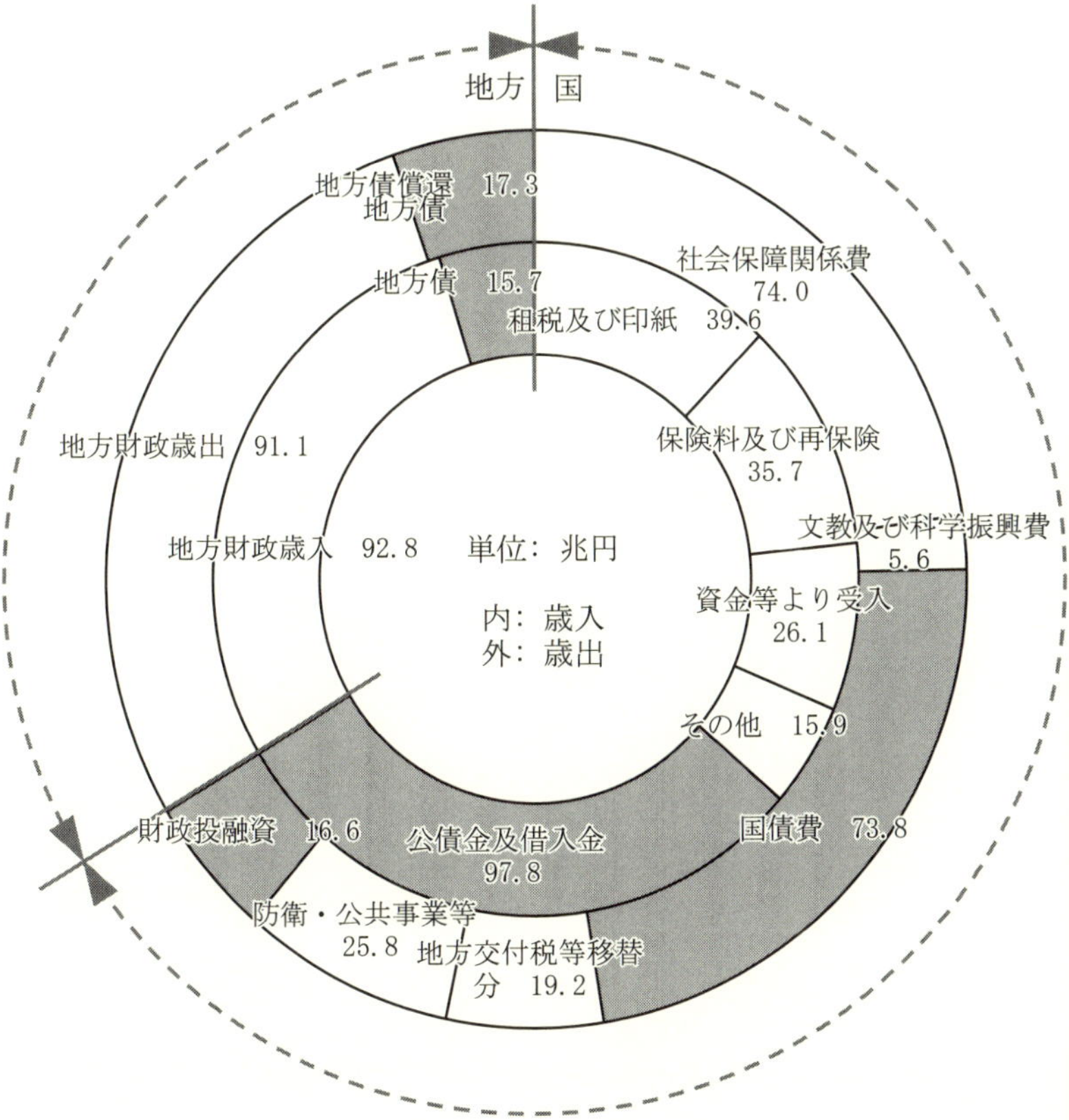
地方
国
地方債償還　17.3
地方債
社会保障関係費
74.0
地方債　15.7
租税及び印紙　39.6
地方財政歳出　91.1
保険料及び再保険
35.7
文教及び科学振興費
5.6
地方財政歳入　92.8
単位：兆円
資金等より受入
26.1
内：歳入
外：歳出
その他　15.9
財政投融資　16.6
公債金及借入金
97.8
国債費　73.8
防衛・公共事業等
25.8
地方交付税等移替
分　19.2

ゆる「借金」である。また外円の着色部分は国債の償還・利払関連費である。別の見方をすると、歳入として租税・保険料等では社会保障関係費を賄うのが精一杯で、その他の公的役務や経費を賄うとともに国債の償還・利払を行うためには公債・借入金が必要である。この関係がいわゆる「借金を返すために借金をしている」と表現される実態である。また地方会計でも、国より額は少ないが同様に地方債に依存する収入とその償還分がある。この結果、国と地方を合わせて、歳出・歳入の約三分の一がいわゆる「借金」に関連する分である。

「国土強靭化」論者は、財政出動で公共事業を拡大し、災害に強い国土を作るとともに景気が回復すると主張し、その規模は一〇年間で二〇〇兆円とされている。当然ながら単年度の政府の歳入で賄える額ではないので財源は国債の増発を想定している。これは「借金」にたとえられるが、個人や企業の借金とは性格が異なる。また政府の累積債務が多いことと「財政赤字」は必ずしも同じではない。しばしば「政府の借金総額が何兆円」と言われるが、集計の定義がいくつかある。最も狭義に捉えれば国債（正確には普通国債）であり、その発行残高は二〇一二年一二月時点で六九一兆円になる。

公共投資により建設されたインフラは、建設後数十年にわたって社会的便益を産み出し、派生的に税収としても還流して債務の償還に貢献するはずである。むしろそれが社会資本整備の本来の目的のはずである。ところが、少なくとも一九九〇年代までは公共投資が一貫して増加してきたにもかかわらず、債務の膨張は加速する一方である。このことは、公共投資の大義名分として掲げられている整備効果に実体が伴わないことを実証しているのであって、公共投資が足りないから不景気になったとする強靭化論者の説明にもまた根拠がないことを示している。

図4―12に国債発行残高・金利・利払費の推移を示す。発行残高は二〇一二年度末で約七〇〇兆円となっている。ただし財政出動に慎重な論者であっても、いまただちに債務危機を招くとする予測は多くない。それは国債を保有している主体が銀行・保険・年金・投資信託などであり、これらは結局個人の資金が源泉となっているためである。日本国債の約八割が個人資産として支えられている。

しかしながらこのまま節度なく国債を発行した場合、どこで危険水準を突破するかについて数量的に予測する方法はなく、また突破した時には対処の方法がない。

一方で「政府の債務」という意味で広く捉えると、中央政府（国）の債務には普通国債だけではなく「財政投融資特別会計国債」「交付国債・出資国債等」「借入金」「政府短期証券」「政府保証債務」などがあり、これに地方政府（自治体）の債務である「地方債残高」「公営企業債残高」を加えると、約一二三八兆円となる。このように集計の区分によっても倍近くの相違があるので、政府の借金云々といっても国債を論じるだけでは不十分であるが、ここでは国債の状況を見てゆく。地方の債務も「地方交付税」を介して国の債務と関連する。

「財政法」により国債で国の歳入を賄うことは原則として禁止されているが、例外的に国債で歳費の調達が認められる場合がある。それは「四条国債（建設国債）」「特例国債（赤字国債）」「復興債（東日本大震災関連）」である。建設国債は、インフラは将来にわたり便益を産み出すから一時的には債務でもよいという考え方である。一方で赤字国債は、歳出が歳入を上回る財政赤字の状態でも国の公的役務（社会保障・教育など）を停止するわけにはゆかないから、年度限りの立法措置で発行する。毎年の予算は国債収入を前提として組まざるを得ないので、例外が恒例化して毎年特例法が提出・成立して赤字国債の発行が続けられている。

一方で国債が市場で取り引きされる段階（金融機関や個人が購入する）では「四条」「特例」等の別ではなく、市場での流通を促進するような償還期限と利率（表面利率）の組み合わせ（いわば金融商品）に変換される。こうして発行残高が積み上がった状態が図４―12である。同じ図に金利と利払費を載せているがこれは後で述べる。債務の膨張のうち、二〇〇〇年代になってからは特例公債の分が大きいことも特徴である。高度成長期やバブル経済期の一部では、税収の還流で債務の膨張を抑えることが可能であった。しかし何らかの方法で一時的にバブルを起こすことができても、バブルは永続的に続けることはできない。改めて図をみるとバブル崩壊後にかえって債務の増加速度が増している。すなわち「アベノミクス」で一時的にバブルに相当する経済状況を作り出したとしても、その間に無秩序に国債を発行すれば、その後はさらなる債務の増加に苦しむことになる。

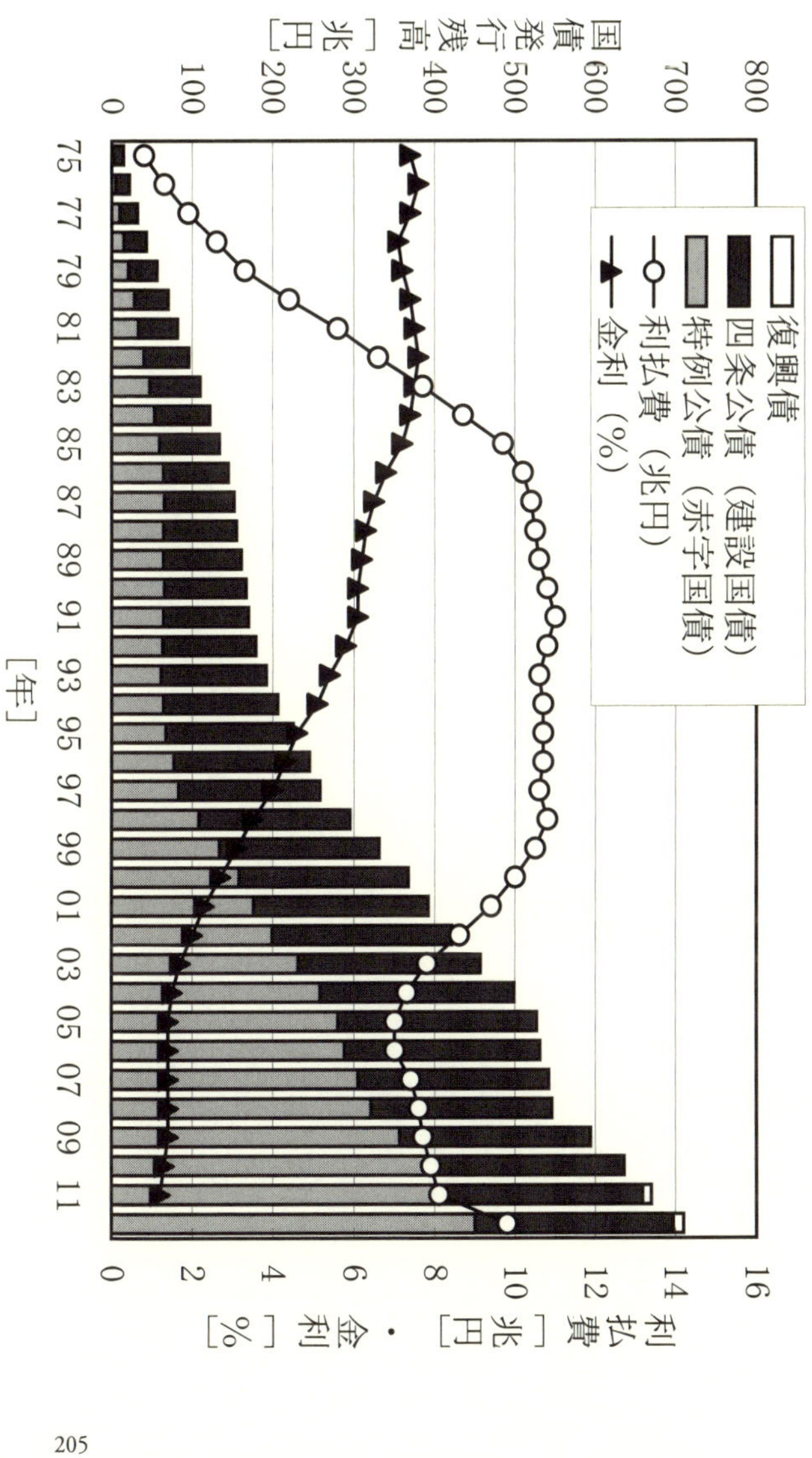

図４—12　国債発行残高と利払費・金利

プライマリーバランス

図4―13は国・地方の財政に関する「プライマリーバランス（基礎的財政収支）」の推移である。(注40)プライマリーバランスとは、政府（国・地方）の歳入（税収・公債・借入金など）から、歳出のうち債務関連費（債務償還費と利払費）を除いた分であり、図ではその額がGDPの何％にあたるかを示している。もしこの数値がゼロ以上であれば、経常収入から債務関連費を除いた分で政府（国・地方）の公的役務の遂行を賄えていることになり、いま以上の債務の膨張は避けられる。逆にマイナスであれば、公的役務を遂行するには債務を増やさざるをえない状態であることを示す。このためプライマリーバランスは財政の持続性を示す指標とされる。実際は九〇年代前半の「バブル崩壊」以後、プライマリーバランスはマイナスを続けている。

公債・借入金を除けば、政府（国・地方）の収入は主に税金しかない。公有財産の処分などもあるが量的にはわずかな割合にすぎない。税収は国・地方の合計で七九兆円しかない。前述のようにこの中から国や地方の公的役務を遂行するだけでも足りないのであるから、税収ではいつまでも政府（国・地方）の債務の償還は期待できない。個人や企業であれば収入や財務内容が一定基準に達しないと通常の金融機関からは融資してもらえないが、政府はいわゆる「信用」により債権の発行や借入れが可能である。必ずしも累積債務そのものを解消する必要はなく（実際問題

図4―13 国と地方のプライマリーバランス

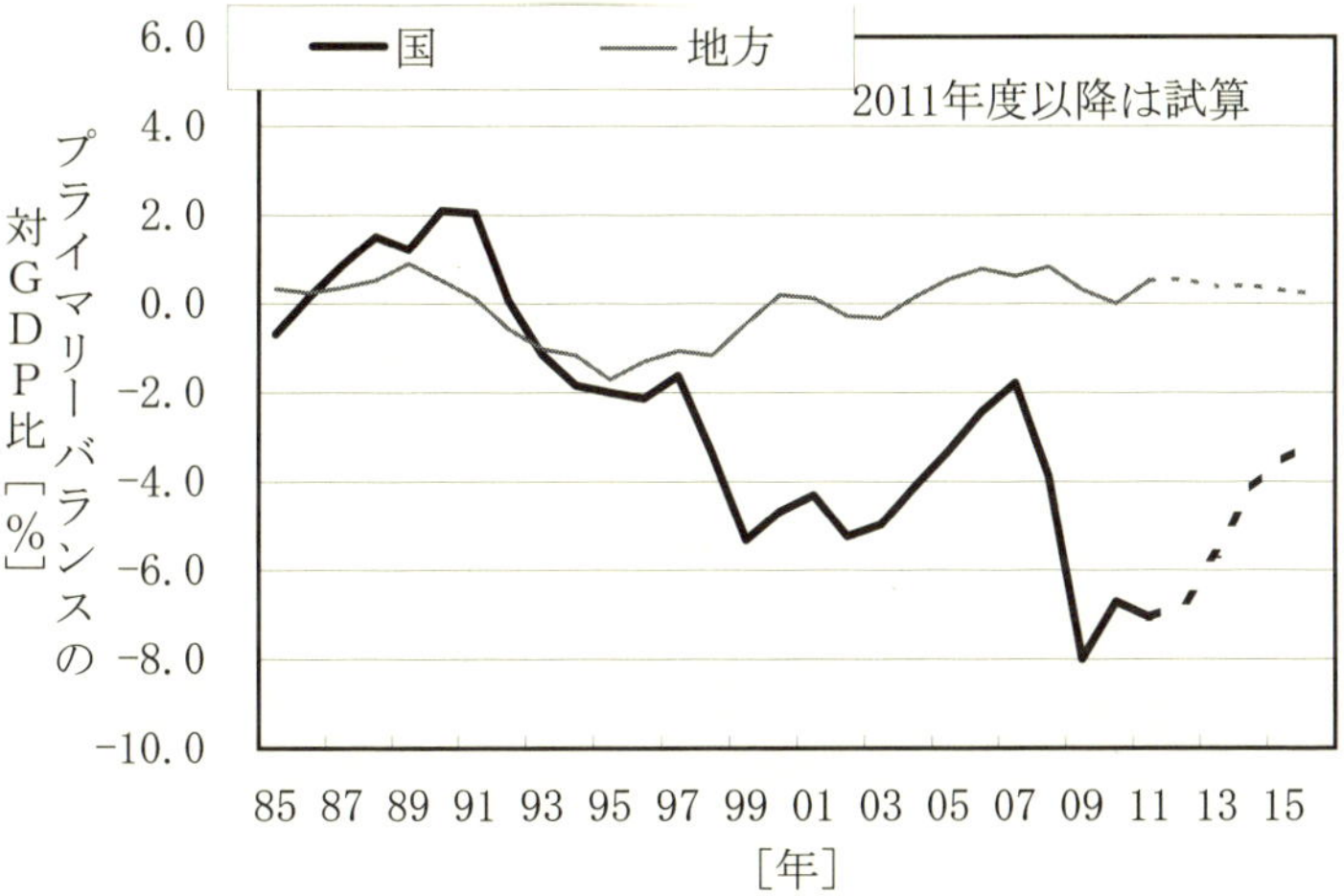

として不可能）プライマリーバランスがプラスであれば政府の財政は持続的であると評価する見方もある。

従来からたびたび論点となってきたのは、このまま政府の債務が増えてゆくと政府の財政が破綻するから、国債の発行など債務を増やすべきでないという点である。これに対して「破綻しない」とする説明がある。一般の個人・企業であれば、収入が七九（何らかの単位）に対して債務が一二三八（単位）あれば考えるまでもなく破綻している。しかし国の財政は個人や企業とは異なり、政府（国・地方）は財政赤字でも資金調達ができる。逆に資金調達をしないと社会保障や教育など公的役務が停止してしまうから、社会全体の合意として資金調達をせざるをえず、実際問題として破綻していないという説明もありうる。

すでに膨大な累積債務が存在するが、プライマリーバランスを改善してゆけば現在以上に債務が膨張することは避けられ、もしくは圧縮することが可能であるので少なくともギリシャ型の破綻はないとする予想もある。

公共事業は所得を拡大する方向に作用し、その一部が税収として還流される。もし長期にわたってその還流が投資額を上回れば、当初は「借金」であっても財政上の意義があるとされてきた。しかしこれまで日本は膨大な公共投資を行なってきたにもかかわらず実際には債務が膨張する一方であり、公共投資はそれを解消するほどの効果をもたらしていないこともまた事実である。どこまでが限界点かを客観的に予測する手段はない。

日本は「破綻」するのか

よく「国が破綻する」と言われるが、どのような状態になると「破綻」であろうか。最近の事例でギリシャがよく取り上げられるが、もとより国そのものが物理的に消滅するわけではない。ギリシャは今でも人気のある観光地であり、多少の治安低下などには注意するにしても旅行会社は現在もツアーを募集しており、訪問者として訪れる分には一見問題はなさそうである。しかし当該国の国民にとって「破綻」とは一般に次のような経過を指すと考えられる。

図４―14 日本経済の資金循環の概要

単位：兆円

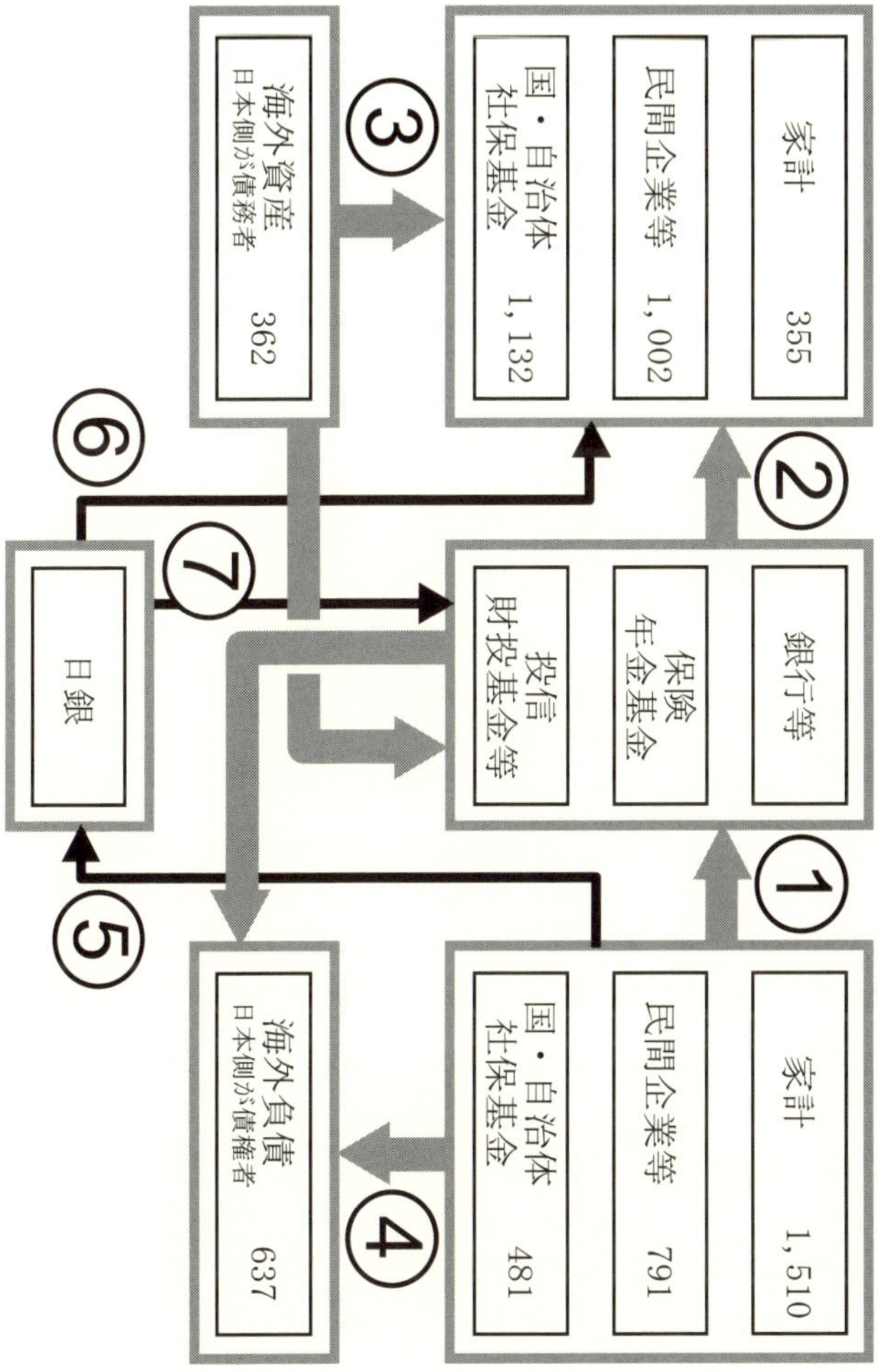

どの先進国でも、現在の政府は税収など経常収入で公的役務を賄えないので国債等で財源を調達しているが、財政状況によっては「プライマリーバランス」のマイナスが増加（債務のさらなる増加）する。するとその国の政府や中央銀行の信認が低下するから、国債の金利が上昇（信認が低下するので金利を高くしないと買ってもらえない）する。このためますます利払費が膨張するので償還困難となる。この過程は一旦始まると一方が他方を加速する暴走サイクルに陥る。

またその国の通貨の価値が低下するから「通貨安」になり輸入品の価格上昇をもたらし、国内の物価上昇を招く。輸入依存度が高い国ほどこの影響が大きい。企業の資金調達は抑制され海外からの投資も流入しなくなるので雇用や賃金も抑制される。一方で政府も財源を調達できないため、政府が遂行すべき公的役務（社会保障など）が制約されるから、この面でも国民はますます困窮する。いずれにしても緊縮財政をとらざるをえないが、民主主義社会では選挙があるから社会保障の大胆な切り下げを掲げる政党は支持されず、緊縮財政はなかなか実現しない。極端な場合には、国債の償還が不能となって債務不履行（ディフォルト）の状態となり、海外で保有されている国債が多ければ金融危機が国を超えて連鎖的に波及する可能性がある。

図4―14は日銀が常時公開している「資金循環統計」を簡略化した内容である。矢印の起点が債権者側、終点が債務者側である。中央の列は金融（仲介）機関で貸方・借方がバランスして（多少の誤差はあるが）いる。これに対して海外との出入りが全体の規模に対して二～三割存在する。前述の政府の債務である約一二三八兆円が、左側の列の「国・自治体・社会保障基金」の一一三二兆円

と表示されている債務におおむね相当し、国債はこの中にある。こうした資金循環の観点でみると、国債についていえば残高が膨大といってもその大半は国内で保有（誰が保有しているかは別に統計あり）されているから破綻しないというのが「破綻しない」という説をとる側の説明である。

それでは今後も、国債の大半が国内で保有されているかぎりは全体の量が膨張を続けても問題ないのであろうか。ここで図では明示的に表現できない要素がある。第一は金利の影響、第二は通貨の価値である。国債は金利がつかなければ市場での取り引きが成立せず、価格が下がる（市場における信用が低い）と金利が上がる。金利を上げなければ買ってもらえないので資金調達ができなくなるからである。また総量の二〜三割ではあるが海外との出入りがある。

このことは必ずしも「七〜八割の余裕があるから大丈夫」という解釈はできない。たとえば一〇〇〇万円の債券を保有している個人あるいは法人がいたとして、それが踏み倒しまでは至らないとしても、ほどなく七〇〜八〇万円に目減りすることが確実と知ったら、その個人あるいは法人は争って保有している国債の売却にかかるであろう。混乱は実際に暴落する前の「引きがね」で始まるのであって、一旦始まると一方が他方を加速する暴走サイクルに陥りかねない。この「引きがね」は国内政策ではコントロールできない。

リーマンショックやギリシャ危機は、マクロ経済の点からは東日本大震災を桁ちがいに上回る影響を国内の経済システムに与えた。もし日本が、食糧・資源・エネルギーを無尽蔵に自給できる国ならば、海外からの影響を最低限にとどめ内需中心でマクロ経済を成長させることができるかもしれないが、今やそれは不可能である。金融とは別の要因により化石燃料の高騰も近い将来に懸念される。海外に対して日本側の債権が上回っているのがいくらかの緩衝材料である。

第一に金利の点であるが、国債は額面価格に対する金利（表面利率）が必ず支払われ、償還期限が到来すると額面で戻ってくる。これが額面や利回りの保証のない（例外もあり）投資信託などの金融商品と異なる性質であり、他の金融商品に比べて利率が多少低くても「安心」というキャッチフレーズで販売される理由である。しかしこれと表裏一体の関係として国は必ず金利を払わなければならず、また期限が到来した国債の償還をしなければならない。もしそれが本当に滞れば（あるいはそのおそれが高まれば）実際にギリシャの状態に陥る。またこれと関連して、国債の増発は将来の増税と同じことになる。現状で、国は歳入で租税収入が四一兆円のところ、歳出で国債関係費を二二兆円払っている。ここで再度図4―12をみると、国債残高の膨張にもかかわらず現在は金利が低いので利払費がある程度抑制されている。しかし金利が少しでも上がれば、たちまち国債関係費が租税収入を上回る事態が発生する。

第二は貨幣や国債の信用毀損である。同時に他国の通貨に対して自国の通貨量が増えるバランスで円安（外的要因が働くので単純ではないが）になる。日本は基本的な資源とエネルギーの海外依存度が大きいから、これらの価格が上昇し、いっそうインフレ要因となる。現に「アベノミクス」以来、経済界は円安を歓迎しているが、ガソリン価格が上昇し電気・ガス料金の値上げ

図４―15　ＧＤＰに対する政府債務残高の比率

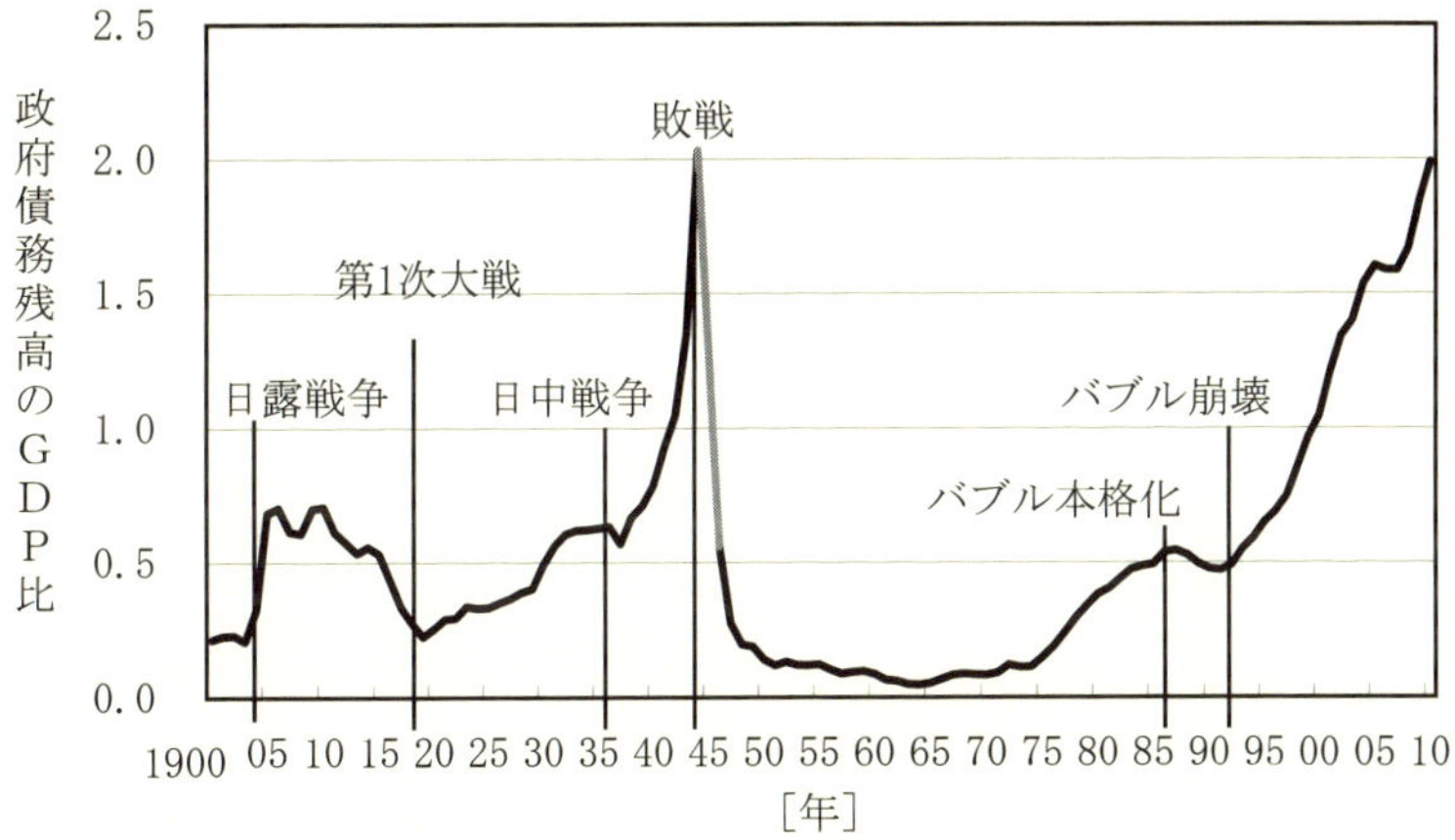

も予定されている。ただし実際には、供給された通貨がいつ・どこに回るかによってさまざまな偏り（給料が上がらないのに物価が上がる、業種によって利害が異なるなど）が発生する。また通貨の価値が下落すれば、図のバランスを通じて国債の価値と通貨の価値は連動しているので、国債の価値毀損など制御不能なインフレ過程が始まり、経済の混乱が加速する。

価格の動きが数％の範囲であれば（それでも賃金が連動しなければ低中所得者にとって深刻な打撃となる）金融政策で調節可能な範囲と考えられるが、それが制御不能なインフレとして暴走するメカニズムが経済システムに内在している。現在の政府財政は、赤字でも国債を通じて資金調達が可能ではあるので一見破綻していないが、それは国債の信用が当面は保たれ市場で流通しているからである。しかし国債の信用が毀損し、それに連動して通貨の信用も毀損し、財政赤字をそのまま中央銀行の通貨供給で賄うようになるとハイパーインフレに陥る。一旦その暴走に陥った場合、金融政策では回復できない。詳しくは岩本康志氏の資料(注41)で数式表現を伴って適切に解説されているので参照していただきたい。

また岩本氏の別の資料(注42)には、明治以来の政府債務残高のGDPに対する比率の図が示されている。筆者もデータの出所は異なるが図4―15のように同じ図を作ってみた。日本は戦前も戦中も営々と統計を取っているが、さすがに一九四五年は敗戦の混乱で統計が空白の期間があり、この間は少々怪しいので単に前後を結んでおいた（グレー部分）。この図のように、戦前に政府債務残高のGDP比率が急上昇する理由は戦争であった。戦費調達のために実体経済の実力以上に国債（公債）を発行したからである。最終的にはどうにもならなくなり、敗戦後に経済用語でいえばハイパーインフレ、要するにインフラも国民生活もすべて崩壊して債務は帳消しになった。

次に戦後であるが、戦争をしていないにもかかわらず現在の政府債務残高のGDP比率が第二次世界大戦なみに上昇している。これを岩本氏は「日本は景気を相手に戦争を始めた」と表現している。特に危機的になったのは九〇年代以降であるが、それ以前にインフレ傾向が続いていた高度成長の頃でさえも債務が膨張している。これは国債で公共投資を実施しても、累積債務を解消するほどの税収をもたらすだけの経済効果が得られなかったことを意味する。国債が国内で保有されている限り「破綻」ではないと主張する論者でも、このままの延長で無制限に破綻しないとは断定できないだろう。

本章冒頭に示した財政出動論者の計量経済モデルによるシミュレーションでは、今後一〇年間（計算上の起点は二〇一〇年）で累積二六二兆円（実質値）の公共投資により一般政府収入は累積四〇六兆円増加、消費者物価指数は二〇％上昇、純政府債務は二三〇兆円減少などと試算している。しかしこうしたシミュレーションは、経済の構造が現状と変わらず、需要・供給のバランスに基づく年率数％程度の変動の前提で計算されるので、国債の信用毀損などの要因を組み込んでいるわけではない。どこまで行ったら危険レベルかについて何の示唆も与えないし、現実社会でどのような事態が発生するかも予測できない。

国債が市場で流通し資金が調達できるためには政府の「信用」の価値にかかっている。累積債務が膨張しながらも辛うじて「信用」が維持されているのは、無秩序な資金調達の危険性を指摘する慎重意見が考慮され、制御機能が働いていると認識されていたからである。「国土強靭化」を主張する論者は、地震や津波については最悪事態を想定せよと言いながら、経済については都合の悪い想定を無視し「安全神話」に埋没している。また彼らは専門的な知見に基づいて大局的な計画を提言しているという錯覚に陥り、その裏面として「公共事業悪者論」のために実現が妨げられているという被害意識を持っている。こうした勢力が世論を制するようになれば、「国土強靭化」ではなく、経済システムの基盤を破壊する「国土焦土化」に帰着するであろう。

デフレ脱却のために、貨幣や国債をコントロールしつつ「適度」に増やせばよいとも考えられるが、それには必ずしも保証がない。前述のように累積債務のリスクとは、単に「額が大きいから返済できそうもない」という要因よりも、金利（それに起因する利払費）の問題である。これまでは国債の発行残高が膨張しているものの、金利が低かったために政府の利払費は一定にとどまっている。しかし今後金利が上昇すると発行残高が膨張してきた分だけ利払費が大きな負担となる。「国債を保有していても損をするだけだ」という状況になると、一挙に金融不安が発生する可能性がある。

また消費者の側からみた場合「給与が上がる前に金利や物価が上がれば、住宅ローンの返済額は増加し、給与の価値は減り、実質消費は落ちてくる。（中略）通貨というのは、一度価値が落ち始めたらとめどもなく落ち続ける。価値を上げる方向での介入策は効かない[注43]」という指摘がある。シミュレーション[注44]に基づき、公共投資の積極的な導入によりデフレ脱却が可能とする主張もある。たしかに公共投資によりＧＤＰその他のマクロ経済指標がどの程度影響を受けるかを推計することはできるが、制御不能なインフレや通貨価値の暴落など、危機的影響をもたらさない限界点はどこまでかについては、何も示唆を与えない。

また通貨の供給は一般論としては円安に作用するが、これ自体がただちに輸入物品の国内価格の上昇につながるだけでなく、供給された通貨が投機などに向かうと、食料品やエネルギーなどの国際市場における価格そのものの高騰を招くおそれもある。投機であるから、食糧やエネルギーのように消費の価格弾力性が低い（生活必需財のため価格が上昇しても消費を減らすことがむずかしい）商品が投機の対象になる。二〇〇八年ころからの食糧・エネルギー価格の高騰は、日本はもとより世界的な通貨供給の増加によりもたらされたとする見解もある。こうした面から通貨増発のリスクは次のように要約されるであろう。

1　一見まだ大丈夫と思っても偶発的な引き金によって潜在リスクが一挙に表面化する。
2　いったん暴走したら人為的手段では止められない。
3　実際に暴走が起きた前例があるのに、希望的観測だけで「安全神話」を主張する。
4　借金（原発では廃棄物）の処理の見通しがなく溜めているだけ。
5　実際に起きると誰も責任を取らず被害に対する補償手段がない。
6　社会的・経済的な弱者が最も先に犠牲になる。

国債を理解する良い参考書

政府の債務と財政についてわかりやすく説明した資料として、現代のいかなる教科書や解説書よりも優れた資料がある。それは一九四一年の「大政翼賛会」から配布された『隣組読本　戦費と國債』(注45)という冊子である。現代のノウハウ本のようなQ＆A方式で、戦争遂行のために国民運動として国債を購入すべき理由が解説されている。「隣組」と称しているのはそのためである。冊子の中には下記のような仮想質問が挙げられているが、それは人々が国債について必ず抱くはずの疑問を先取りして打ち消している内容である。

「國債が消化しないと何故悪性インフレーションになるのか」
「國債がこんなに激増して財政が破綻する心配はないか」
「将来政府は如何して此の多額の國債を償還するか」
「こんなに國債が増加しては将来國債の元利金を払はなくなる心配はないか」
「将来国債の値段が暴落する心配はないか」

そして巻末には「勝利へ！建設へ！　躍進日本　銃後の協力は國債を買ふことだ」との標語が掲げられている。もとより各々の仮想質問に対する回答は「心配ない」と断言する内容である。しかしこの数年後に冊子のすべての説明は崩壊して国債が紙屑になったことは否定しようのない事実である。その理由として、当時は国力に見合わない無謀な対外戦争を行なっていたから破綻したのであって、現在は状況が全く異なると考えられるだろうか。実はそうではない。冊子の説明を読むと戦争との関連性は「多額の戦費の調達が必要」という点だけであって、その他は戦争と関係がなく、まさにマクロ経済の教科書的な話であり現在と共通である。

たとえば「國債がこんなに激増して財政が破綻する心配はないか」に対する説明としては「國債が澤山殖《ふ》えても全部國民が消化する限り、すこしも心配は無いのです。國債は國家の借金、つまり國民全體の借金ですが、同時に國民が其の貸手でありますから、國が利子を支拂つてもその金が國の外に出て行く譯でなく國内で廣く國民の懐に入つて行くのです。一時「國債が激増すると國が潰れる」といふ風に言はれたこともありましたが、當時は我國の產業が十分の発達を遂げてゐなかつた為、多額に國債を発行するやうなときは、必ず大量の外國製品の輸入を伴ひ、國際收支の悪化や為替相場、通貨への悪影響の為我國經濟の經濟の根底がぐらつく心配があつたのです。然し現在は全く事情が違ひ、我國の產業が著しく發達して居るばかりでなく、為替管理や各種の統制を行なつて居り又必要なお金も國内で調達することが出來るのでして、從って相當多額の國債を發行しても、經濟の基礎がゆらぐやうな心配は全然無いのであります。」と述べている。

「国内で循環しているだけだから累積債務が増えても破綻しない」という説明は、国内で食糧・エネルギー・資源が自給できる場合には可能である。戦前・戦中は一時的とはいえ中国東北部から南太平洋までエネルギー・資源を押さえ、国内で自給できる水力と石炭で一次エネルギー供給の八〜九割を占め、食料の面でも当時の日本は農業国であった。一九四一年頃からは石油の供給が激減したが、代替として自給資源である薪炭による一次エネルギー供給が石油をはるかに上回っている。

これに対して食糧・エネルギー・資源の多くを輸入に依存するようになった現在の日本では、

むしろ当時より潜在的リスクが大きいと考えられる。

波及効果や予測のシミュレーション

マクロ経済のメカニズムを理解したとしても、多くの人にとって「さまざまな数量のうち、何がどれだけ変化するのか」という数量の予測が関心事であろう。また政府や研究機関から伝えられる予測はどのような方法で計算しているのか。予測（シミュレーション）である以上は、どのような方法でも必ず的中する保証はないが、どのような政策であっても、ある政策を実施するとどのような影響（プラス・マイナス双方とも）があるか、いくつかの代替案のうちいずれが最適か、費用対効果はどれほどか、などの事前検討で評価されるべきである。理工学の分野では、実験室や模型・試作品などから得られたデータを、実物大あるいは実用品の設計に拡張する手法が可能である。しかし経済は社会の現象であるので、理工学のような意味での「実験」は不可能である。このため政策評価には、実際の経済をモデル化したシミュレーションが必要となる。以下に各々の手法の概要を示すが、より詳しい説明は参考文献を参照していただきたい。(注46)

マクロ経済の評価や予測に関して多く採用される手法として、①産業連関モデル、②応用一般均衡モデル、③マクロ計量経済モデルがある。いずれも現在では個人のパソコンでも計算は可能である。自分でモデル構築や計算に携わる専門家でなくても、その考え方や背景を知らなければ結果の妥当性を評価できない。各々のモデルがどの程度まで信頼性があるのか、逆にいえばどこまでが予測の限界なのかを知っておくことは重要である。特に近年は、政策評価は第三者による検証可能性が求められる。

各手法にはそれぞれ長所・短所があり、どのモデルであれ予測である以上は、必ず的中するとはだれも断言はできない。そこで現実的な使い方としては、複数の提案や政策に対して同じ手法で比較することによって相対的な優劣を推定すること、また他の条件を一定とした上でいくつかのパラメータを変化させることによって、結果にどのような変化（単位施策量あたりの感度）があらわれるのかを検討すること、などが妥当な使い方であろう。

①産業連関モデル

多数の産業分野（農業、林業…機械製造業、電子機器製造業…建設業、サービス業云々といった産業分野）の相互の取り引き（金額表示）を縦横の総当たり型式に集計した表（産業連関表）(注47)を基本として、公共投資・民間消費・輸出などの需要が増減した場合に、各産業の生産額がどのくらい影響されるかを推計する。産業連関表は国民経済計算のデータと整合性がある。公共投資に起因するＧＤＰ増減効果、所得増減効果、雇用者数増減効果への波及などを推算することができる。多数の産業分野それぞれについての内訳も得られる。

さらに応用として、エネルギー価格の変化による物価への波及や、賃金の変化による物価への波及の推計などにも用いられる。また別の統計と組み合わせることにより、需要の変化による環境負荷（電力その他のエネルギーの需要を通じて）の変化の推計なども可能である。国レベルの分析を基本として、都道府県や都市レベル、あるいはそれらの地域間・国際間の分析も行なわれる。基本データとなるのは、全国産業連関表、[注48]地域間及び地域産業連関表、[注49]都道府県別産業連関表[注50]などである。

欠点として、時間的な経過（波及の時間遅れ）が表現できない点と、生産額あたりの原材料・エネルギーの投入比率や雇用発生量が常に一定値として計算されるので、単年度の結果としては過大に出やすい点がある。すなわち企業は、生産額が増加したからといって必ずしもそれに比例して雇用者を増やすとはかぎらないが、モデルの構造上それが比例するとして計算される。また価格の変化による需要・供給の変化（たとえば原材料Aの価格が上昇したら原材料Bに切りかえなど）が表現できない。公共投資の増加分などの変数は所与の条件として与えられるが、その源泉となる財政（税や公債など）との関連性は、産業連関分析自体では表現できない。

②応用一般均衡モデル

家計・企業・政府といった経済主体が、市場（社会経済システム）を通じて、一定の目的（効用の最大化など）に向かって財貨やサービスの選択・取り引きを繰り返すことにより達成される均衡状態（取り引きの量や価格）を推定するモデルである。文章ではわかりにくいがイメージを図4

図4―16 応用一般均衡モデルの概念

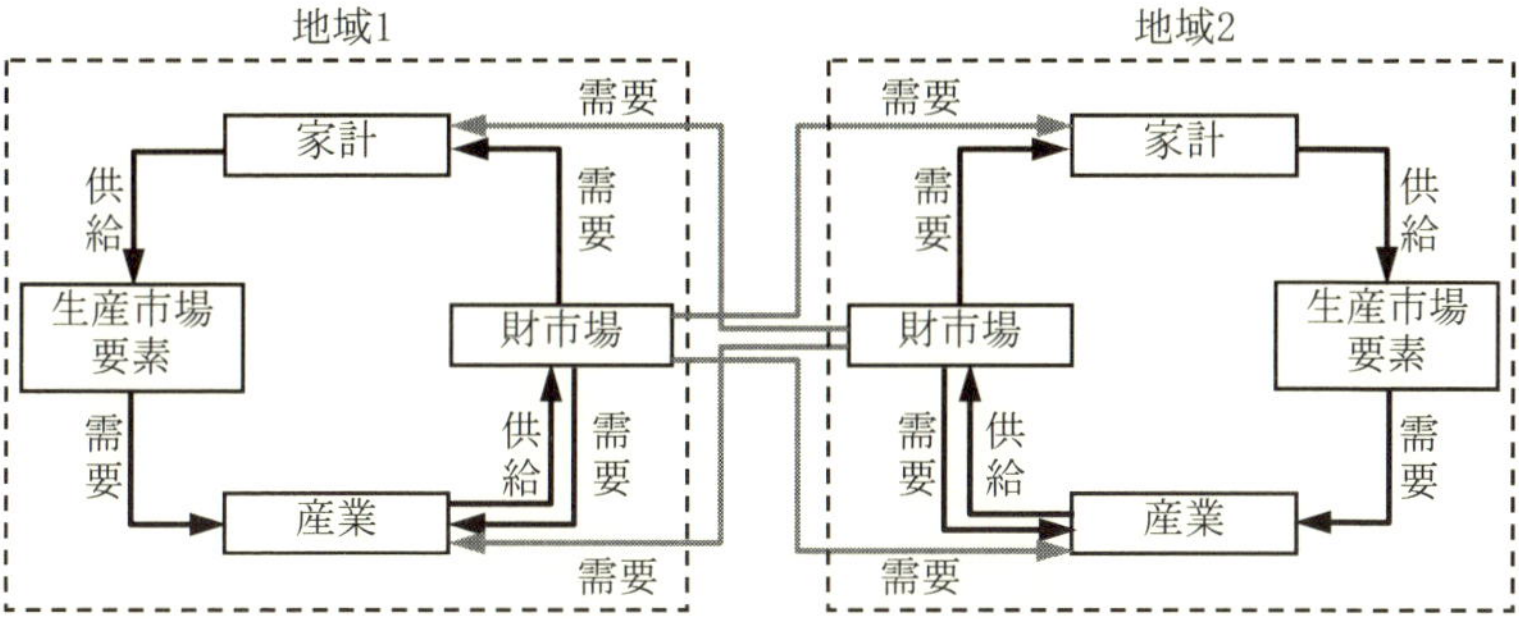

―16に示す。いずれかの箇所に変化（賃金の変化、ある産業における生産性の変化、エネルギー価格や税制の変化など）が起きると、それが市場を通じて次々に波及しある状態に収束（均衡）する状態を推定する。分析例は多数あるが、たとえば東日本大震災に起因する電力不足が、国内のマクロ経済にどの程度の影響を及ぼしたかを試算した例(注51)などがある。

図の左右が各々一つの社会・経済システムをイメージしたものであり、さらに産業連関モデルと同様に、地域間・国際間など複数（図の例では二地域）の社会・経済システムを同時に取り扱うモデルもある。また応用一般均衡モデルの考え方の延長として、応用都市経済モデルなどがある。これは、道路など交通体系の整備状況が人と物の流れ（どこからどこへ、どの経路で…など）が変化し、それが家計の行動や企業の立地や利用形態を変えるので、総合的な結果としてマクロ経済にどのような影響をもたらすかを推定するモデルである。公共投資の波及効果を推定する目的では、このようなモデルのほうが現実をより具体的にあらわすことができると考えられる。

③マクロ計量経済モデル

マクロ計量経済モデルとは、消費・投資・労働などの経済要素の相互関係（たとえば「消費は所得の関数である」など）を保った上で、全体を連動させてシミュレーションする方法である。一般に用いられる日本全体のマクロ経済モデルでは、要素の数は数十個ていどに設定される。ただしその相互関係の度合い、すなわち「A要素が何％変化すると、B要素に何％の影響を及ぼすか」という係数（パラメータ）は過去の統計を整理することによって決められる。別の言い方では、マクロ計量経済モデルでは、経済要素の相互関係や影響の度合いが大きく変わらない（安定性）ことを前提としている。

この点はマクロ計量モデルの弱点でもあり、過去に起きたことがない現象や、もともとモデルに組み込まれていない（論者が意図的に、あるいは不注意により）関係は予測できない。たとえば国債の増発で公共投資を増加させれば名目ＧＤＰが増加する関係は確かであるが、それが長期にわたって何らの制約も受けず無限に続くとは考えられない。通貨が信認を失って通貨の価値が暴落するなど、国内の過去の統計から表現できない動きはモデルに組み込まれていないので、シミュレーション上ではいつまでも経済危機は起きないことになる。マクロ計量経済モデルを不用意に扱うと、計算上は無限に経済が成長する結果さえ得られてしまう。本章冒頭で示した「二〇二〇

図４―17 モデルによる乗数効果の差

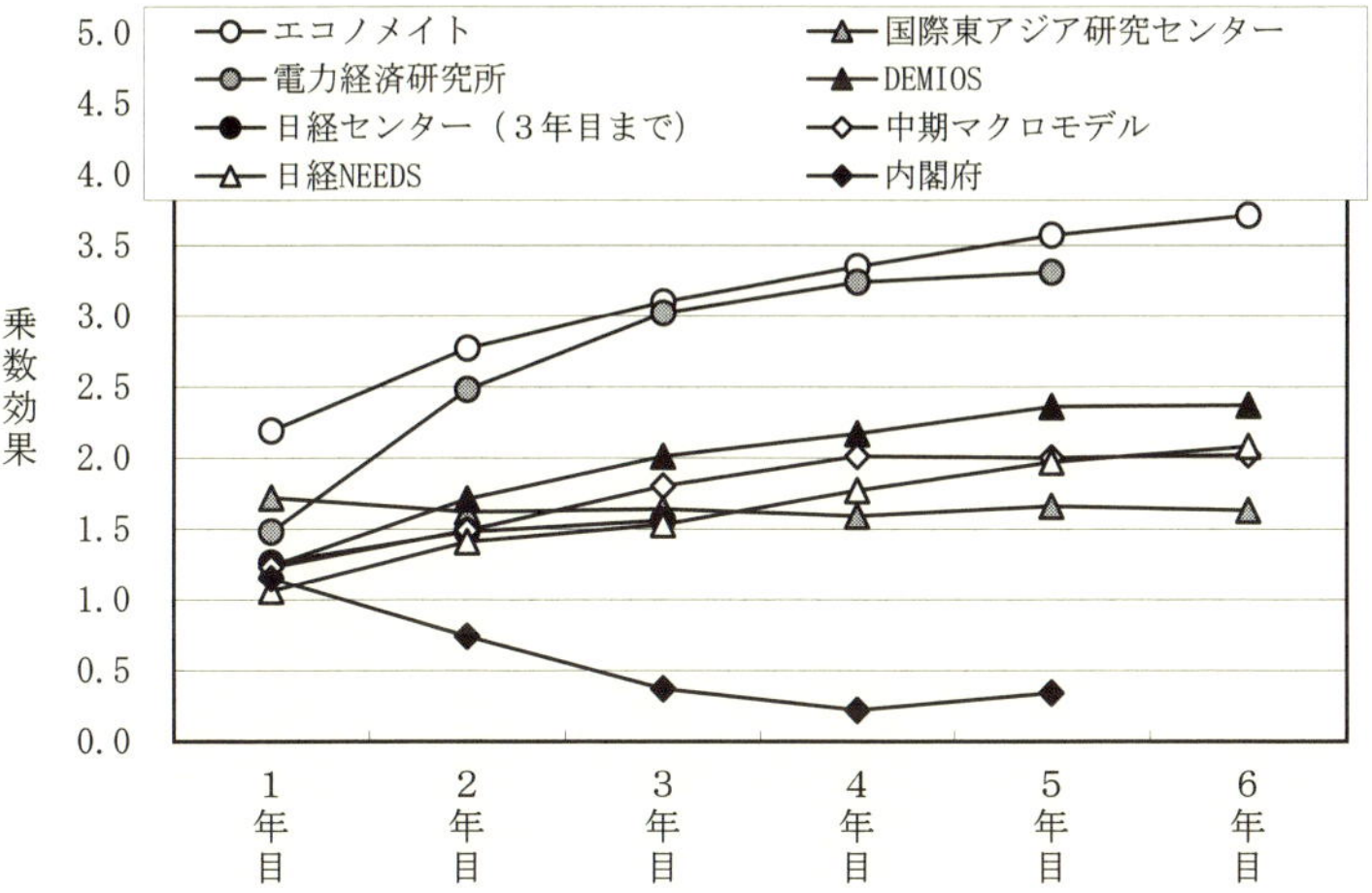

年には名目ＧＤＰが八七〇兆円」等の結果はこうしたシミュレーションの結果であることに注意が必要である。

マクロ経済の評価では「乗数効果」の推定がよく議論になる。乗数効果とは、ある政策に基づく需要の増減が、社会全体の金融・企業・消費者などのつながりを通じて、ＧＤＰの増減に波及する度合いである。またそれに付随して雇用数や雇用者所得、税収の増減への波及も評価される。たとえば道路やダムを作る公共事業のケースでは、その工事金額は、それを受注する建設企業や、その下請け企業に直接の需要の増加をもたらす。しかしそれだけでなく、工事に必要な資材（セメントや鋼材など）を製造する製造業や、工事に必要な重機やトラックの需要も誘発する。さらには工事現場の周辺で飲食・宿泊業の需要も増加するなどの効果が期待できる。その需要によって創出された付加価値は、各々の産業における雇用者所得を増加（その程度はともかく）させるから、所得の一部がさらに別の需要（市民からみれば消費）を産み出し、再び所得の増大をもたらす。こうして、ある一単位の需要（たとえば一兆円）が生じたときに、社会全体にその影響が波及してどれだけの付加価値（その他の波及効果）を産み出すかの比率を乗数効果として比較することにより波及効果の大きい（あるいは小さい）施策と評価される。

一方で問題もある。計量経済モデルで乗数効果（その他の波及効果）を推定する場合、検討者の考え方によってモデルの組み方が異なるため、推定された結果が大きく異なる。たとえば需要に大きな影響を与える将来の人口動態について、国立社会保障人口問題研究所の将来推計(注52)を所与の条件として用いるモデルが多いが、一方でマクロ経済の動向が人口動態（出生率や社会保障のレベルなど）にも影響を与えるので、所与の条件とせず計算の進行に伴って変化させるモデルもある。また化石燃料の価格、為替レートの将来の動向をどのように想定するかによっても結果は影響される。こうしたモデルによる考え方の相違が積み重なって推定された結果が影響される。図4—17は、いくつかの計量経済モデルによるＧＤＰに対する乗数効果を比較したものである。(注53)過去の統計は実測値であるからいずれのモデルでも同じデータを起点にしているが、モデルの組み方によってこのようにさまざまな結果が生じる。いずれにしても複雑な実社会を限られた数式や係数で表現している以上、完全に現実社会の経済を再現できるとは考えられない。あくまで一定の不確実性を持った結果として捉えるべきである。

このように公共投資による経済効果については、一つの参考情報ではあるが、都合の良い結果だけを取り上げて政策の指針とするには危険である。実際のところいわゆる「アベノミクス」では、物価目標値（二％）は具体的に掲げているものの、雇用や所得など、国民の暮らしにかかわる重要な指標について何ら公に言明していないし、前述のように社会保障の切り下げを提示していることに注意しなければならない。

注

1　宍戸駿太郎・川上彰・黒川基裕「東日本大震災の計量経済分析　とくにレオンチェフ・クロスの利用とＤＥＭＩＯＳによるシミュレーション分析」『産業連関』一九巻三号、四〇頁、二〇一一年。

2　中野剛志「公共事業はどのような意味において無駄なのか?」『土木学会誌』九五巻六号、二〇一〇年、五二頁。

3　財務省報道発表、二〇一三年五月一〇日 http://www.mof.go.jp/jgbs/reference/gbb/2403.html。

4　藤井聡『列島強靭化論　日本復活５カ年計画』文春新書八〇九、二〇一一年、一五二頁。

5　「自民党政策集Ｊ―ファイル２０１０」。http://www.jimin.jp/policy/pamphlet/pdf/j_file2010.pdf

6　「政権公約Ｊ―ファイル２０１２」http://jimin.ncss.nifty.com/pdf/j_file2012.pdf

7　総務省統計局「国民経済計算の概念図」www.stat.go.jp/data/nenkan/pdf/z03-1.pdf

8　室田泰弘・伊藤浩吉・越国麻知子『パソコンによる経済予測入門』東洋経済新報社、二〇〇五年、一三二頁より筆者補足。

9　内閣府経済社会総合研究所「国民経済計算年報」。

http://www.esri.cao.go.jp/jp/sna/data/data_list/kakuhou/files/h23/h23_kaku_top.html

10 日本銀行調査統計局「経済・物価情勢の展望」（二〇一二年一〇月版）、参考計表五二。

11 日本銀行調査統計局「潜在成長率の各種推計法と留意点」『日銀レビュー』二〇〇九年九月。

12 市村真一、ローレンス・クライン『日本経済のマクロ計量分析』日本経済新聞社、二〇一一年、一九四頁。

13 自由民主党国土強靭化総合調査会編『国土強靭化　日本を強くしなやかに』相模書房、二〇一二年四月、六二〇頁。

14 前出1。

15 日本エネルギー経済研究所『エネルギー・経済統計要覧』二〇一二年版。

16 法政大学大原社会問題研究所「太平洋戦争下の労働者状態」。
http://oohara.mt.tama.hosei.ac.jp/rn/senji1/rnsenji1-022.html

17 国民生活基礎調査 http://www.mhlw.go.jp/toukei/list/20-21.html

18 ＴＢＳ「みのもんたの朝ズバッ！」二〇一三年一月一〇日放送。

19 内閣府「景気動向指数」http://www.esri.cao.go.jp/jp/stat/di/menu_di.html

20 ＮＥＷＳポストセブン「安倍政権の金融緩和　住宅ローン金利上昇で痛手くらうことも」二〇一二年一二月二七日。
http://news.nifty.com/cs/domestic/societydetail/postseven-2012122七-1六3022/1.htm

21 渋沢健「「大胆な金融緩和」があなたの現預金を脅かす」。
http://www.nikkei.com/money/column/moneyblog.aspx?g=DGXNMSFK0六02E_0六12201200000

22 櫻川昌哉「安倍政権経済政策の課題②中銀の独立性、歴史に学べ」『日本経済新聞』二〇一三年一月一七日「経済教室」。

23 http://www.keidanren.or.jp/japanese/policy/2011/074.html

24 『東京新聞』二〇一三年二月二日朝刊「賃上げは業績回復後」経団連経労委宮原委員長。
http://www.tokyo-np.co.jp/article/economics/news/CK2013020202000104.html

25 藤井聡『維新・改革の正体　日本をダメにした真犯人を捜せ』産経新聞出版、二〇一二年、一六八頁。

26 藤井聡「デフレーション下での中央政府による公共事業の事業効果分析」『第四六回土木計画学研究発表

会・講演集』（ＣＤ―ＲＯＭ）、二〇一二年一一月。
27　ダイヤモンドオンライン「自民圧勝で生活保護受給者は絶望の淵に　元公務員ワーキングプアが語る貧困世帯の悲惨な現場」http://diamond.jp/articles/-/29761
28　上林陽治『非正規公務員』日本評論社、二〇一二年によると、二〇〇八年において地方自治体職員の三〇%が臨時・非常勤職員であるという。
29　厚生労働省「生活扶助基準の見直しに伴い他制度に生じる影響について」。
http://www.mhlw.go.jp/seisakunitsuite/bunya/hukushi_kaigo/seikatsuhogo/topics/tp130219-01.html
30　「社会保障の安定財源の確保等を図る税制の抜本的な改革を行うための消費税法の一部を改正する等の法律」（平成二十四年八月二十二日法律第六十八号）。
31　前出26。
32　日本銀行「日本銀行の「独立性」と「透明性」―新日本銀行法の概要」。
http://www.boj.or.jp/about/outline/expdokuritsu.htm/
33　日本銀行金融研究所編『日本銀行の機能と業務』有斐閣、二〇一一年、一一頁。なおウェブで全文閲覧可能 http://www.imes.boj.or.jp/japanese/pf.html
34　前出、一二〇頁。
35　日本銀行ホームページ「金融政策決定会合の運営」
http://www.boj.or.jp/mopo/mpmsche_minu
36　http://www.boj.or.jp/announcements/press/koen_2012/ko121126a.htm/
37　http://www.boj.or.jp/statistics/outline/exp/exms.htm/
38　財務省「特別会計ガイドブック」。
http://www.mof.go.jp/budget/topics/special_account/fy2012/index.htm
39　総務省「地方財政白書」。
http://www.soumu.go.jp/menu_seisaku/hakusyo/index.html
40　財務省ホームページ http://www.zaisei.mof.go.jp/data/
41　岩本康志「ハイパーインフレーションの理論」。

http://blogs.yahoo.co.jp/iwamotoseminar/archive/2010/03/14

42　岩本康志「景気との戦争」http://blogs.yahoo.co.jp/iwamotoseminar/archive/2009/08/11

43　森信茂樹「目覚めよ！納税者」、ダイヤモンドオンライン、二〇一三年一月四日。
http://diamond.jp/articles/-/30081?page=2

44　藤井聡、前出26。

45　大政翼賛会『戦費と國債』一九三六年。当時大量に配布されたものと思われ現在も古書市場で入手可能。

46　多数の参考書があるが、たとえば上田孝行編著『Ｅｘｃｅｌで学ぶ地域・都市経済分析』コロナ社、二〇一〇年、市村真一、ローレンス・クライン『日本経済のマクロ計量分析』日本経済新聞社、二〇一一年など。

47　http://www.stat.go.jp/data/io/index.htm

48　総務省 http://www.stat.go.jp/data/io/ichiran.htm

49　地域間産業連関表・地域表リンク http://www.meti.go.jp/statistics/tyo/tiikiio/result/result_02.html

50　現在ではほとんどの都道府県で提供されている。例えば福井県産業連関表。
http://www.pref.fukui.lg.jp/doc/toukei/sanren.html

51　小池淳司・右近崇「電力供給不足による経済的影響分析」第四四回土木計画学研究発表会・講演集ＣＤ—ＲＯＭ、二〇一一年一一月。

52　社会保障・人口問題研究所「日本の市区町村別将来推計人口について」。
http://www.ipss.go.jp/pp-shicyoson/j/shicyoson08/t-page.asp

53　第三五回内閣府経済社会総合研究所経済政策フォーラム「経済政策とマクロ計量モデルの活用」二〇〇八年八月八日、宍戸駿太郎氏資料。

第5章　地域を取り戻す

地域の元気が日本の元気

国土強靭化の議論は、これまでみてきたように事業の有効性や財政の面での問題が多々あるが、決定的な欠陥はすべての基本政策が「中央集権」の発想であり、地方分権や市民自治の発想が皆無である点である。「地域共同体の維持・活性化」との項目もあるが、それは「町内会に統治機構としての権限の付与、防災隣組の体制整備」とされているように、中央集権のシステムの一環として上意下達の手段として想定するにすぎない発想にとどまっている。この発想があるかぎり「日本を強く、しなやかに」することはできない。

神野直彦氏は一九九三年に国会で「地方分権の推進に関する決議」(注1)がなされてから今年（二〇一三年）で二〇年になる機会に寄稿している。(注2)その決議では、国民が等しくゆとりと豊かさを実感できる社会を実現していくために地方分権が必要であると宣言している。その政策的な意味として神野氏は「経済成長を追求しても、ゆとりも豊かさも実感できなかったことを反省し、経済成長の成果を国民の生活に反映させる方向に政策転換を図ろうとしたから」と述べている。

しかし神野氏は、この決議から二〇年経っても国民は「等しくゆとりと豊かさを実感」できていないどころか、グローバル化した経済が地域を疲弊させ、国民は展望の持てない生活に陥っており、その原因は「地方分権」が、経済成長の成果を国民の暮らしに還元する本来の目的を失い、「小さな政府」によって依然として「成長」のための手段として地方分権が利用されてしまったためであると指摘する。この状態から脱却するために、生活の向上と魅力ある地域づくりの総合戦略を地域主導で創造することを提言している。

ところで「生活の向上と魅力ある地域づくり」とはどのような姿であろうか。自治体によっては、現在の延長から推計すると、二〇～三〇年後には若い世代の人口が極度に減り、いわゆる「逆ピラミッド」がさらに進展するとともに、全体人口も大きく縮小すると予想されるケースも少なくない。このような地域では、人々は仕事にせよ日常生活にせよ、何をよりどころにして暮らしてゆけばよいのかといった根本的な政策が問題となる。

図5―1は埼玉県嵐山町の人口動態の将来推計(注3)であるが、都心から地下鉄と相互乗り入れする鉄道が直通し、ベッドタウンとなっている自治体でさえこのような将来が予想されている。このようなケースでは、地域の経済社会システム、地域の活力をいかに維持するかということに議論が移ってくる。単純な人口構成だけでなく、転入・転出など人口移動がどのくらいか、また居住

図５―１ 年齢階級別人口構成 埼玉県嵐山町

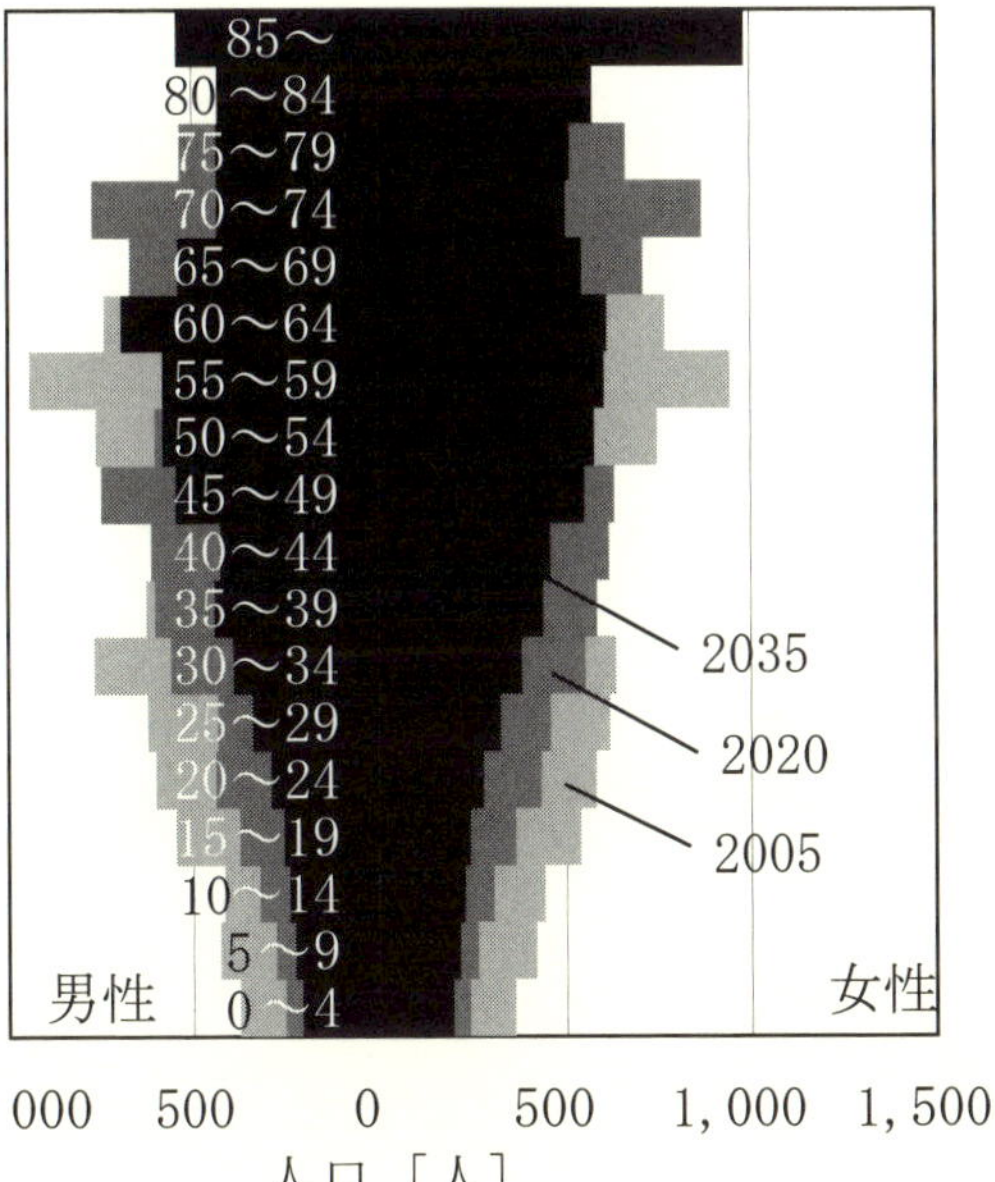

地と勤務地の相違はどのくらいか等の動態での検討も必要となる。

地域に人を引きつける魅力があって、観光客の入込みを増やしたり、さらには定住人口が増加するような要因があればその地域にとって望ましいが、逆にこれといって魅力のない地域では負のスパイラルに陥ってしまう。日本全体で人口が減少する中で、単なるイメージ・話題性・一時的なイベントでは、地域相互で瞬間的な人の移動に陥るだけであり、結局は当座をしのぐために公共事業に依存するとなれば、持続的な社会経済システムの経路に乗ることはできない。

自治体の将来像の数値化

地域の魅力の中には「子どもを保育所に預けて働きたい人が便利な保育所をすぐ利用できる」「必要な福祉サービスを適時に適切な費用で受けられる」といった要素も含まれる。このような要素は、経済モデルによるシミュレーションから必ずしも直接に算出できないが、自治体財政の状況に強く影響を受ける指標であるので、財政の検討は重要な手がかりとなりうる。図5―2は市町村単位の計量経済モデル（第3章参照）を用いて将来の自治体の姿を予測する際の考え方の一つである。検討の対象の自治体として、名古屋近郊の人口約一一万人の市をモデルとする。

自治体の活動には財源（歳入）が必要である。財源としては、大きく分けて自らの地域での税収・国からの税や補助金・地方債の起債であるが、地方債は結局のところ借金になる。人口が減って働く人が減れば、それだけで税収が減る要因になる。国からの税や補助金・地方債には限度があるから結果として歳入が減り、公的な設備投資・支出は制約される。そうすると、それがますます地域の経済活動を低下させ、民間（住民）の個人消費、企業の設備投資を低下させるので、住民の所得は低下し税収が減る。その傾向が再度回ってきて負のスパイラルが加速してしまう。それでは国からの交付税や補助金を増やしたり、あるいは国による地方債の肩代わりを増やせばよいかというと、国の財政も厳しくなっており、地方への配分には制約が強まっている。

図5—2　自治体のシミュレーションモデル

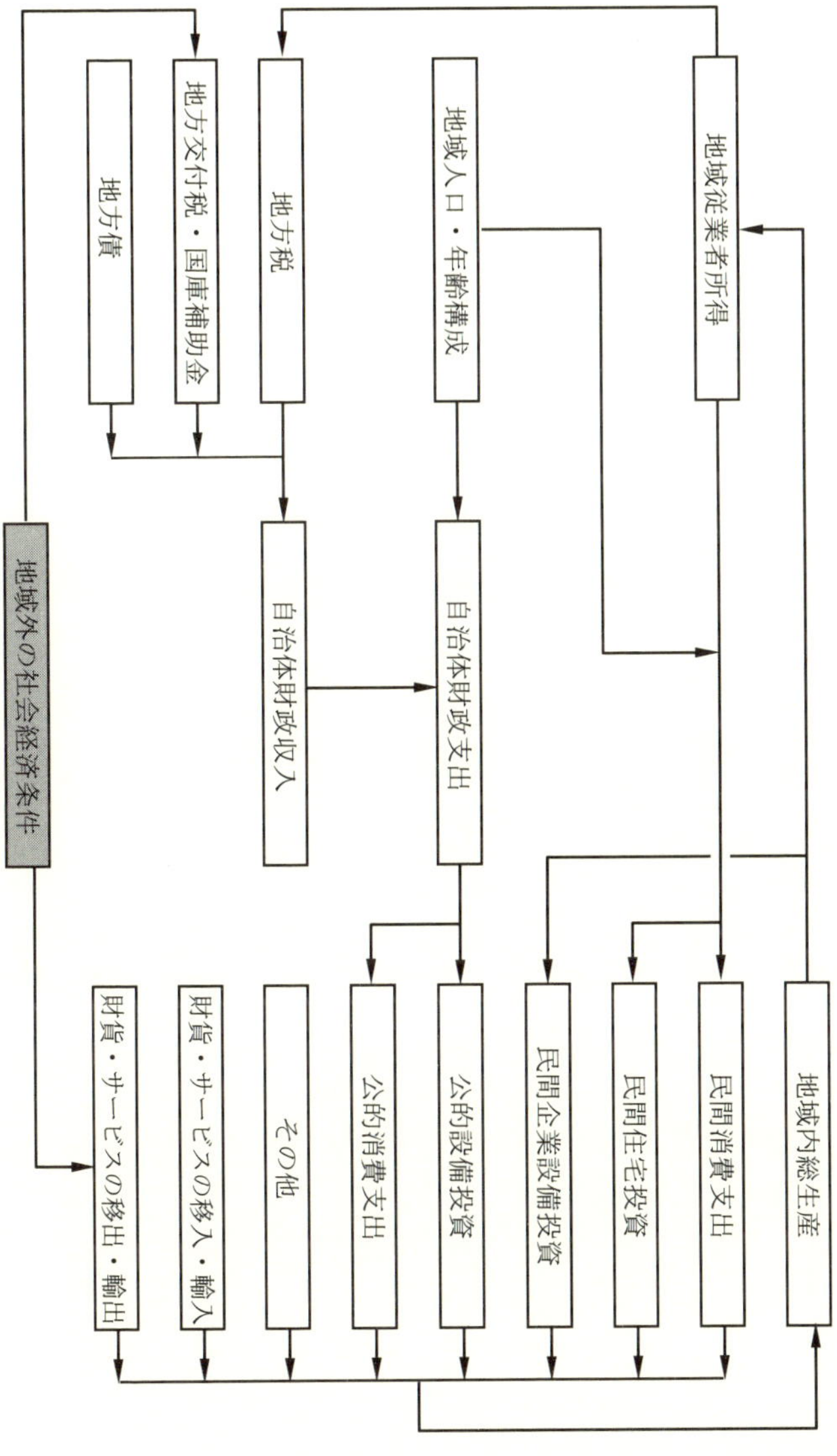

日本全体あるいは都道府県単位の経済社会システムの分析、たとえば経済予測等のシミュレーションは数多く行なわれているが、市町村単位での分析は少ない。モデル自体の構造は日本全体あるいは都道府県単位の場合と同じであるが、シミュレーションに必要な市町村単位でのデータが容易に入手できない場合が少なくない。個別の調査等によってこうしたデータを取得・生成するには多くの労力や費用を必要とする。政令指定市など大きな自治体ではその余裕があっても、多くの市町村にとっては容易でない。こうした制約はあるが、前述の市について、推定データも交えなければならないが二〇三〇年までのシミュレーションを行なった事例を紹介する。地域内総生産（地域ＧＤＰ）は次の要素の合計である。

○民間（家計）消費支出
○民間住宅投資
○民間企業設備投資
○公的設備投資（いわゆる公共事業）
○公的消費支出（福祉、教育、その他公的社会サービスなど）
○財貨・サービスの移輸出（国内他地域からの移出と、海外からの輸出）
○財貨・サービスの移輸入（国内他地域からの移入と、海外からの輸入）

投資や支出は、地域ＧＤＰの影響を受けると同時に、地域ＧＤＰに影響を与える要因ともなり、相互作用がある。財貨・サービスの移輸出は市外からの需要に応じて生産されるものであるから、都道府県や国、さらに広くは世界の動向に影響される。移輸入は、地域内の消費と移輸出に見合った必要な数量を外から導入することになる。別の意味でいうと、移輸入が多ければ、地域の所得が外に流出することを意味する。一方、歳入の構成は、主に次の要素である。

○地方税
○地方交付税・国庫補助
○地方債

地方税の税収は、地域の所得に影響される。すなわち労働力人口や、地域経済の動向にも影響される。また地方交付税・国庫補助は、国の政策に影響されるが、単に政策によるだけでなく、国全体の経済情勢にも影響される。これに地方債が加わるが、債務は償還しなければならない。その起債は無制限でなく制約がある。もし無制限に起債すれば累積債務が増加する。いずれにしても歳入・歳出は、将来にわたって次第に制約が強まることになるだろう。市の歳出は、公共事業や公共サービス等、分野別にどう配分するかにもよるが、地域ＧＤＰにも波及する。国の政策や、地方債の起債の制限が今後どのようになるかは、あくまでも想定にすぎないが、ここでは、地方交付税は毎年一%ずつ削減され、地方債の起債は毎年二%ずつ削減されると想定した。

シミュレーションの結果として、市民の暮らしにかかわりの深い「行政最終消費支出」「民間最終消費支出」「財サービス移出」「市GDP」「可処分所得」の二〇二〇年までの予測を図5―3に示す。高度成長期には、国でも自治体でも移輸出・移輸入を膨張させ、その効果としてGDPを増大させ、所得を増大させてきた。その派生的な効果として歳入が増加するから、公共投資を拡大することができた。しかし現在は低成長時代を迎え、逆に「負のスパイラル」をたどるようになっている。シミュレーションの結果は、まさにそれを予測している。生活の質の維持や、公共サービスの維持などが直接にかかわる問題である。中長期的には人口も減るので提供すべきサービス量が減る面があるが、「人口あたりの市の歳出」という指標でみると、二〇〇〇年前後をピークとして二〇三〇年にはその四分の三程度に落ち込む。大都市に近接したこの自治体であっても、将来の予測は厳しい。人口減少が著しいと予測されている小規模な町村では状況はさらに厳しくなる。それを前提として将来のビジョンを検討しなければならない。

補助金依存は非効率

小規模な自治体では公共工事頼み、交付金（補助金）頼みになりがちである。原子力発電所が

図５—３ モデル市の生産・消費セクター

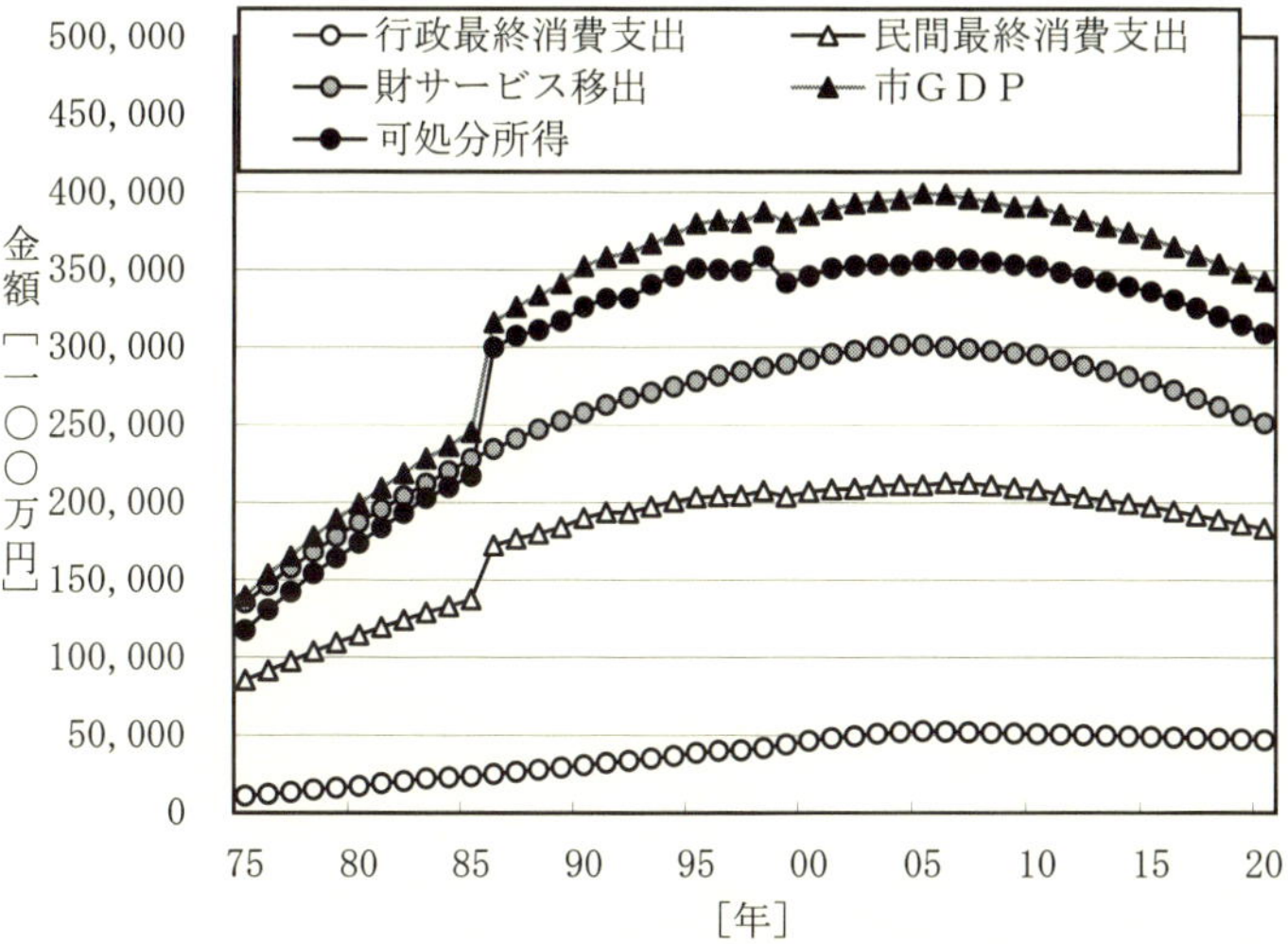

立地する自治体では、交付金が支給されたり、雇用や経済活動を促進して地域に経済的メリットがあるとされている。しかし原子力施設の立地による便益は地域住民に還元されているだろうか。全国の市町村（二〇〇八年以降に合併した市町村・政令市・区と、島根原発が立地する松江市以外の県庁所在都市を除く）の一六七六自治体について「統計でみる市区町村のすがた」[注4]「市町村別決算状況調」[注5]等のデータを使用し、原発の立地がある自治体とない自治体を比較して、下記の項目の平均値について差があるかどうか[注6]を検討した。この結果、表５—１のような関係がみられる。

① 全国の自治体対象で課税義務者当たり課税対象所得について、平均値で有意差

がない。

② 原子力発電所が集中する福島県・福井県の自治体に限定して検討すると、課税義務者当たり課税対象所得について有意差がある。

③ 全国の自治体対象では、労働力人口に対する失業者の比率について有意差がない。

④ 福島県・福井県の自治体については、労働力人口に対する失業者の比率について有意差がない。

⑤ 全国の自治体対象では、就業者数のうち他市区町村に通勤する者の割合（全国で比較）は、原発立地ありで高く、有意差がある。

⑥ 全自治体対象で財政力指数について、平均値で明確に有意差がある。

⑦ 全国の自治体対象で住民一人当たり民生費（福祉関係費歳出）について、平均値で有意差がない。

表5―1　原発の立地有無による社会的指標の差

	単位	原発立地あり	原発立地なし	統計的な有意差
① 課税義務者当たり課税対象所得（全国で比較）	万円	二九〇	二八三	なし
② 課税義務者当たり課税対象所得（福島県・福井県内で比較）	万円	三〇三	二五六	あり
③ 労働力人口に対する完全失業者の比率（全国で比較）	―	〇・〇五	〇・〇六	なし

④労働力人口に対する完全失業者の比率（福島県・福井県内で比較）	―	〇・〇五	〇・〇五	なし
⑤就業者数のうち他市区町村に通勤する者の割合（全国で比較）	―	〇・七二	〇・六三	あり
⑥財政力指数（注7）（全国で比較）	―	一・〇九	〇・五四	あり
⑦人口当たり民生費	千円	一二九	一一四	なし

②の課税義務者当たり課税対象所得については、福島県・福井県内での原発の立地あり・なしで比較すると平均値に有意差がみられるものの全国的には有意差がない。また③④のように労働力人口に対する失業者の比率では、全国および福島県・福井県内での平均値には有意差がない。また⑤のように就業者数のうち他市区町村に通勤する者の割合をみると、有意差がみられるが、原発立地ありの自治体のほうが他市区町村に通勤する者の割合が大きいので、原発の立地が地元での雇用を産み出しているかどうかは不明である。

一方、⑥の財政力指数については明確に差があり、原発立地自治体ではいわゆる「財政が豊か」であることを示している。しかし⑦のように人口あたりの民生費（社会福祉費・老人福祉費・児童福祉費・生活保護費・災害救助費の合計）も有意差がない。民生費は前述のような定義から、住民一人当たりで多いほうが望ましいとはいえない数値であるが、いずれにしても、自治体の財政が豊かでも地域住民に帰属するメリットに差がないのであれば、原子力発電の立地が地域住民に貢献しているとは言えないのではないか。高度成長期においては、大規模発電所を誘致し、外部からの波及効果で地域の経済効果を高めるというモデルが合理的であったかもしれない。しかし今は経済・社会情勢が変化し、いかに地域に人を引き留めるかという課題が重要になってきた段階では、このモデルは有効ではないと思われる。原発は、建設時には地域に経済効果をもたらすが、運転・補修の期間に入ると経済効果はそれほどでもない。

図5―4は、福井県立大学地域経済研究所の資料「原子力発電と地域経済の将来展望に関する研究　その一」(注8)より、福井県内の原発立地自治体における商業販売額の推移を示したものである。ただし文献では実額表示（名目価格）になっていたが、物価の上昇率（デフレータ）で補正して実質価格に修正し、一九七〇年を一〇〇とした相対値で示す。原発の新規建設期間には商業促進効果がみられるが、運転期間に入ると横ばいになり、最近の美浜町・高浜町では県平均を下回る減少傾向を示している。このことから、単に原発の立地に依存するだけでは一過性の効果しか得られず、持続的な地域には結びつかないと考えられる。

地域の原発依存

原発が立地する地域は、どれほど経済を原発に依存しているのだろうか。福島県では、県内六地域別の産業連関表を作成している。(注9)この統計での地域の区分は下記のとおりである。

図５―４　各市町の原発建設の経緯と商業販売額の推移

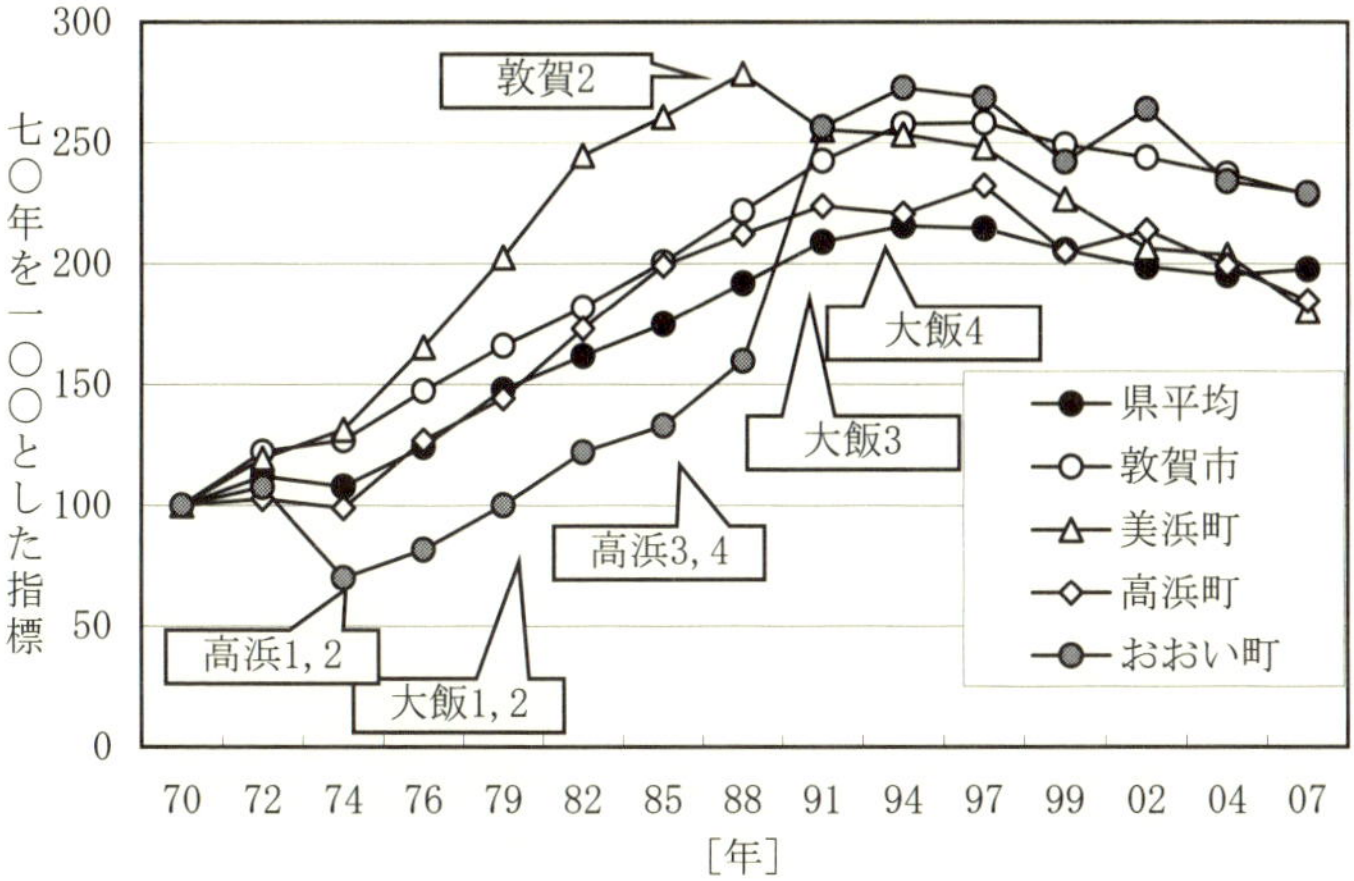

県北地域（福島市・二本松市・伊達市・本宮市・伊達郡・安達郡）

県中地域（郡山市・須賀川市・田村市・岩瀬郡・石川郡・田村郡）

県南地域（白河市・西白河郡・東白川郡）

会津地域（会津若松市・喜多方市・耶麻郡・河沼郡・大沼郡・南会津郡※）

相双地域（相馬市・南相馬市・双葉郡・相馬郡）

いわき地域（いわき市）

このうち原発が集中的に立地しているのは「相双地域」である。この地域ごとに、産業部門別の地域内での需要・供給・移輸入・移輸出が産業連関データとして提供されている。これらを比較することによって、地域経済の特徴をあらわすことができる。「自給率」という観点であらわすと、ある部門で地域内での需要に対して移輸入が多ければ、自給率が低く他の地域に依存していることになる。逆にある部門で移輸出が多ければ、自給率を超えて他地域に供給していることになる。産業部門はここでは次のように分類される。

1　農林水産業	2　鉱業	3　製造業（4を除く）
4　情報・通信・電子機器	5　建設	6　電力・ガス・水道
7　商業	8　金融・保険	9　不動産
10　運輸	11　情報通信	12　公務
13　医療・保健・社会保障・介護	14　民間サービス業	15　分類不明

地域の産業構造を感覚的にわかりやすくするために「スカイラインチャート」[注10]という型式であらわす方法がある。ここでは「県北地域」と、原発立地が集中する「相双（相馬・双葉）地域」を比較してみる。まず図5―5は県北地域のスカイラインチャートである。この図は、横軸に各々の産業部門のその地域での生産額（＝地域内需要額＋移輸出額）の構成比率をとっている。すなわち、この図での横方向の比率をみると、その地域でどのような産業が優勢かを示している。一方で縦軸は、生産額（＝需要額）のうち、移輸出入がどのくらいを占めるかを色別（グレー）で示している。また一〇〇％のラインは、その地域内で必要とされる需要額をちょうど地域内部で供給しているライン、いわば自給自足ラインである。

図5—5　県北地域のスカイラインチャート

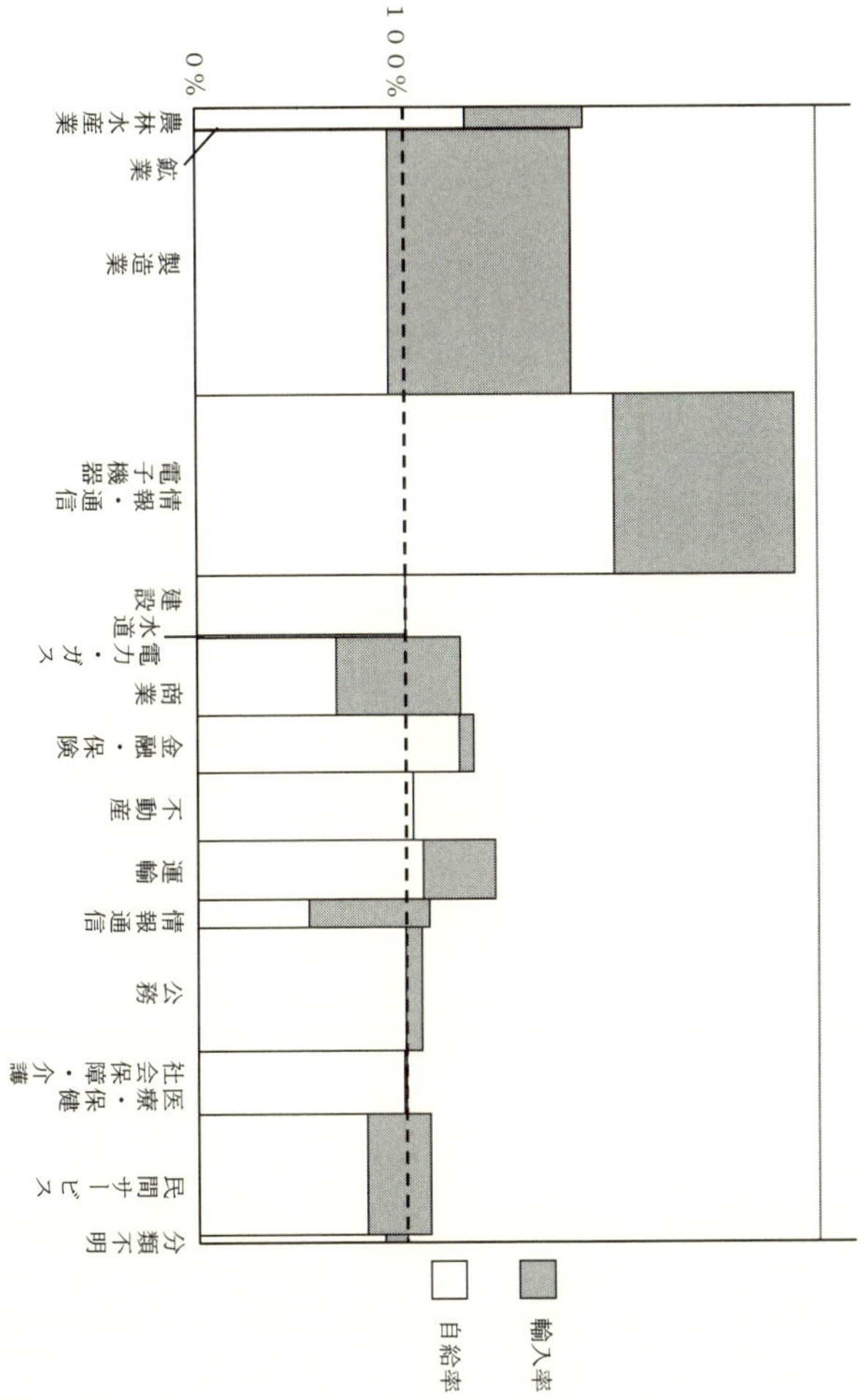

まず「県北地域」を例にとると、この地域での農林水産業（第一次産業）は、地域内の生産額に占める比率は非常に小さいことがわかる。一般に福島県は「米どころ」「果物の供給地」などの印象があるが、数字でみるとその比率は驚くほど小さいことがわかる。それでも自給率は一〇〇％ラインを上回り、地域内で必要とする量と同じくらいの額を地域外に移輸出している。かりに江戸時代のような伝統的な「自給自足経済」のシステムであったとすれば、その経済規模はこの図の左端のごく狭い帯の部分（＋若干の製造業）の一〇〇％ラインの下の部分だけである。もっとも国全体でも、国内総生産に占める農林水産業の比率は一％強にすぎない。

これに対して、製造業、情報・通信・電子機器（第二次産業）は、横軸において第一次産業よりもはるかに多い比率を占めている。これまで多くの製造業を誘致する政策をとってきた結果と考えられる。これらの産業は横軸に占める比率が高いとともに、縦軸が高く一〇〇％ラインを大きく上回っている。すなわち地域内部で必要とする量を超えて地域外に移輸出することによって付加価値（所得）を産み出している構造であることを示している。

棒の高さとともにグレーの部分、すなわち移輸入の比率も高いが、これは多くの原材料や資材を移輸入し、それを加工して付加価値を付与してふたたび移輸出するという、いわば国でいえば加工貿易であり、日本全体の産業構造の縮図がそのまま県北地域にも反映されている。なお日本全体としては「土建国家」などと揶揄されることがあるが、県北地域では建設業の占める比率はそれほど多くない。建設業より右側に存在する第三次産業は、全体の六割ほどを占めている。す

図5－6　相双地域のスカイラインチャート

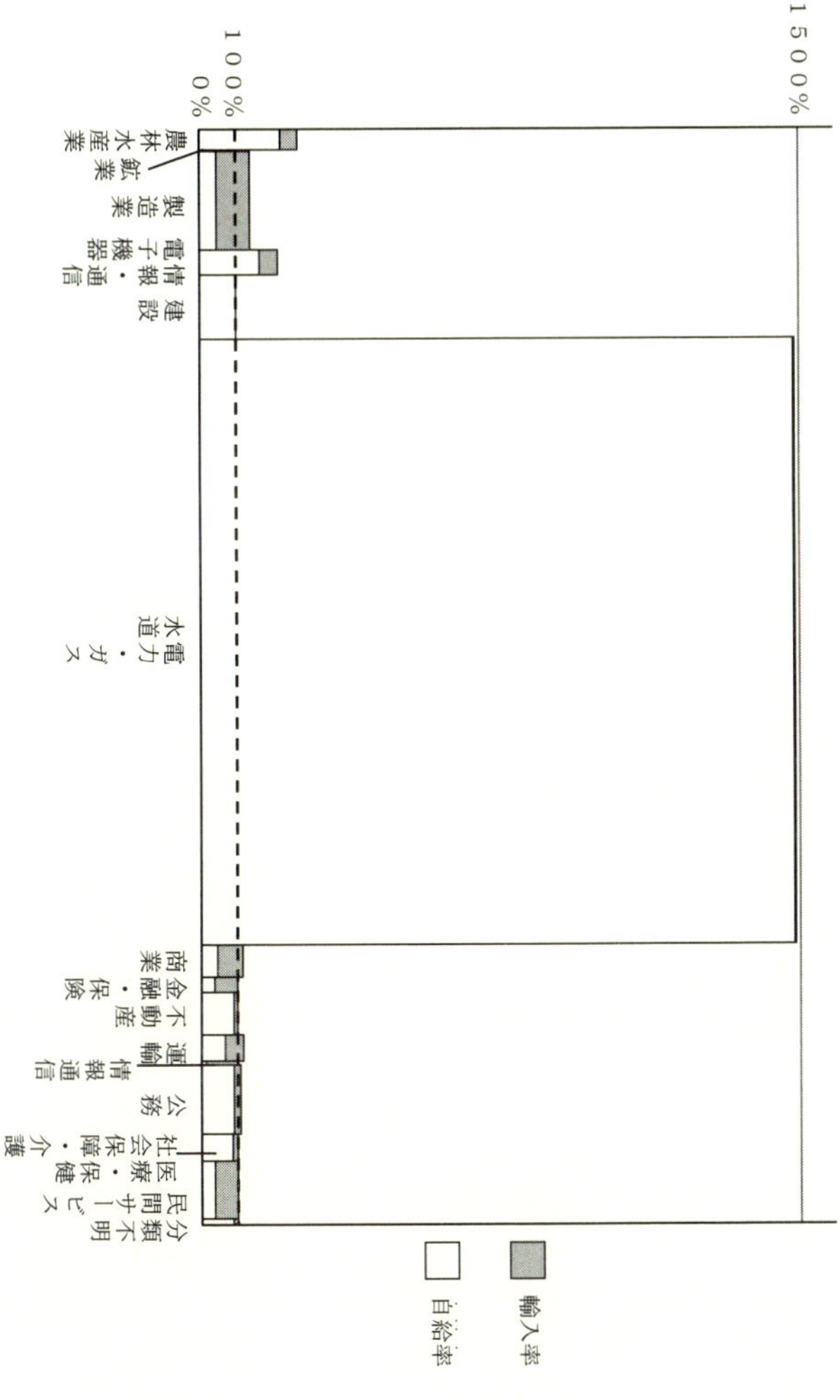

なわち福島県の県北地域でも、産業の第三次化、ソフト化といった傾向が進展している。

別の見方をすれば、移輸入（グレーの部分）というのは、お金を地域外に払って物やサービスを買っていることを意味するから、一〇〇％ラインよりも下側にグレーの部分が割り込んでいる場合には、それだけ地域の所得が外に流出していることになる。逆に一〇〇％ラインを超えて上に白い棒が伸びていることは、それによって地域外からお金を得ていることになり、地域に所得をもたらしていることを示す。

次に「相双地域」のスカイラインチャートを図5―6に示す。一見してその形状が異様であることがわかるであろう。「電力・ガス・水道」という分類になっているがほとんどは原発に由来するものであり、電気を地域外（首都圏）に移出している。その比率は、地域内で使用する分の一五〜一六倍にもなる。前述のように一〇〇％ラインを超えて上に白い棒が伸びており、それによって地域外からお金を得て地域に所得をもたらしている。このようにスカイラインチャートの表現でみれば、原発の電気が占める生産額が巨大であり、金額でみるかぎりその他の産業はないのも同然というほど、相双地域は原発に依存した経済構造である。

ただしこの構造が、地域の住民に恩恵をもたらしているかは別の評価である。原子力発電はいわゆる設備産業であり、生産額のわりに地域での雇用は少ない。いくつかのサービス業などには関係があるかもしれないが、全体としては大きくない。

図5―7 福井県のスカイラインチャート

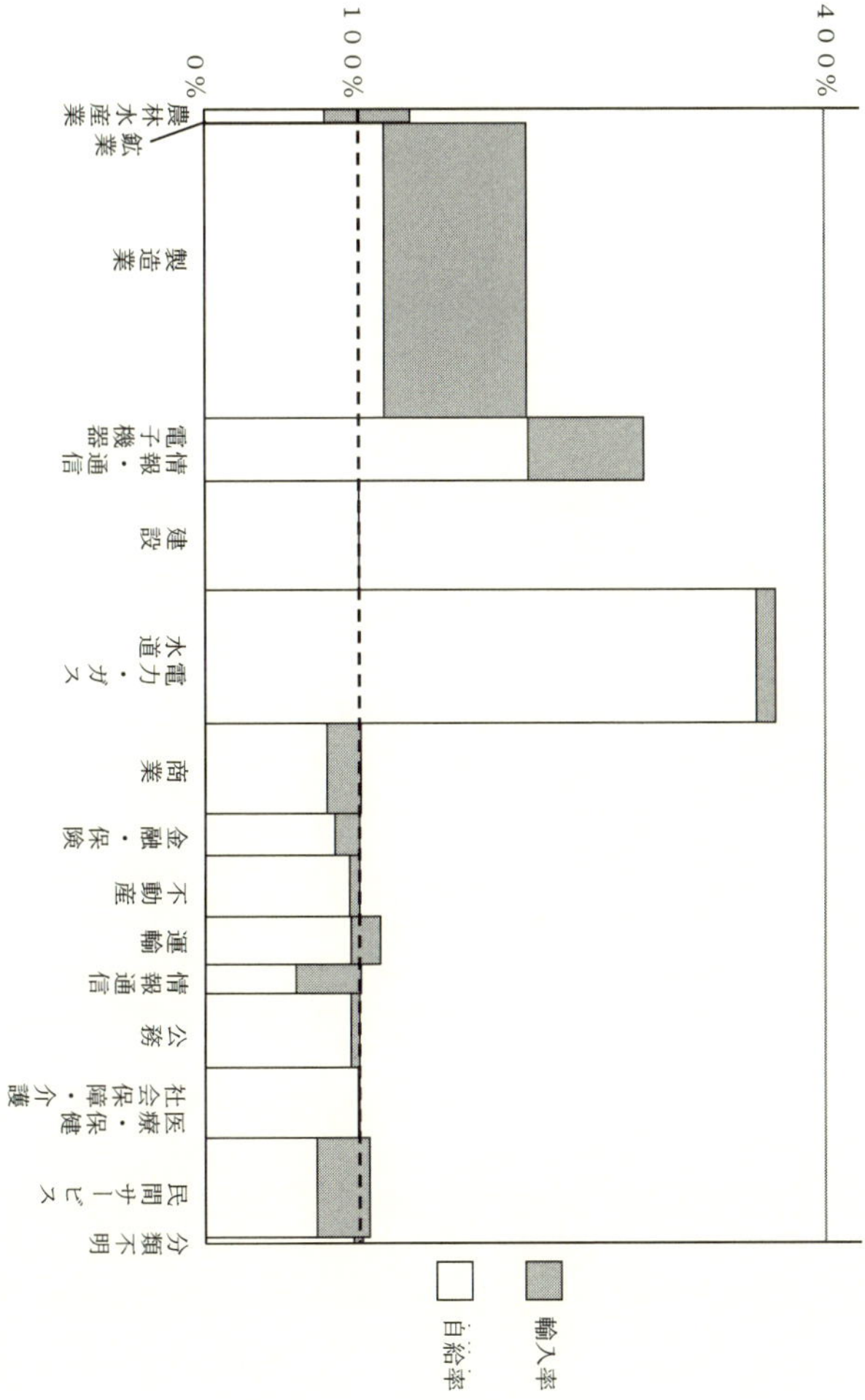

原発に依存しない活性化――福井県を例に

図5―7は、前述のスカイラインチャートの表現による福井県（全体）の経済構造を示す図である。福井県は繊維産業の伝統で知られるが、現在でも生産額が製造業の中で一定の割合を占めるとともに、県外への移輸出が多いことがわかる。また、前述の福島県の地域別の相双地域ほど極端ではないにしても電力部門が目立っている。すなわち福井県の経済は電力の県外への産出、言いかえれば県外に電力を購入してもらう金額（県外電力需要額）に大きく依存する構造であることが示されている。

この関係が地域にどのような影響をもたらしているであろうか。福井県立大学の地域経済研究所は、原子力発電所の地域経済への影響についての研究成果を報告した。原発は税収効果が大きく自治体の財政に貢献した反面、その効果を生かしきれていない面があると報告している。(注11)原発の立地に伴い、福井県若狭地域の各市町の税収や人口は増加した一方で、製造業の付加価値額は、ものづくりが盛んな越前・鯖江地区では住民一人あたり一四三万円に対して、原発が集中する敦賀・小浜地区は四九万三〇〇〇円にとどまった。

同研究所では、原発立地が受ける恩恵は大きいが、機材などは地元への発注が少なく、製造業育成の効果があまりないためと解説している。その理由は、原発の機器は特殊・専門的な機器が多く、大手プラントメーカーに受注が発生する一方で、地元製造業には一見仕事はあったとしても周辺工事・単純工事のような仕事しか受注できず、付加価値が低いためではないかと推定される。このように、地域に対する原発の効果を検討するには、地域と全国との出入に注目することが重要である。

福井県内には一五基の原子炉（商業炉・試験炉合計）が存在するが、現在（二〇一三年五月）稼動しているのは関西電力の大飯原発三・四号機のみである。もしこのまま県内の原子力発電所がすべて停止していれば、県内の経済や雇用に重大な損失をもたらす懸念が生ずるのは当然である。しかしそれがどの程度なのか、また原発に代わる方法がないのかを検討する。福井県立大学地域経済研究所では、産業連関表を用いて原子力発電所の「建設時」「運転時（定期点検とも）」の各々の経済波及効果を推計している。（注12）このうち「運転時（定期点検とも）」については、県外で福井県が産出（原子力分）した電力が購入（すなわち福井県からみれば移出）される量に起因する分とみなして、次の表5―2のように計算している。

表5―2 福井県内原発による経済効果

県外原子力発電需要額	三〇七七億八一〇〇万円
生産誘発額（直接＋一次・二次波及）	四一五九億六一〇〇万円
粗付加価値誘発額（直接＋一次・二次波及）	二六四八億六二〇〇万円

福井県では、県内の電力供給は北陸電力の敦賀火力一・二号機（敦賀市・設備容量五〇万kWおよび七〇万kW）と三国火力（坂井市・二五万kW）で、利用率（定期点検やトラブル等の停止期間や出力低下を除いた年間の稼働率）を七〇％としても、これだけで県内の需要を充足する能力がある。一方、福井県内の原発はすべて関西電力の設備であり、二〇〇五年度の商業用原子力発電所（一三基で九七七万kW）の運転実績は六四五億四〇〇〇万kW時であった。これは県内需要の七〜八倍にあたり、原発はすべて京阪神向けの需要対応となっている。

これに対して、原発の全停止すなわち電力の県外移出額が消失したとして、代わりに県内の各産業部門における自給率（県内での生産比率）を相対的にどのくらい向上させれば、原発の稼動と同じ雇用効果を創出できるかを試算した。県内での生産比率がもともと一〇〇％以上で自給率の変化が影響しない部門（製造業など）を除き、県内の各産業部門の生産比率を五ポイント（％）向上（たとえば食料品の自給率八七％を九二％に、製材・木製品の自給率七〇％を七五％になど）させると、福島事故以前の水準で原発を今後も維持するのと同じ雇用効果が得られることが推定された。

このように、原発立地地域が原発への依存を続けることによってのみ経済的効果が維持できるとはかぎらず、他の分野の産業を活性化させたり、もしくは新規に興すことによって同じ雇用効果を得る方策が考えられる。少なくとも過去のように原子力施設の新設に依存する経済が困難になった現状では、別の道を検討すべきであろう。

図５―８ 首都圏の電力供給と消費

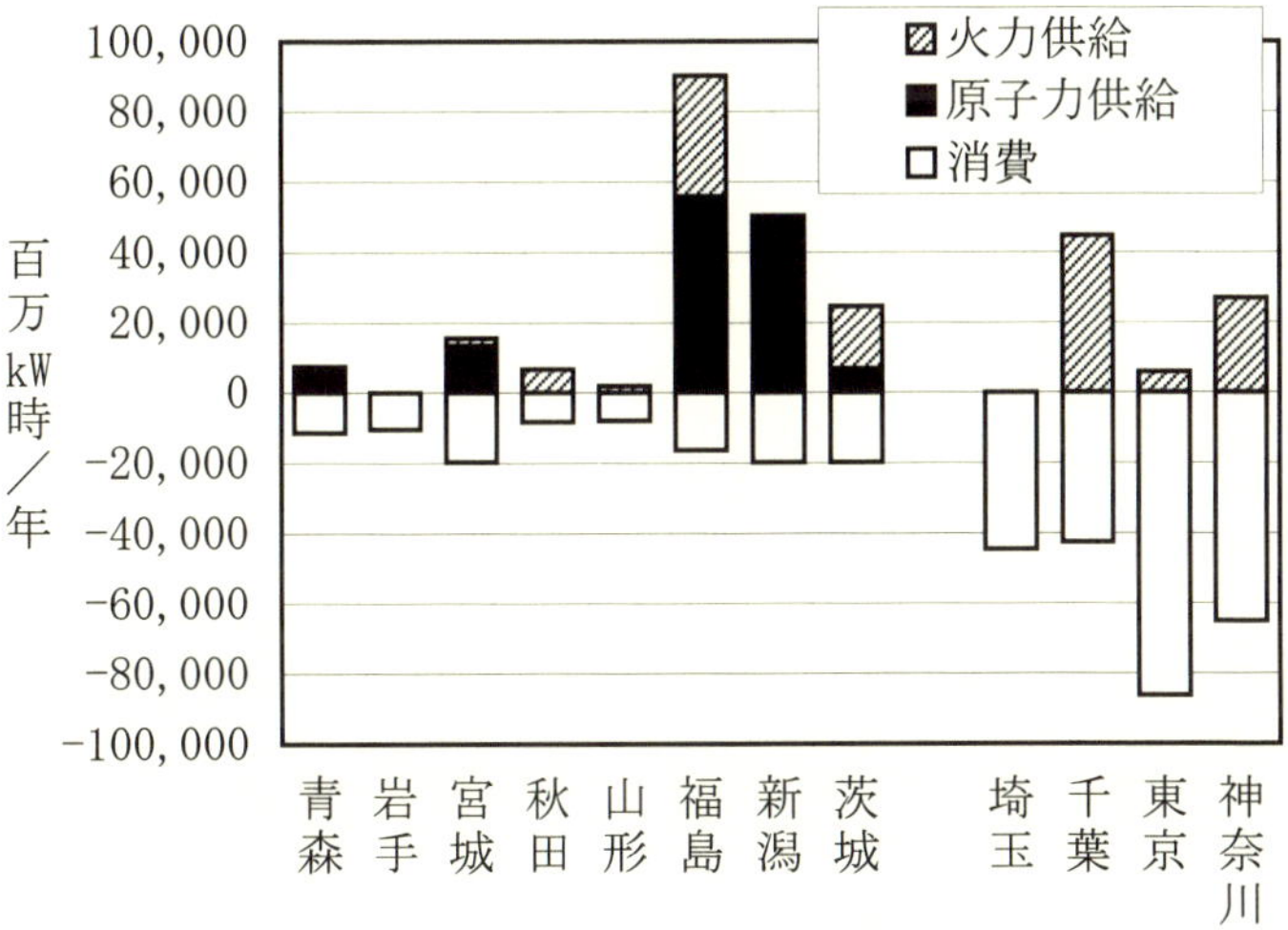

少ない電力で付加価値を

図５―８は福島事故前の状態で、東京電力に関連する需要地と供給地にかかわる都道府県について、どの都道府県で電力（火力と原子力、水力を除く）をどれだけ供給し、どれだけ消費しているかを示すものである。大消費地である首都圏の一都三県では、神奈川県・千葉県には大規模な火力発電所があるので関東全体では自地域の消費を賄っている分がある。しかし最大消費地である東京都には発電所がほとんどなく消費のほうが圧倒的に大きい。結局、一都三県以外の地域から供給を受けている量が多い。とりわけ原発の供給地は福島と新潟に集中している。地方部で発電し大消費地に電力が送られていた構造がこの図

から読み取れる。

物理的な電力の直接のやり取りの他に、地域間の財やサービスのやり取りを通じて別の意味での電力の誘発がある。たとえば関東地域で自動車を購入したとする。その自動車の構成要素がすべて関東地域ブロック内で生産されていれば、財やサービスのやり取りを通じて他の地域での電力を誘発することはない。しかし実際には部品の大部分あるいは一部が関東地域外で製造され、それを集めて組み立てるのも関東地域外であるとすれば、関東地域の消費者が自動車を購入することによって、他地域で電力需要を誘発している関係がある。かりに関東地域で一五〇万円の乗用車一台を購入した場合、その生産のために誘発する電力は、関東地域内部での誘発が一台あたり四六六kW時に対して、関東地域以外で同じく七六七kW時を誘発する。その中でも中部地域が多いが、これは同地域に自動車関連産業が集中している影響と考えられる。電力の需要側でのコントロールは、生産波及を通じた間接誘発も考慮する必要がある。

図5―9は関東地方において、消費者（家計）による電力の誘発、すなわち家庭の電気メーターには出てこなくても消費者が舞台裏の電力需要を誘発している項目のベスト三である。「対個人サービス」とは、娯楽・スポーツ・飲食（外食）・理容美容・宿泊などである。これらだけでも平均的な原発三つ分くらいは動かしている。一般消費者が日常の暮らしの積み重ねとして誘

図５―９ 関東広域圏の家計消費項目の誘発電力量

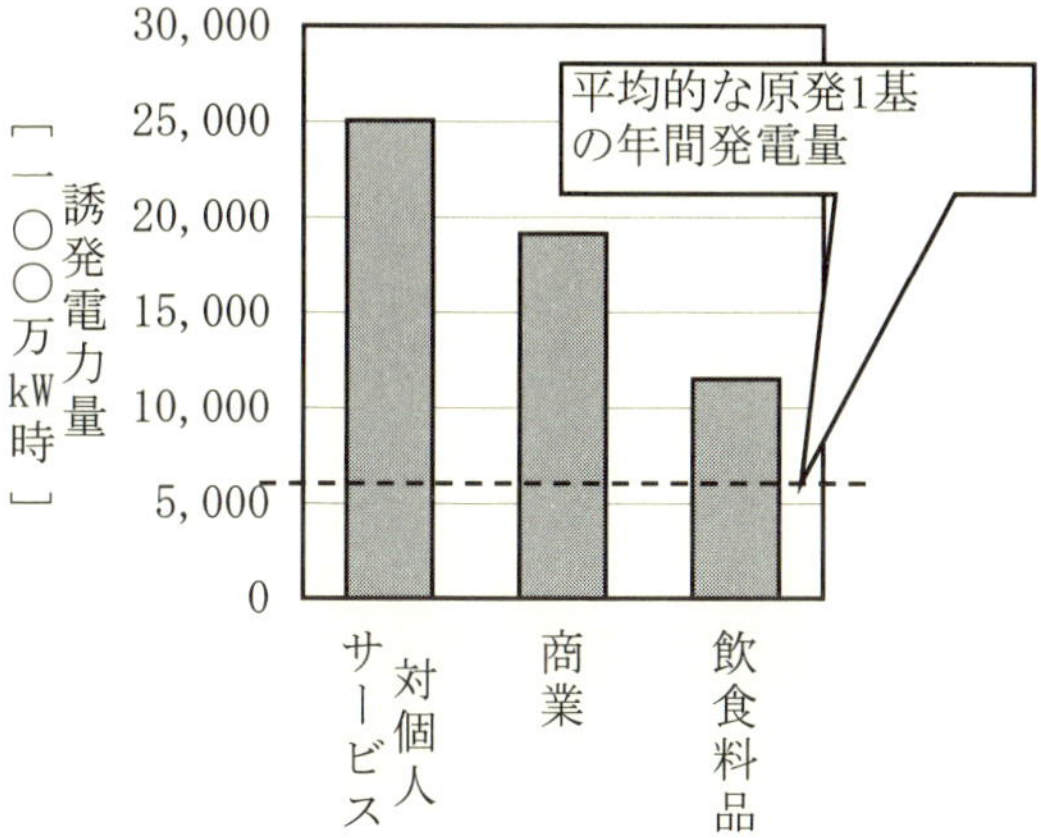

発する商業・サービスによる分は無視できない。食品の冷凍などはかなり電力を使うからである。多くの市民は、意図的に無駄づかいしているわけではないが、平均的な暮らしを営んでいるだけで、関東（広域）全体を集積すればこのような量になってしまうのである。

このような消費・生産のあり方を漫然と続けていれば「やはり原発が必要だ」という振り出しに戻ってしまう。単に個人の「心がけ」「がまん」によって脱原発を目指すだけでは長続きせず、また現実的でもない。社会システムとして電力需要を下げる仕組みを目指す必要がある。かといって、単に生産・消費を縮小するだけでは、付加価値もしぼんで国税・地方税収も減り社会保障にも支障をきたす。同じ付加価値を産み出すのに対して電力需要が少ない産業構造への転換、電気でなくても済む用途を他のエネル

図５―10 電力使用量あたり付加価値

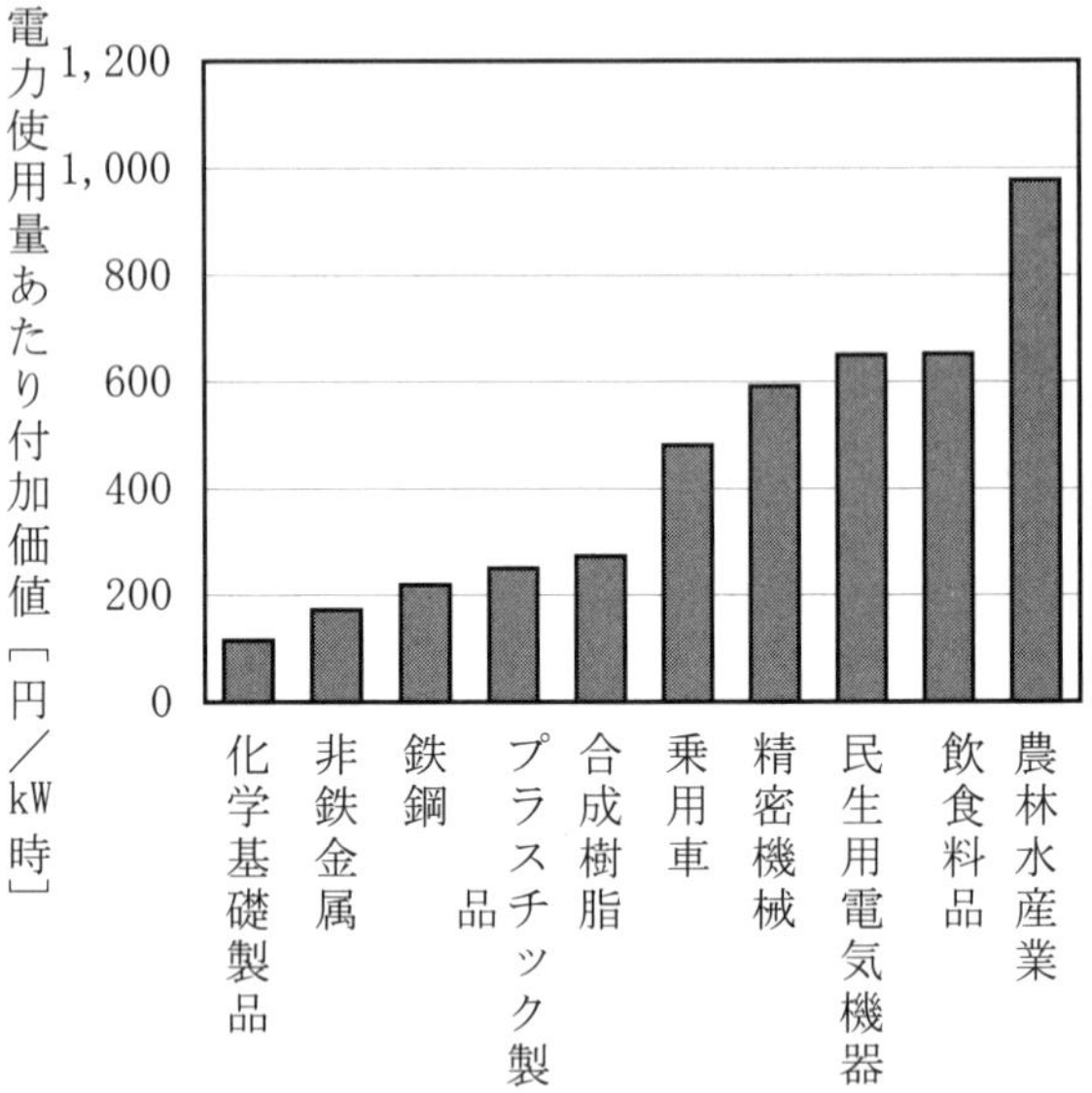

ギー源に転換するなど仕組みから変えなければならない。

図５―10は関東地域の各産業について、電力使用量（直接分）あたりの付加価値額を示すものである。付加価値額はそのままＧＤＰに算入される数値である。すなわち産業構造の変化によって、同じ電力を使ってもより多くの付加価値を発生させることができる。漠然と「経済の活性化には電力が必要、だから原発が必要」と固定概念で考えるのではなく、同じ電力を使ってより大きい付加価値を産み出すにはどうすればよいかを考えるのが本来の「日本を強くしなやかに」する道である。

図５―11 地域別の世帯あたりエネルギー関連支出

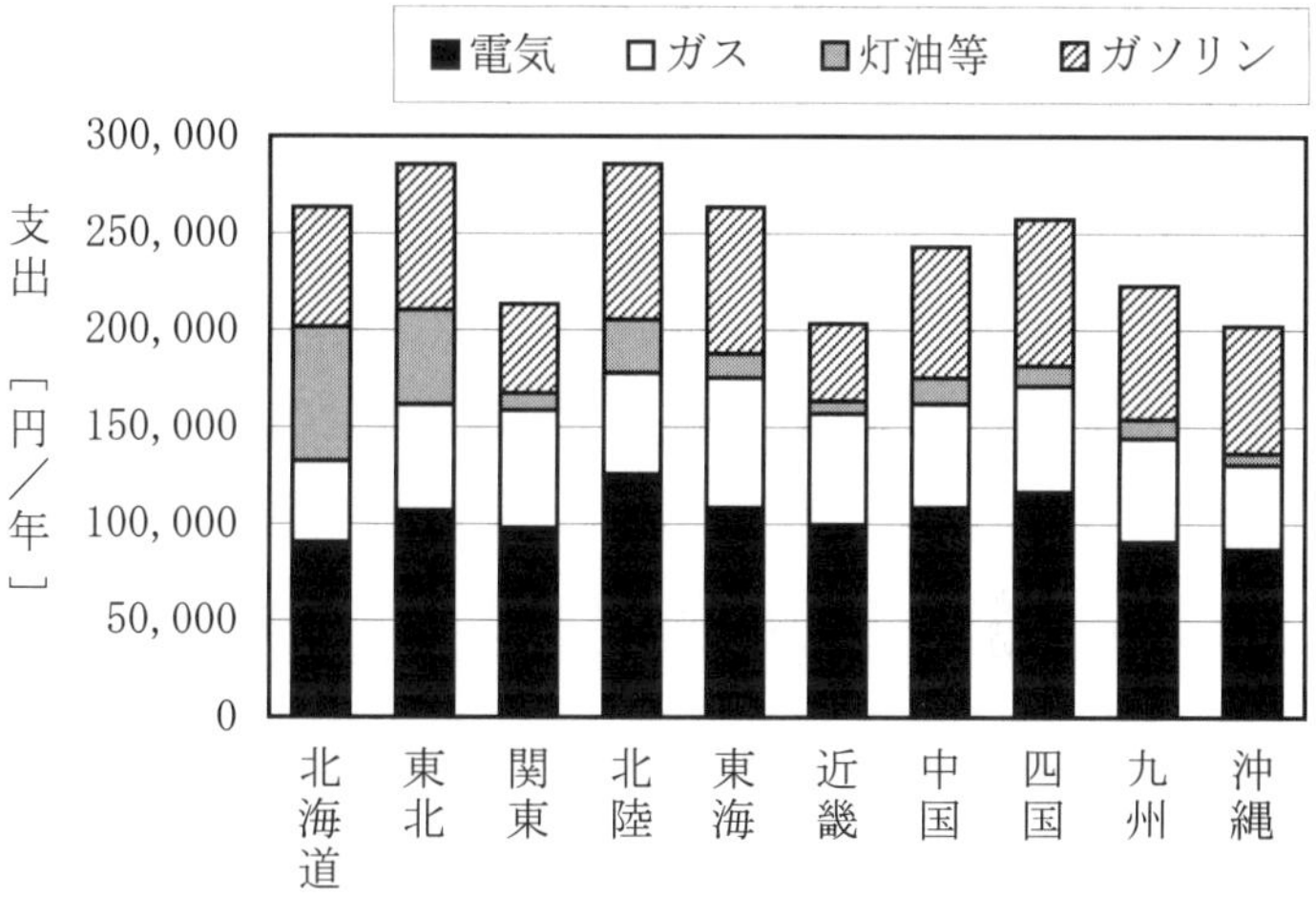

エネルギーと所得の流出

図５―11は家計調査年報[注13]より国内の地域別の世帯あたりのエネルギー関連支出を示す。調理・給湯用については、地域による使い方の差は少ないと考えられる一方で、冷暖房用と自動車用ガソリンについては地域差が大きい。関東・近畿のエネルギー関連の支出額が少ない理由は、大都市圏のため集合住宅が多く、世帯あたりの床面積が相対的に小さいこと、公共交通が発達しているため自動車用ガソリンに関する支出が少ない。いずれにしてもエネルギーを外部から購入することは所得の流出につながる。逆にエネルギーを地域内で自給することができれば、所得の地域外への流出が抑制さ

れ、その分を地域経済の活性化のために循環させることができる。

北海道でのデータとして、道内を六地域（道央・道南・道北・オホーツク・十勝・釧路根室）に分けて地域別産業連関表を提供している。(注14) たとえば釧路根室についてみると、雇用者所得七九五四億〇六〇〇万円）に対して、家計消費支出のエネルギー関係は三三三億九四〇〇万円となっているので、少なくともこの分はエネルギーの移入による地域所得の流出と考えられる。もしエネルギーが自給できて、その分が地域所得として残るならば、それだけ地域産業や雇用の創出につながる。

池上真紀氏らは、特定の地区を対象に中山間地における再生可能エネルギーの活用による雇用の創出について検討している。(注15) 福島県天栄村湯本地区において、木質バイオマスを定常的に利用するシステムを構築した場合、五～七人の雇用を発生させることができる。これは一見すると微小な効果と思われるかもしれないが、小規模自治体にとっては無視できない効果である。また雇用を発生させるだけではなく、森林の維持と、それから派生して薪炭利用技術の継承、地域文化の継承など、多様な効果を通じて地域の持続性を向上させる可能性が示唆されている。

経済成長と電力は不可分であるが、むしろ電力（商業発電の意味）への依存度を減らしたほうが地域経済にプラスになる。ここで家計消費部門において、電力会社からの電気の購入を三割減らす代わりに、その金額を他の消費部門に向けるとした場合、生産・付加価値・雇用への波及効果はどうなるか産業連関分析（第4章）により試算してみる。その結果、付加価値（概ねGDPと同等）は、家計迂回効果（家計の所得増加が消費に回り、それが再び各分野の生産に波及する効果）を除くと四五一五億円のプラス、家計迂回効果を入れると七七〇四億円のプラスとなる。また雇用者所得は三九四二億円のプラス、雇用者数は三四万人の増加となる。よって日本全体としては、家計部門が事業電力の購入を減らしてその金額を他の財・サービスの消費に向けたほうがGDP増加にも雇用にも効果が大きい。産業連関分析の手法では数値的に過大に出る傾向はある（第4章）ものの、方向性として電力への依存度を減らしたほうが経済にプラスになることが推定できる。これは発電・送電が設備産業であり、電力供給の増減によっては雇用がほとんど影響を受けないのに対して、他の消費財やサービスの増加は雇用創出効果が期待できるためであると考えられる。

「国土強靭化」についても同様である。同じく産業連関分析により試算してみる。公共事業（建設）分野に一兆円投入した場合、一兆三二〇〇億円の付加価値増加と、一九万四〇〇〇人の雇用増加のポテンシャルがある。これに対して、医療・保健・社会保障・福祉分野に同じく一兆円投入した場合、一兆四一〇〇億円の付加価値増加と、二二万〇五〇〇〇人の雇用増加のポテンシャルがある。同額の財政支出に対して社会保障関連分野は、公共事業（建設）分野に匹敵する、あるいはより多い付加価値と雇用を産み出す。前述（第4章）のように産業連関分析の雇用量そのものは過大に推定される傾向があるが政策間の比較としては目安になる。

「自給」の意義

それぞれの産業部門で消費財やサービスの需要を増やすことは、マクロ経済や雇用にプラス効果がある。常識的に当然予想される関係である。しかし消費を促進することが望ましい方法なのかという指摘も考えられる。もう一つの要素は「自給率」である。国あるいは地域での自給率を高めることによって、地域の雇用者所得を高めたり、雇用数を増加させる効果が期待できる。その関係を図5―12で整理してみる。まず①のように、公的機関（政府や自治体）と家計はさまざまな消費財やサービスを生産者から購入する。実際の市場では生産者価格に加えて商業マージン・運賃が上乗せされるがその分は省略する。ここで生産のしくみを考えると、①と同じだけ直接需要額が生じるが、それに加えて②の生産誘発額、③の付加価値額が生じる。これをわかりやすくいうと、たとえば①で家計（消費者）が菓子を購入したとする。その菓子を製造するには、原材料・機材・電気やガスなどエネルギーなどが必要だから、⑦のように生産が誘発される。

ここに介在するのが⑥の「自給率」である。自給率は、生産に必要な供給全体のうち、⑦のように国内（国単位で考える場合）あるいは地域内（都道府県・市町村で考える場合）から供給される分と、それで足りない分は⑥で移入（輸入）される。この⑦の分が、再び⑨の生産誘発額と⑩の

図５―12 地域別の世帯あたりエネルギー関連支出

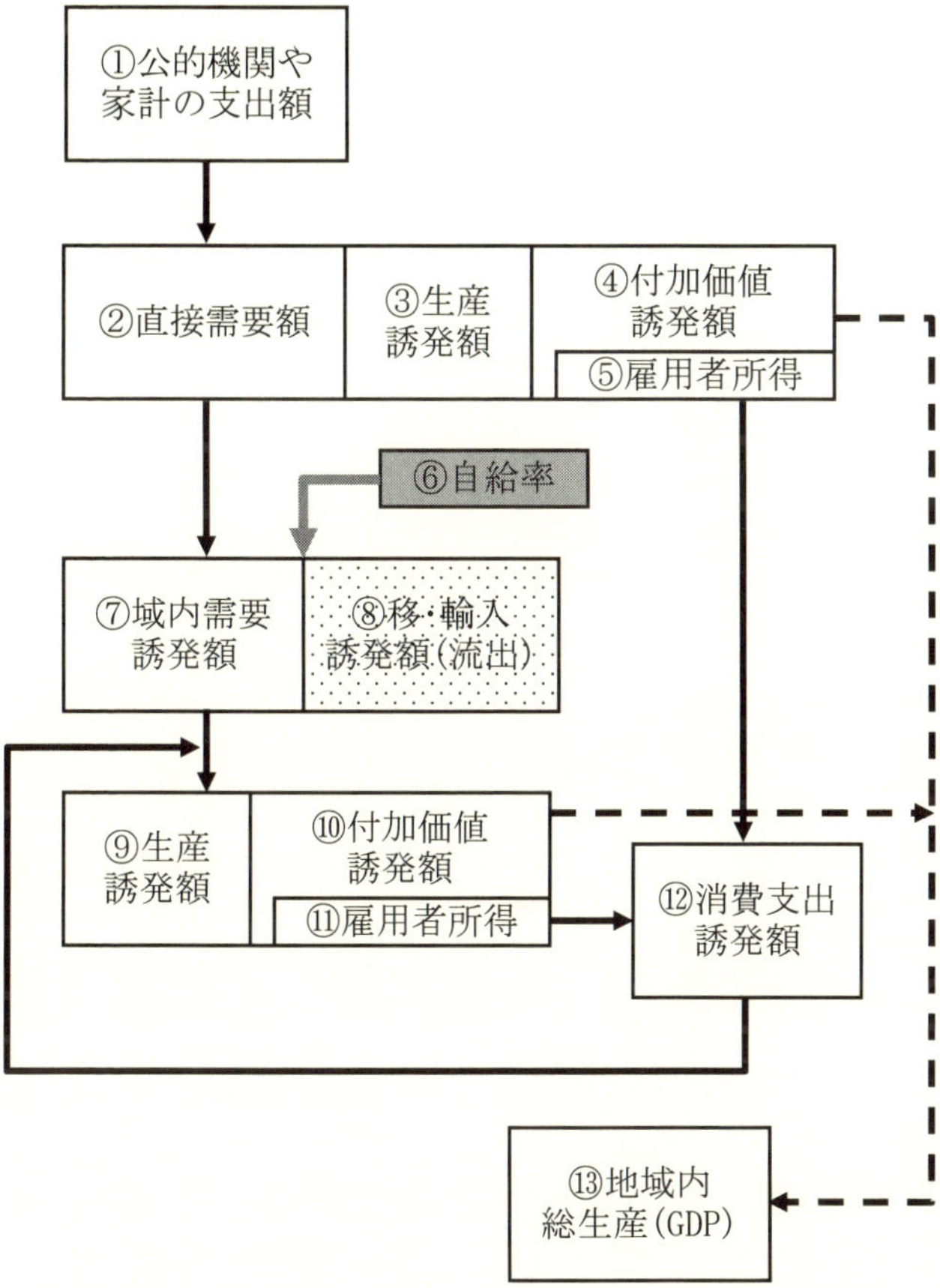

帯の長さは数値に対応しておらずイメージである。

付加価値誘発額を産み出す。⑩のうち一定の割合が⑪の雇用者所得である。すなわち⑦を大きくするほど、⑨と⑩が大きくなる。ここが、国あるいは地域での自給率を高めることによって、地域の雇用者所得を高めたり、雇用数を増加させる効果が期待されるメカニズムである。国の単位でみても、農業の自給率を現在より五％増加させたとすると、付加価値（おおむねＧＤＰに相当）は約一五〇〇億円増加し八万人の雇用の増加をもたらす。さらに自給率の概念は農林水産業だけではなく製造業などすべての産業について存在するのであり、各々の分野で自給率を多少増加させるだけで、相当な付加価値を増加させるポテンシャルがある。この関係から考えても、ＴＰＰ推進が国内の経済に良い影響をもたらすかは疑わしい。

県単位での自給率向上の試算例

一般に「地産地消」は食の問題として語られるケースが多く、フードマイレージ、安全性、自給率の向上による食糧安全保障などが主な論点である。しかし工業製品でも無形のサービス財でも「地産地消」の関係はある。その比率が大きいほど、地域に残る付加価値が大きくなる。企業を誘致して、地域の雇用と所得を増加させ、法人税収を増加させる方策はよくみられる。しかしその企業が地域外に経営基盤を有するのであれば、付加価値は地域外に持ち去られる分が多い。もちろんこの関係は、国内の地域だけではなく国全体と海外の関係についても同様である。

地域での自給率を高めるとどのような効果が期待できるか、県単位で試算した沖縄県の報告がある。沖縄県では、地域（県単位）産業連関表を利用して、家計消費支出における農林水産品、飲食料品の県産品購入率（自給率）を一％向上させた場合に、県の経済に及ぼす経済波及効果を検討している。(注16) その結果、需要額三八億二五〇〇万円の需要に対応して生産活動が行なわれた結果、原材料等の生産も含めて五六億六四〇〇万円の生産が誘発された。その生産誘発額のうち粗付加価値誘発額は二七億〇三〇〇万円となり、そのうち雇用者所得誘発額は一二億五一〇〇万円と推計された。また就業者数の誘発をみると、就業者数が年間八〇一人増加し、そのうち雇用者数が年間五二五人増加するポテンシャルがあると試算されている。

さらに沖縄県工業連合会では「二〇一二年県産品奨励月間の主な事業」(注17) を報告している。県内の六業種（食品・繊維・木製品・印刷・鉄鋼・金属）を対象に、自給率が三％上昇した場合には、三七四億八四一七万円の生産が誘発され、雇用者は五九一八人誘発されるとしている。また六％上昇した場合には、八〇三億六九五六万円の生産が誘発され、雇用者は一万一八五一人誘発されるとしている。第４章で解説するように、産業連関分析から求められるポテンシャルは過大推計の傾向があるとはいえ、沖縄全体の経済規模から考えてこれらの効果は少なくないものといえる。

また神奈川県産業連関表のホームページ(注18) では、ホームページで提供される計算シートを利用して、外部のコンサルタント等に依頼しなくてもユーザー自身で概略の試算が行なえるようになっている。一例として日常の家庭で消費が多い「めん・パン・菓子類」を取りあげる。神奈川県内で、この項目の消費者購入額は三一五五億円である。[注19]提供されている入力シートに数値を入力することにより、消費者の購入額の増加に対してどのくらいの県内付加価値が発生するかを推計できるようになっている。ここでシートの県内品供給率（自給率）は空欄となっているが、別のデータよると現状は三〇％と推定されている。まず三一五五億円の購入に対して、県産品の需要は九五九億円である。それによる県内生産誘発額は一四三六億円であり、県内に帰属する付加価値は六六六億円である。次に、自給率を一〇％向上させて四〇％になったとして同じ計算を試みる。すると県産品の需要は一二六一億円に上昇するから、それによる県内生産誘発額は一八九〇億円であり、県内に帰属する付加価値は八七七億円に上昇する。自給率を一〇％向上させたことにより、同じ県内需要、すなわち消費者からみた財・サービスの購入額は同じであっても、県内に帰属する付加価値は二一九億円の増加がもたらされるポテンシャルがあることを示している。

　ただし人々に「地産地消運動」を呼びかけるだけでは効果が限られる。人々が喜んで求める商品やサービスの提供が必要である。最近「六次産業」という造語が知られるようになり、農林水産省でもその促進事業を行なっている。[注20]これは農林水産業（一次産業）に、加工・製造（二次産業）や流通・販売（三次産業）を加えて「六次」というビジネスモデルを普及させようとする考え方である。地域に存在する資産を活用して、新たなビジネスを興す試みや、農村起業を支援するＮＰＯの活動事例がある。[注21]ただし地域の資源を活用して商品化するには、当事者の「想い」だけではなくビジネスの発想やノウハウが求められる。このＮＰＯの活動ではこれまで四五人の農村起業家を支援し、成功例を蓄積している。ただし成功例だけでなく失敗例も収録され、成功の秘訣や失敗の理由などを解説している。著者らは全国の農村に一〇兆円のビジネスが眠っていると指摘している。

沖縄の米軍基地跡地利用の経済効果

関連した検討として、沖縄県では基地を撤去して跡地を民生目的に転用した場合の経済効果を試算している。(注22) 現在の中南部駐留軍用地の五地域（普天間・桑江・瑞慶覧・牧浦・那覇港）において、現状（推計時点）で発生している経済効果は、地代収入等総額が約一九〇〇億円、生産誘発額二六四七億円、所得誘発額七六九億円、また税収額は二九八億円と推計される。一方で、すでに返還・転用された駐留軍用地跡地利用（那覇新都心、小禄金城地区、北谷町桑江地区＋北前地区）での実績を検討すると、プラス面の生産誘発額が八七四億円であるのに対し、マイナス面の生産減少額は五五億円にとどまった。こうしたことから地域経済的観点でみると、那覇新都心地区の開発は県経済に大きな便益があると推定される。五地域合計での経済効果は次のように推定されている。この数字はあくまでポテンシャルであって、関連した施策が伴わないと実現できないが、他に基地に起因する騒音・事故など社会的損失の軽減なども考慮すれば、基地変換・転用による経済効果は大きいと期待できる。

単位（億円）	直接経済効果	生産誘発額	所得誘発額	税収
跡地の整備による経済波及効果（累積）	一兆〇一四三	一兆六九九一	五三八六	一二九五
跡地立地企業の販売活動等による経済波及効果（年間）	八七〇七	九一一〇	二四九七	一二五三

地域経済循環による自立と格差の解消

　これまで東京（大都市）圏中心の経済システムが続いてきた一方で、地方（大都市圏以外）は公共事業と企業誘致に依存した経済構造になっている。このため国全体の経済が好調なときはその恩恵を享受できる一方、バブル崩壊やリーマンショックといった落ち込みがあると一律にマイナスの影響を受けてしまう。結局のところ良くも悪くも現在の地方経済は、外部の影響を受けやすい構造になっている。地域にもたらされるお金は、地域の産品を移・輸出したり、あるいは地域外から人が来てお金を落とすなどいくつかの要因があるが、いずれにしても地域のお金がまた外部に流出すれば地域にお金が残らない。地域でお金が回るしくみが必要である。

　ところがこうした問題を検討するにあたり、前述のように都道府県単位までは産業連関分析や県民経済計算などのデータがあるが、それ以下の市区町村単位ではお金の流れの実態が捉えられていない場合が多い。これまで個別の市区町村単位で産業連関表を作成した事例としては、京都府舞鶴市[注23]・京都府福知山市[注24]・静岡県松崎町[注25]の検討例などがみられる。いずれにしても、都道府県単位より細かい地域産業連関表、あるいは地域間産業連関表は個別にデータを作成する必要があるが、その方法についての概観はたとえば野村淳一氏らが示している[注26]。

中村良平氏（経済産業研究所）は岡山県赤坂町（二〇〇五年三月に周辺町と合併し赤磐市となる）の事例について報告している[注27]。赤坂町において産業の構造、生産と消費の流れ、地域外とのお金の出入りを示す町単位の産業連関表を整備して検討したところ、製造業・建設業・商業・観光とも、地域に残るお金が少なく、また外部への依存が大きい構造であることがわかった。こうした実態から、農業を基盤にして前述の「六次産業化」を試みた結果、地域資源を活用して移出（外部からお金をもたらす）や雇用を増加させることに成功した。またそのためには基礎となる経済データ、すなわち町単位のお金の流れの把握が重要であるとしている。また島根県の山間部にあった吉田村（二〇〇四年一一月に周辺町村と合併し雲南市となる）において、やはり農業を基盤とした食品加工販売ビジネスを創出し、地域外マネーの獲得と雇用を創出している。さらにそうしたお金をもとに、福祉サービスや産業振興・雇用発生に再投資し、地域のお金を循環することに成功している。

また同氏は地域の環境資源に注目して、地方交付税・工業誘致・公共投資に依存しない地域格差の是正を提案している[注28]。数量的なシミュレーションとしては、中国・四国地域と大阪府との間の木質バイオマス燃料の取り引きを事例として、その生産額が二倍になったとして、地域需要を超える余剰分を燃料として大阪府に移出する場合と、それを自地域内の需要で利用してCO_2削減をクレジット化して大阪府に販売するケースについて試算している。地域間産業連関分析を用いて、両地域での生産額・雇用者所得・粗付加価値（概ねＧＤＰに相当）の変化を比較した場合、余剰分移出よりもクレジット化のケースのほうが経済効果が大きく、その割合は現状に対して生産額で四・五六倍、雇用者所得で五・二四倍、付加価値額で五・五九倍の効果をもたらすとしている。

財界は第4章でも触れたように「六重苦」の中の一つの要因として、貿易自由化がまだ不十分であるとして、それが企業活動を妨げていると指摘している。これまで日本全体として貿易自由化の影響を論じた報告は多数みられるが、その影響が地域ごとにどのように帰属するかについては分析が少ない。これに関して武田史郎氏（経済産業研究所）は次のような試算を報告している。日本国内を二三部門・八地域に分割した、応用一般均衡分析（ＣＧＥ）モデルを用いて地域ごとの影響（ＧＤＰなど）を検討した。[注29]基本データは地域間産業連関表である[注30]（ただしこの報告で使用しているのは二〇〇〇年データ）。

その結果、①日本全体では経済的厚生もＧＤＰも向上することはたしかであるものの、②地域によってその影響の差が大きいという結果が得られ、③もともと一人当たりＧＤＰが高い地域ほど自由化の利益が大きい一方で、ＧＤＰが低い地域ではその逆であるとの結果が得られた。すなわち貿易自由化は、すでに存在する地域間格差をさらに拡大させる方向に働くという結果である。

このことから政策提言として、貿易自由化を単独で実施しただけでは望ましい効果が得られるわけではなく、所得再分配政策と組み合わせる形で導入すべきであると提言している。

川村雅則氏は、同じ「公共事業」といっても、雇用創出効果は大規模事業よりも小規模事業のほうが高い（単位工事金額あたり雇用量が多い）ことを事例調査から指摘している。(注31)なお川村氏の分析は、以前は旧建設省「公共工事着工統計年度報」に「総工事費評価額百万円あたり労働者数」の統計が公開されていたが、現在は公開されていないため函館市の個別資料をもとに検討したものである。全工事および舗装工事について、工事金額が小さいほど雇用量が多い傾向がみられる。また川村氏は、災害復旧・生活道路・住民向け下水道など住民の安全や生活に密着した工事は雇用効果が高いことを指摘している。ただし川村氏も指摘するように、雇用量が多いことと、賃金など雇用の条件とは必ずしも一致しないので、適正な雇用条件で事業が行なわれているかどうか検討する必要がある。

一方、笹子トンネル事故を契機に注目された公共インフラの補修については、土屋直也氏（日本経済新聞編集委員）により次のような指摘がある。(注32)二〇一二年度補正予算案に盛り込まれた四兆円の事業費の中で、補修費の内訳が不透明であり実際には新規事業が主体ではないか、すなわち補修を名目とした新規事業の誘導ではないかという点である。補修事業は新設以上に技術が必要であり、地元の建設業者には仕事が回らないのではないかという。一方で総務省が市区町村向けに実施したアンケート調査によると、自治体管理分の補修費用だけで今後五〇年で四〇〇兆円を超える。これに国と都道府県分を加えると、補正予算の公共事業費をすべて補修に回しても賄いきれない可能性もあるとしている。

注

1　第一二六回国会「地方分権の推進に関する決議」http://www.sangiin.go.jp/japanese/san60/s60_shiryou/ketsugi/126-22.html
2　神野直彦「記念の年に再び地方分権の灯火を」『週刊東洋経済』二〇一三年二月一六日号、九頁。
3　社会保障・人口問題研究所「日本の市区町村別将来推計人口について」http://www.ipss.go.jp/pp-shicyoson/j/shicyoson08/t-page.asp
4　統計でみる市区町村のすがた http://www.stat.go.jp/data/ssds/5b.htm
5　市町村別決算状況調 http://www.soumu.go.jp/iken/kessan_jokyo_2.html
6　統計的に平均値の差が偶然によるものかどうか有意差の検定。
7　自治体の基準財政収入額（各種の地方税収、手数料収入など）を基準財政需要額（土木費・教育費・福祉費など）で除した数値であり、一・〇を超えていれば財政が自立していることを示すが、ほとんどの市町村では一・〇を下回っており、特に中小の市町村ではその値が低い。中小の市町村で一・〇を上回っているのは、原子力施設、防衛施設、大企業が立地するなど特殊な事例のみである。
8　「原子力発電と地域経済の将来展望に関する研究 その1—原子力発電所立地の経緯と地域経済の推移」二〇一〇年三月、福井県立大学地域経済研究所。
9　福島県企画調整部「アナリーゼふくしま第一九号　平成一七年福島県生活圏別産業連関表」二〇一一年四月。
10　スカイラインチャート作成ツール「Ｒａｙ」により作成。http://www.geocities.jp/kenj_uda/jp/Ray-j.html
11　『読売新聞』二〇一〇年五月一一日。

12　「原子力発電と地域経済の将来展望に関する研究 その2―原子力発電所による経済活動の特性と規模」二〇一一年三月、福井県立大学地域経済研究所。
13　http://www.stat.go.jp/data/kakei/2.htm
14　http://www.hkd.mlit.go.jp/topics/toukei/renkanhyo/h10_renkan.html
15　池上真紀・新妻弘明「福島県天栄村湯本地区における持続可能な木質バイオマス利用と雇用の創出」『エネルギー・資源』二九巻五号、二〇〇八年（電子ジャーナル）
http://www.jser.gr.jp/journal/journal_pdf/2008/journal200809_4.pdf
16　http://www.pref.okinawa.jp/toukeika/io/2005/dai3syou2.pdf
17　http://www.okikouren.or.jp/syourei/2012%20syourei%20END.htm
18　「連関表利用ツール」http://www.pref.kanagawa.jp/tokei/tokei/102/sangyorenkan/bunsekitool.html
19　正確には「生産者価格」ベース、すなわち運賃と商業マージンを除いた値。
20　http://www.maff.go.jp/j/shokusan/sanki/6jika.html
21　曽根原久司・えがおつなげて編／杉本淳・矢崎栄司著『田舎の宝を掘り起こせ　農村起業成功の一〇か条』学芸出版社、二〇一一年。
22　駐留軍用地跡地対策沖縄県本部ウェブサイト「駐留軍用地跡地利用に伴う経済波及効果等検討調査要旨」
http://www.pref.okinawa.jp/site/kikaku/chosei/atochi/houkokusho/h18izenhoukokusho.html
23　舞鶴市ホームページ
http://www.city.maizuru.kyoto.jp/cgi-bin/odb-get.exe、二〇〇四年七月。
24　神戸大学経済学部六甲フォーラム
http://www.econ.kobe-u.ac.jp/news/katudou_ichiran.html, 二〇〇七年度及び二〇〇八年度。
25　吉田泰治「農村地域活性化のための地域産業連関表の作成とその応用」『農業総合研究』四六巻四号、一九九二年、九七頁。
26　野村淳一・木下真・齋藤英智・朝日幸代「山口県4地域間産業連関表を用いた周遊観光が及ぼす経済効果」『産業連関』一九巻三号、七二頁、二〇一一年。
27　中村良平「地域経済循環による自立と格差の解消を目指して」『（独）経済産業研究　寄稿・企画』二〇〇

九年度。http://www.rieti.go.jp/jp/papers/contribution/nakamura/01.html

28　中村良平「環境投資による内生的な地域格差是正を目指して」『（独）経済産業研究　寄稿・企画』二〇一一年度。http://www.rieti.go.jp/jp/papers/contribution/nakamura/04.html

29　武田史郎・伴金美「貿易自由化の効果における地域間格差：地域間産業連関表を利用した応用一般均衡分析」『（独）経済産業研究所ディスカッションペーパー〇八―J―〇五三』二〇〇八年七月。http://www.rieti.go.jp/jp/publications/dp/08j053.pdf

30　経済産業省「平成一七年地域間産業連関表」ホームページ
http://www.meti.go.jp/statistics/tyo/tiikiio/result/result_02.html

31　川村雅則「公共事業データ分析にみる公共事業と雇用の関係―雇用創出効果は事業規模の小さい工事で高い」『建設政策』一四七号、建設政策研究所、二〇一三年一月。

32　土屋直也（編集委員）「「恫喝か」麻生財務相がぽろり、公共事業の補修費で」『日本経済新聞』ウェブ版二〇一三年一月二八日。

おわりに

強靭化の論者がいかに「バラマキではなく、物理的も社会・経済的にも国を強靭化する革新的な政策である」と主張したところで、これまで検討してきたように、自民党の提唱する「強靭化」では、多くの国民が望んでいるはずの持続的な豊かさ、安心・安全な社会からますます遠ざかるだけである。一石二鳥の効果とされる公共投資によるデフレ脱却も机上のシミュレーションにすぎず具体的な見通しはない。いずれ社会保障にしわ寄せを招き国民の暮らしを困窮させるだけであろう。

それでは、このような政策に代わってどのようなビジョンを示すべきであろうか。改めて確かめなければならない前提は、国民は名目ＧＤＰ・経済成長率・物価目標などの指標の増大を求めているのではなく、持続的な豊かさや安定した社会を求めていることである。一方で人口減少と高齢化の条件下における社会保障費の増加という基本的な趨勢は避けられない。これらの課題に対する提案は、実際には「強靭化」よりはるかに以前から多くの論者が示してきた。いまここで最新の情勢をもとにそれらを再び整理するならば、次のような論点が挙げられるであろう。

①現代の人々の生活においては、物質やエネルギーの側面を無視することはできない。しかしそれがGDPの増大に応じて無制限に供給されると考えることは非現実的である。ただし同じ生産額に対して地域外に持ち去られる付加価値を少なくすること、すなわち自給率を高めることにより人々の豊かさを高めることが可能である。「自給率」は一般に食糧について語られることが多いが、製造業・サービス業にも「自給率」の概念はある。②③とも関連するが、あらゆる側面の「地産地消」が持続的な豊かさに貢献する。

②社会保障を経済の制約として対立的に捉えるのではなく、社会保障の充実が雇用の創出をもたらし、安定した社会につながることを実証してゆくことである。第5章で検討したように、社会保障に対する投資は、インフラ整備事業と同等あるいはより多い付加価値と雇用を産み出す。しかもインフラ整備事業による雇用や経済効果は「工事」が終了するとともに消失してしまうが、社会保障に対する投資は、より持続的な雇用と経済を産み出す。またその財源としては、増税でも国債でもなく、段階的な富裕税・貯蓄税の導入を検討すべきである。

③自治体の議会と行政の機能を高める必要がある。第5章でも指摘したように、せっかく「地方分権」が提唱されながら「小さな政府」の下請けとして利用されるにとどまったために地域が

いっそう疲弊してしまった。旧来型の企業誘致や、一時的なイベント依存、楽観的な将来想定ではなく、人口減少と高齢化を現実視した上で、経済・社会・環境・エネルギーなど総合的な将来戦略を、地域主導で議論すべきである。

④防災・減災はもとより緊急の課題であるが、「強靭化」で提唱されるような中央集権的・思想統制的な手法では実効性が期待できない。地域の特性を反映せず、有効性や優先度が不明確な「バラマキ」に終始してすべてが共倒れになるおそれが大きい。東日本大震災被災地における巨大防潮堤建設が住民との協議もなく、受け入れられないどころか迷惑視されている事実がその典型である。有効な防災・減災のあり方は、地域の状況を反映して事業者と住民との対話のもとに行なわれなければならない。

⑤原発こそ国の持続性を妨げる切迫した要因である。二〇一一年には未経験の事態により電力の不足が懸念されたが、それ以降は原発に依存しなくても社会・経済が維持できることが実証された。また第3章で指摘したように、国内の原発をあえて再稼動したとしても、核燃料サイクルの稼動に見通しが立たない以上は遠からず稼動不能に至る。ただちにエネルギー政策を転換し、省エネを軸とするとともに代替エネルギーの導入を促進する必要がある。

これらを具体的に政策化するにあたり、国や自治体の財源・制度・組織を目的に沿って再構築しなければならない。二〇〇九年の「政権交替」はその一つの手がかりであったが、あまりにも準備不足のまま動き出さざるを得なかった状況に加えて、二〇一一年の東日本大震災・原発事故の影響もあって民主党政権は失速し、当面その機会は失われている。しかし自民党のバラマキ回帰、さらには「改憲」により基本的人権の制限さえ企てる政治に展望はなく、引き続き国と地方の政治の転換の努力を続けるしかないであろう。また研究的にも、マクロ経済の数量的な検討も伴った政策モデルを提示してゆく必要がある。

これまで原発を推進する勢力は、自分たちこそが専門的知見に基づいて安全性を評価しており、反対する人々は印象や感情だけで危険性を唱えていると主張してきた。しかし福島事故によってこの説明は根底から覆った。議論を振り返ってみると、推進側の多くの論者は安全性について具体的な知見に欠ける人々であって、印象や感情、目先の利害だけで危険性を見て見ぬふりをしてきた経緯がある。その一方で反対する人々は専門的・論理的な考察に基づいて原発の危険性を警告してきたが、東日本大震災においてまさにその通りの事態が出現した。

二〇一一年の福島原発事故から現在まで、東京では官邸周辺で、そのほか各地で脱原発のアピール行動に集まる人々こそが「経済社会の発展及び国民生活の安定向上」「長期間にわたって持続可能な国家機能及び日本社会の構築」を求めている。これに対して原発の再稼動は、経済の発展や国民生活の安定を阻害する要因である。そのことは現に起きている福島事故による社会的損失をみれば議論の余地がないであろう。

ところが最近、「原発」を「土木事業」に置き換えただけで十年一日の主張を繰り返す「専門家」が跋扈している。強靭化を提唱する論者の中には、自分たちは専門的な知見にもとづいて最適な政策を提案しているのに、反対勢力があるから、あるいはマスコミが批判的な報道をするから事業の実施が妨げられていると被害意識を表明する者さえみられる。原子力発電を推進するために文部科学省・資源エネルギー庁が小中学校向けに発行した副読本の内容に問題が指摘され、福島事故後に回収されるトラブルがあったが、土木事業の分野でも同様に学校教育を通じて土木事業の必要性を広める活動が提唱されている(注1)。

これらの主張を検討すると、一見専門的な議論の体裁をとりながら自説に都合のよい情報を寄せ集めた稚拙な議論にすぎない。物理的にも社会・経済的にも持続性を損なう公共事業と長年対峙してきた市民は、こうした粗雑な議論には厳しい評価を下している。一つの動きは二〇一三年一月に設立された「公共事業改革市民会議(注2)」である。この活動は、道路・ダム・湿地保全・スーパー堤防・治山・震災復興など、公共事業や自然保護に起因する各種の問題に取り組む市民団体・個人が集まって設立した団体である。税金の使い方や公共事業に関する課題を共有し、情報発信や政策提言を行う目的で活動を開始している。

二〇一二年の拙著『脱原発の市民戦略』に続き、緑風出版から本書を刊行していただいた。執筆にあたり、これまでと同じく多くの方々からご指導、ご協力をいただくとともに、先人の研究成果を活用させていただいた。中でも須田春海氏（市民運動全国センター）には政策全般、特に地方分権や自治体政策について常にご指導をいただいている。小林幸治氏（市民がつくる政策調査会）には国会・政府全般について多くのご教示をいただいている。また同じビルで活動するいくつかの団体との情報交流も非常に意義深い。竹下涼子氏（生活社）、平田仁子氏（気候ネットワーク）には執筆中つねに励ましていただいた。記して改めてお礼を申し上げたい。

注

1　藤井聡「土木と学校教育」土木学会教育企画・人材育成委員会「土木と学校教育会議」検討小委員会において、教育基本法の「公共の精神を尊び」「国家・社会の形成に主体的に参画する国民の育成」として掲げる教育目標に対して、「土木」は極めて重要な教材たり得るとしている。ただし教育基本法には「国家・社会の形成に主体的に参画」という条文はない。http://www.jsce.or.jp/committee/education/school/files/fujii_pdf/20081225fujii.pdf

2　http://www.stop-kyoujinka.jp/

[著者略歴]

上岡直見（かみおか　なおみ）
1953 年 東京都生まれ
環境経済研究所 代表
1977 年 早稲田大学大学院修士課程修了
技術士（化学部門）
1977 年～ 2000 年 化学プラントの設計・安全性評価に従事
2002 年より法政大学非常勤講師（環境政策）

著書
『鉄道は地球を救う』（日本経済評論社、1990 年)、『交通のエコロジー』(学陽書房、1992 年)、『乗客の書いた交通論』(北斗出版、1994 年)、『クルマの不経済学』（北斗出版、1996 年)、『脱クルマ入門』（北斗出版、1998 年)、『地球はクルマに耐えられるか』（北斗出版、2000 年)、『地球環境 よくなった？（分担執筆)』（コモンズ、1999 年)、『自動車にいくらかかっているか』（コモンズ、2002 年)、『持続可能な交通へ―シナリオ･政策･運動』(緑風出版、2003 年)、『市民のための道路学』（緑風出版、2004 年)、『新･鉄道は地球を救う』（交通新聞社、2007 年)、『脱･道路の時代』（コモンズ、2007 年)、『道草のできるまちづくり（仙田満･上岡直見編)』（学芸出版社、2009 年)、『高速無料化が日本を壊す』（コモンズ、2010 年)、『脱原発の市民戦略（共著)』（緑風出版、2012 年)、『原発も温暖化もない未来を創る（共著)』（コモンズ、2012 年)、写真集『水と鉄道』（光村印刷、2012 年）

日本《にほん》を壊《こわ》す国土強靭化《こくどきょうじんか》

2013年8月10日　初版第1刷発行　　定価2500円＋税

著　者　上岡直見 ©
発行者　高須次郎
発行所　緑風出版
〒113-0033　東京都文京区本郷2-17-5　ツイン壱岐坂
［電話］03-3812-9420　［FAX］03-3812-7262［郵便振替］00100-9-30776
［E-mail］info@ryokufu.com［URL］http://www.ryokufu.com/

装　幀　斎藤あかね
制　作　R 企 画　　印　刷　シナノ・巣鴨美術印刷
製　本　シナノ　　用　紙　大宝紙業・シナノ　　E1000

　ISBN978-4-8461-1317-9　C0036

原発閉鎖が子どもを救う
乳歯の放射能汚染とガン

ジョセフ・ジェームズ・マンガーノ著／戸田清、竹野内真理 訳

A5判並製　二七六頁　2600円

平時においても原子炉の近くでストロンチウム90のレベルが上昇する時には、数年後に小児ガン発生率が増大すること、ストロンチウム90のレベルが減少するときには小児ガンも減少することを統計的に明らかにした衝撃の書。

チェルノブイリと福島

河田昌東 著

四六判上製　一六四頁　1600円

チェルノブイリ事故と福島原発災害を比較し、土壌汚染や農作物、飼料、魚介類等の放射能汚染と外部・内部被曝の影響を考える。また放射能汚染下で生きる為の、汚染除去や被曝低減対策など暮らしの中の被曝対策を提言。

放射線規制値のウソ
真実へのアプローチと身を守る法

長山淳哉著

四六判上製　一八〇頁　1700円

福島原発による長期的影響は、致死ガン、その他の疾病、胎内被曝、遺伝子の突然変異など、多岐に及ぶ。本書は、化学的検証の基、国際機関や政府の規制値を十分の一すべきであると説く。環境医学の第一人者による渾身の書。

低線量内部被曝の脅威
原子炉周辺の健康破壊と疫学的立証の記録

ジェイ・マーティン・グールド著／肥田舜太郎・斎藤紀・戸田清・竹野内真理共訳

A5判上製　三八八頁　5200円

本書は、一九五〇年以来の公式資料を使い、全米三〇〇〇余の郡のうち、核施設や原子力発電所に近い約一三〇〇郡に住む女性の乳がん死亡リスクが極めて高いことを立証して、レイチェル・カーソンの予見を裏づける衝撃の書。

東電の核惨事

天笠啓祐著

四六判並製　二二四頁　1600円

福島第一原発事故は、起こるべくして起きた人災だ。東電が引き起こしたこの事故の被害と影響は、計り知れなく、東電の幹部らの罪は万死に値する。本書は、内外の原発事故史を総括、環境から食までの放射能汚染の影響を考える。

世界が見た福島原発災害
海外メディアが報じる真実
大沼安史著
四六判並製
二八〇頁
1700円

「いま直ちに影響はない」を信じたら、未来の命まで危険に曝される。緩慢なる被曝ジェノサイドは既に始まっている。福島原発災害を伝える海外メディアを追い、政府・マスコミの情報操作を暴き、事故と被曝の全貌に迫る。

世界が見た福島原発災害2
死の灰の下で
大沼安史著
四六判並製
三九六頁
1800円

「自国の一般公衆に降りかかる放射能による健康上の危害をこれほどまで率先して受容した国は、残念ながらここ数十年間、世界中どこにもありません。」ノーベル平和賞を受賞した「核戦争防止国際医師会議」は菅首相に抗議した。

世界が見た福島原発災害3
いのち・女たち・連帯
大沼安史著
四六判並製
三二〇頁
1800円

政府の収束宣言は、「見え透いた嘘」と世界の物笑いになっている。「国の責任において子どもたちを避難・疎開させよ！　原発を直ちに止めてください！」―フクシマの女たちが子どもと未来を守るために立ち上がる……。

どう身を守る？放射能汚染
渡辺雄二著
四六判並製
一九二頁
1600円

放射能汚染は、特に食物や呼吸を通じた内部被曝によって、長期的に私達の身体を蝕み、健康を損なわせます。一刻も早く放射性物質を排除しなければなりません。本書は各品目別に少しでも放射能の影響を減らしていく方法を伝授します。

破綻したプルトニウム利用
政策転換への提言
原子力資料情報室、原水爆禁止日本国民会議編著
四六判並製
二二〇頁
1700円

多くの科学者が疑問を投げかけている「核燃料サイクルシステム」が、既に破綻し、いかに危険で莫大なムダかを、詳細なデータと科学的根拠に基づき分析。このシステムを無理に動かそうとする政府の政策の転換を提言する。